Noël 2020
chez Nicolas

W0292491

La cuisine curieuse et insolite

DE NOS DÉPARTEMENTS

Isabelle Rousseau

La cuisine curieuse et insolite de nos départements

À mes parents

Éditions Ouest-France

Avant-propos

Lorsque j'étais enfant, nous partions tous les ans quelques jours pour aller voir notre famille éloignée. C'était l'occasion de traverser une partie de la France en voiture par les nationales et les départementales. Le départ se faisait très tôt, vers 5 heures du matin. La Simca avait été chargée la veille, il ne restait plus à mes parents qu'à y déposer les enfants endormis, le bouquet de fleurs du jardin dans son broc d'eau pour mettre sur la tombe de nos aïeux, la brioche vendéenne et la bouteille de vin de Brem pour mes grands-parents. Sans oublier la bassine avec son gant parfumé à l'eau de Cologne pour ma sœur toujours nauséeuse…

Aux premières lueurs de l'aube, mon père satisfait de la distance déjà parcourue, nous faisions alors halte dans un chemin bordant un pré à moutons (toujours le même d'une année à l'autre) et mes parents installaient sur le capot de la voiture encore chaud la Thermos® de café dont mon père buvait une tasse. Nous, tout juste réveillés, les pieds mouillés par la rosée du matin, nous avions droit aux croissants, achetés dans la première boulangerie ouverte, assortis d'un carré de chocolat. C'était déjà la fête et le premier plaisir des vacances car la seule occasion dans l'année de déguster des viennoiseries. Nous reprenions ensuite la route. Bien éveillés, nous prêtions alors toute notre attention aux sites et aux villes que nous traversions.

Nos parents étaient très attentifs à nous éveiller aux paysages parcourus. C'est ainsi que chaque grande ville traversée était annoncée, avec mention particulière de ses spécialités, gourmandes ou autres. La grande attraction restait les fleuves ou affluents traversés. La Loire faisait bien sûr figure de vedette. Chaque fois, les yeux écarquillés sur le long bandeau d'argent, parfois à peine visible à travers le parapet du pont, nous méditions sur ce nom magique : la Loire… et toutes ses implications géographiques et historiques. Sa source, les châteaux qu'elle baignait, jusqu'à son embouchure… Nous avions alors l'impression de voir tout cela à la fois.

Mais les moments les plus marquants restaient les changements de départements. Venant de Vendée, les entrées dans la Creuse, puis l'Allier et enfin la Loire, étaient comme des portes successives qui nous faisaient pénétrer dans un nouveau monde. La « frontière », parfois juste matérialisée par un modeste panneau de bienvenue, était synonyme d'un changement qui n'existait que dans notre imagination. Les prés étaient du même vert, la route ne changeait pas de couleur, la pluie n'apparaissait pas brutalement… Qu'importe ! Nous n'aurions pas été autrement surpris de voir des douaniers surgir de nulle part pour un contrôle inopiné. Nous le souhaitions presque… Et le même émerveillement se reproduisait sur le chemin du retour.

Parfois, nous nous permettions un arrêt déjeuner dans un restaurant. Pas un « gastronomique », mais un routier, reconnaissable à son enseigne ronde rouge et bleue. Un seul menu, un seul grand plat servi sur la table. Ce n'était pas encore la mode des portions à l'assiette. Mon père reprenait son rôle de chef de famille pour nous servir, tour à tour, la poule au riz ou le poulet rôti. Et c'est bien volontiers que l'on donnait du « rab » pour les enfants friands de frites ou de riz en sauce… Les serviettes étaient en tissu, la carafe de vin à volonté et la tranche de glace, enveloppée dans son papier alu, nous semblait délicieuse… Pas de spécialités gastronomiques. Juste des mets simples et accessibles. Les véritables souvenirs gourmands (saucissons à cuire, saint-nectaire, brioche pralinée), nous les ramenions pour les déguster le dimanche suivant notre retour en Vendée, histoire de prolonger notre dépaysement…

À la maison justement, je me délectais à lire et relire l'album d'Astérix, *Le Tour de Gaule d'Astérix*. Je ne sais pourquoi, mais c'est celui qui avait ma préférence dans toute la collection. Sa couverture représentait la carte de France et nos valeureux héros sur un char romain, suivis par Idéfix qui apparaissait pour la première fois dans leurs aventures. Sur l'épaule d'Obélix, un gros sac rempli de victuailles, toutes ramenées de leur tour de Gaule pour preuves de leur périple. À mon jeune âge, j'ai ainsi appris que les bêtises venaient de *Camaracum* (Cambrai), le saucisson et les quenelles de *Lugdunum* (Lyon), la bouillabaisse de *Massilia* (Marseille) ou encore les saucisses de *Tolosa* (Toulouse). Même si je n'ai perçu toutes les subtilités de cet album qu'après plusieurs lectures, j'en ai vite retenu les particularités gastronomiques qui font la richesse de notre pays.

Beaucoup plus tard, lorsque j'ai dû me déplacer pour des raisons professionnelles ou lors de voyages d'agrément, j'ai toujours pris l'habitude d'acheter les spécialités des villes et départements d'accueil. C'est ainsi que, de Provins, j'ai ramené de la confiture de pétales de rose, de Verdun, des dragées, ou de Cahors, six bouteilles de vin noir. Et qu'importe si les mêmes produits étaient disponibles dans le supermarché voisin ! Traverser la France en plein été avec, dans son coffre, un munster fait à point, apporte à ce dernier un supplément de saveur…

Tous ces souvenirs ont forgé en moi des habitudes et une façon d'appréhender différemment les paysages qui nous entourent. J'ai voulu vous transmettre cet amour de notre patrimoine, et c'est donc dans mon tour de France gastronomique que je vous invite à me suivre et à découvrir, département après département, les curiosités et traditions culinaires de chacun d'entre eux.

Introduction

Le paysage agricole français s'est considérablement transformé depuis le Moyen Âge. Notre alimentation, qui en découle, a naturellement subi ou profité de ces changements successifs.

L'héritage médiéval

Les croisades ouvrent la route vers la source des épices et apportent de nouvelles techniques de culture et d'irrigation. De nouveaux fruits et légumes font leur apparition sur les tables des élites : abricots, oranges, citrons, courges, poivrons, aubergines…

ÉCHELLE 1: 5.000.000ᵉ — 1 centimètre représente 50 kilomètres

Fig. 101. — Carte de la France agricole.

La carte — très claire, aussi dégagée et simple que nous l'avons pu dresser — est accompagnée vers le haut de deux cartons : l'un, à gauche, indiquant les différentes parties de la France où l'on use comme boisson courante du vin, du cidre et de la bière ; l'autre à droite, indiquant la superficie occupée par les différents modes de l'activité agricole par rapport à la superficie totale du pays. — Sur la carte elle-même, on a figuré en traits noirs la division en dix régions (marquées I, II, III, etc.), comme sur la *Carte géologique*, fig. 28, page 19 : on pourra donc ainsi se reporter aisément des dix grandes cartes régionales à la *Carte de la France agricole*.

Le commerce des épices prend une grande ampleur : poivre, cannelle, clou de girofle, muscade, gingembre, cumin, anis s'imposent ainsi peu à peu dans la cuisine. La culture du safran s'installe dans certaines régions de France comme le Gâtinais ou le Quercy.

Le sucre, élément important dans l'aliment actuelle, n'était alors apporté que par le miel. Le « roseau qui produit du miel sans le concours des abeilles » est connu mais pas encore cultivé. Les pèlerins de retour des croisades font plus largement connaître la canne à sucre et généralisent sa culture dans les îles de Méditerranée.

Les découvertes de la Renaissance

Christophe Colomb, à son tour, introduit la culture de la canne à sucre dans les Amériques. La production à grande échelle permet, en Europe, aux classes sociales élevées d'accéder à un sucre devenu moins rare.

La découverte du Nouveau Monde est d'ailleurs à l'origine d'un autre bouleversement alimentaire. De nouveaux produits s'imposent peu à peu : le maïs et le haricot trouvent en Espagne et en France un terrain propice à leur culture. La dinde est introduite dans les basses-cours. Le café et le cacao, s'ils ne s'acclimatent pas en Europe, font l'objet d'un commerce lucratif. Mais il va falloir plus de deux siècles à la tomate et à la pomme de terre pour s'imposer dans les potagers et les cuisines et gagner la confiance des consommateurs.

Dans les campagnes, la majorité de la population se nourrit alors de légumes, pois, fèves. La forêt l'approvisionne en châtaignes, champignons, fruits rouges... La basse-cour fournit la viande, toujours rare, avec le cochon, la volaille et les œufs.

La Renaissance voit l'arrivée d'un goût de plus en plus prononcé pour le sucré. C'est la grande époque des confitures, pâtes de fruits, pains d'épices, pâtes d'amandes, massepains. Les légumes, jusque-là délaissés par la noblesse, reviennent en premier plan : carottes, panais, épinards, salades et champignons deviennent incontournables des grandes tables. D'Italie, Catherine de Médicis apporte à la cour de France de nouvelles habitudes alimentaires et de nouveaux produits : asperge, artichaut, melon...

Les bouleversements du XIXe siècle

Mais c'est le XIXe siècle qui bouleverse le plus profondément le paysage agricole français et redessine la carte de France des produits alimentaires.

Napoléon, tout d'abord, par ses guerres de conquête et le blocus qui en résulte, coupe la France des approvisionnements des Amériques. La pénurie de sucre et de café qui suit entraîne le développement de la culture de la betterave et de la chicorée. C'est plus particulièrement le nord de la France qui voit ainsi son paysage agricole changer. Dans le même temps, la pomme de terre gagne en popularité et en surface cultivée.

Durant la seconde moitié du XIXe siècle, un procédé de conservation révolutionnaire change également les habitudes alimentaires des Français. Le procédé de l'appertisation, inventé par Nicolas Appert en 1795 et amélioré en 1810 par Pierre Durand (qui utilise le fer-blanc), permet de conserver des denrées périssables. Les conserveries s'implantent sur les lieux de production et particulièrement dans les ports de pêche : Douarnenez voit la plus ancienne conserverie au monde s'installer entre ses murs en 1853. Certaines se diversifient avec les légumes, comme à Nantes, ou les plats préparés. Le poisson, jusque-là peu populaire dans les campagnes et les zones non côtières, n'était disponible que sous une forme séchée ou salée comme la morue. Les sardines à l'huile, les harengs, les anchois deviennent courants tandis qu'une nouvelle main-d'œuvre apparaît, essentiellement féminine.

Mais une grave crise secoue le monde de la viticulture dans les années 1870 et bouleverse durablement le paysage agricole français. Le phylloxéra, cet insecte ravageur de la vigne venu des États-Unis, apparaît pour la première fois en 1863 dans le Gard, d'où il gagne le Bordelais puis le reste de la France. Il provoque une terrible catastrophe qui cause d'énormes dégâts dans tout le vignoble français, provoquant la disparition des trois quarts de celui-ci au début des années 1880. Les vignes couvraient alors la majorité du paysage français, à l'exception de la Bretagne et de la Normandie, domaine des pommiers et du cidre, et du Nord.

Il faut trente ans pour éradiquer totalement cet insecte, notamment grâce à des porte-greffes plus résistants. Mais certaines régions en profitent pour diversifier leur production, créant ainsi le début d'une spécificité locale. C'est ainsi que, par exemple, l'arboriculture fruitière (poiriers et pommiers) s'implante dans le Loiret. En Lorraine, les pruniers occupent les surfaces laissées libres, de même que les noyers en Isère. Dans le Lot-et-Garonne, ce sont les plants de tomates qui vont vite dominer les campagnes.

La sérendipité est la cause de l'émergence de nouvelles recettes. C'est ainsi parfois, par hasard, mais surtout par erreur, qu'une nouvelle texture ou une nouvelle saveur apparaissent. La plus connue est certainement la célèbre tarte des sœurs Tatin, mais les bêtises de Cambrai ou le beurre blanc relèvent du même type de création. Un geste maladroit, une erreur de dosage ou une cuisson différente transforment une simple préparation culinaire en une invention de génie!

Cette émergence de nouvelles cultures s'accompagne de nouvelles méthodes de culture qui révolutionnent les rendements. C'est le cas de la tuteurisation des pieds de tomates à Marmande, ou de l'élevage des huîtres sur table dans l'Hérault.

Le XIXe siècle est aussi le siècle de l'apparition des premières grandes marques de l'agroalimentaire. Le rôle des apothicaires et pharmaciens est, à ce titre, très important, que ce soit dans le domaine de la confiserie ou de la distillation. Les premiers bonbons naissent souvent sous des prétextes curatifs, que ce soit les cachous de Léon Lajaunie à Toulouse, les pastilles de Vichy ou les berlingots de Cauterets. Les premiers apéritifs et liqueurs apparaissent bien souvent sous couverture de vertus apéritives ou fortifiantes, tels la liqueur Menthe-Pastille d'Émile Giffard à Angers, l'Izarra de Joseph Grattau à Bayonne ou l'élixir du père Kermann à Bordeaux. De quoi donner envie de tomber malade…

Les xxe et xxie siècles, entre innovations et retour à l'authentique

L'après-guerre et les années cinquante voient le début d'une mécanisation poussée de l'agriculture. Le remembrement des campagnes et l'usage massif des désherbants, s'ils augmentent les rendements, défigurent également les campagnes françaises, au dépens de la faune et de la flore. Une meilleure gestion de l'environnement et des solutions alternatives dans la lutte contre les animaux « dits » nuisibles réussissent peu à peu à s'imposer. Le retour des coquelicots et des « mauvaises » herbes annoncent un nouveau paysage plus authentique. Il ne reste qu'à souhaiter une pareille renaissance pour les abeilles…

Dans le domaine animal, les sélections poussées de certaines races plus rentables en viande ou en lait entraînent une diminution du nombre de races ovines, caprines, porcines et bovines. L'uniformisation des cheptels engendre une moindre diversité des saveurs. Certaines races anciennes commencent à se raréfier dangereusement. Mais, à partir des années quatre-vingt, certains éleveurs entreprennent de sauver les derniers représentants de races autrefois prestigieuses et injustement délaissées. La vache de Bazas, de Villard, ou la rouge flamande, et, pour les volailles, la poule de Barbezieux, la geline de Touraine ou encore la coucou de Rennes, doivent ainsi leur sauvegarde à la persévérance d'amoureux de leur patrimoine régional. Ils sont aidés en cela par de grands noms de la gastronomie française qui mettent à l'honneur sur leur table ces viandes au goût unique.

C'est désormais à notre tour, par notre connaissance du patrimoine agricole et culinaire français et notre vigilance, d'entretenir et de faire découvrir cette richesse.

Le pays de la poularde

Ain

Avec la Bresse réputée pour sa poularde, le Bugey pour son vignoble, et les étangs de la Dombes très poissonneux, l'Ain compte aussi des fromages renommés : comté, bleu de Gex, de Bresse et, plus original, le ramequin.

MENU

Quenelles de brochet sauce Nantua

Réalisée à partir de béchamel et de beurre d'écrevisses, la sauce Nantua accompagne généralement les quenelles de brochet, mais aussi les poissons blancs ou les œufs pochés.

Poularde de Bresse à la crème*

Galette de Pérouges

Spécialité de la ville médiévale de Pérouges, cette galette est faite de pâte briochée au beurre et au sucre.

Bugey rouge Gamay

Jean Anthelme Brillat-Savarin

« Dis-moi ce que tu manges, je te dirai qui tu es. »

Né à Belley, ce magistrat est surtout célèbre pour son ouvrage *La Physiologie du goût*, paru en 1825 et considéré comme l'un des textes fondateurs de la gastronomie. En son honneur, son nom a été donné à un fromage à pâte molle et croûte fleurie, produit en Bourgogne et en Normandie.

Une grenouille sauvée par l'immigration

La grenouille des Dombes persillée a fait les beaux jours des cuisinières. Mais le batracien se faisant rare et la pêche n'étant autorisée que pour une consommation familiale, ce sont désormais des grenouilles importées des pays de l'Est qui permettent de déguster ce plat traditionnel de la région.

Après l'effort...

Spécialité énergétique fabriquée depuis 1867 par les moines de l'abbaye Notre-Dame-des-Dombes, la musculine est composée de viande bovine crue mélangée avec du miel et de la confiture. Cocktail de protéines et de glucides, la musculine est plus un produit énergétique pour l'endurance qu'un véritable produit de musculation. Autrefois, sa présentation dans une jolie boîte en fer pouvait même la faire passer pour une friandise.

La poularde de bresse

Facilement reconnaissable à son plumage blanc, ses pattes bleues et sa crête rouge, la volaille de Bresse est la seule au monde à avoir une appellation d'origine contrôlée (AOC) comme les grands vins.

Poularde de Bresse à la crème

L'engraissement prolongé de la poularde lui assure une chair extrêmement tendre et juteuse qui en fait un mets de choix pour les fêtes de fin d'année.

Pour 4 personnes

1 poule de Bresse (1,5 à 2 kg)
100 g de beurre
1 oignon
8 champignons de Paris
1 gousse d'ail
1 bouquet garni
15 cl de vin blanc sec
1 l de crème
Jus de citron
Sel et poivre

- Découper le poulet en huit morceaux. Les faire revenir dans le beurre. Saler et poivrer.
- Couper l'oignon et les champignons de Paris en quartiers et écraser la gousse d'ail non pelée. Les ajouter au poulet avec le bouquet garni. Faire dorer les morceaux de poulet environ 6 min de chaque côté.
- Déglacer le fond de cuisson avec le vin blanc en laissant les morceaux de viande dans la poêle.
- Faire réduire à feu doux, ajouter la crème, puis laisser cuire pendant 25 à 30 min et sortir les morceaux.
- Passer la sauce au chinois fin et ajouter le jus de citron.
- Vérifier et rectifier l'assaisonnement.
- Dans le plat de service, disposer les morceaux de poulet nappés de la sauce.
- Accompagner la volaille de riz pilaf.

La « Mère Blanc »

Au début du XXe siècle, Élisa Blanc a fait de l'auberge Blanc de son mari, à Vonnas, un grand nom de la restauration grâce à sa cuisine simple réalisée à partir de produits locaux. Curnonsky la déclare même « meilleure cuisinière du monde ». À partir de 1934, sa belle-fille Paulette prend la suite et conserve la notoriété de l'auberge, reprise en 1965 par son propre fils Georges.

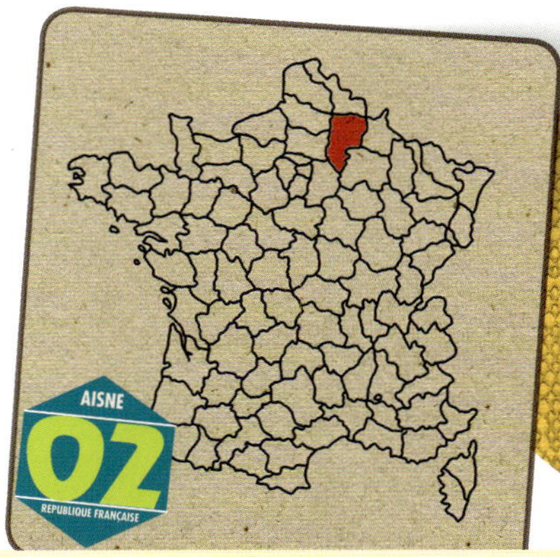

Le pays du haricot

Aisne

MENU

Velouté de haricots de Soissons*

Caghuse du Vermandois

Spécialité du Vermandois, le caghuse est un plat à base de rouelle de porc braisée avec des oignons. À l'origine, ce plat était destiné à réconforter les travailleurs et à les remettre d'aplomb après l'effort.

Financiers à la confiture de lait

Pâte de caramel tendre à la saveur de lait, cette confiture peut être réalisée très facilement : il suffit de faire cuire au bain-marie une boîte de lait concentré sucré durant 1 h 20. Attendre le refroidissement complet de la boîte avant de l'ouvrir et de déguster

Bière la Val'Aisne

Les haricots de Soissons et la route touristique du champagne ont fait la renommée de l'Aisne. Le cidre de Thiérache et son eau-de-vie, ainsi que la bière, donnent au département de l'Aisne une réelle identité.

Le gros vert de Laon

Sous cette appellation se cache un artichaut assez proche du camus mais plus gros, plus rustique et réputé plus goûteux. Il serait apparu dans la région de Paris et de Laon au XVIe siècle, mais sa culture est tombée dans l'oubli depuis la Seconde Guerre mondiale. Désormais, c'est à Chivy-lès-Étouvelles que l'on trouve les derniers spécimens cultivés dans le département.

Ma belle cuisinière !

C'est dans la ville de Guise qu'étaient fabriquées, durant la seconde moitié du XIXe siècle, les cuisinières Godin qui équipaient la plupart des cuisines françaises.

Les rissoles des sires de Coucy

L'origine de ces petits pâtés frits, farcis de poisson ou de viande, remonte au Moyen Âge.
Ils étaient réalisés en hommage au puissant seigneur de Coucy qui aurait débarrassé la région d'une bête féroce. La tradition de ces petits pains se perpétue chaque année lors de la fête des Rissoles à Coucy.

Alexandre Dumas père

Né en 1802 à Villers-Cotterêts, le célèbre auteur de romans historiques, également fin gourmet, a écrit un *Grand dictionnaire de la gastronomie française*, à la gloire de la bonne chère, dans lequel sont énumérés tous les éléments inhérents à la cuisine : plats, aliments, ingrédients, condiments, gibiers, boissons, modes de cuisson, techniques et instruments culinaires, métiers de bouche et grands noms de la cuisine française. On y retrouve toute sa passion pour la bonne chère et son appétit de la vie.

Folie Douce

En Thiérache, il est de tradition de fabriquer son vin de fruits rouges. C'est ainsi qu'est née « Folie douce », un apéritif non pétillant issu de la fermentation naturelle de fruits rouges et de rhubarbe.

La confiture de lait

L'Aisne, producteur de lait et de betterave sucrière, a eu la bonne idée d'associer ces deux produits pour obtenir ce véritable régal qu'est la confiture de lait. Selon la légende, elle résulterait de l'oubli sur le feu d'une casserole de lait sucré.

Velouté de haricots de Soissons

Le haricot de Soissons est un haricot très gros et tout blanc. Les légendes sont diverses quant à son origine. Les vignerons associaient la culture du haricot à celle de la vigne, rentabilisant ainsi le moindre espace entre les ceps.

Pour 4 personnes

- 300 g de haricots de Soissons
- 2 oignons
- 1 carotte
- 2 gousses d'ail
- 30 cl de fond de volaille
- 20 cl de crème liquide
- 1 bouquet garni
- Sel et poivre

La veille :

- Faire tremper les haricots dans de l'eau froide.

Le jour même :

- Faire rissoler les oignons avec la carotte, les gousses d'ail et le bouquet garni.
- Ajouter les haricots bien égouttés.
- Mouiller avec le fond de volaille et cuire pendant 2 h à feu doux.
- Assaisonner puis cuire encore pendant 1 h 30. Les haricots doivent être fondants.
- Mixer le tout et ajouter la crème liquide.
- Passer au chinois et rectifier l'assaisonnement si nécessaire.

Ce plat peut être servi avec des tranches de lard fumé grillées.

Le pays de l'eau

Allier

L'Allier est réputé pour ses sources propices à la digestion, mais ne dédaigne pas pour autant la bonne chère. La viticulture est aussi représentée, entre autres, par l'un des plus anciens vignobles de France.

MENU

Crème vichyssoise*

Pâté de pommes de terre

Plat typiquement bourbonnais, ce pâté (ou tourte) peut se servir en entrée, tiède ou chaud, accompagné d'une salade verte aux grattons.

Piquenchagne aux poires

Cette tourte doit son nom à la façon dont les fruits (le plus souvent des poires, pommes ou coings) sont présentés : debout, piqués dans la pâte

Saint-Pourçain rouge

Pour digérer : une bonne eau de Vichy !

La Savoureuse de Jaligny

C'est ainsi qu'est dénommée la fameuse dinde de Jaligny, élevée en plein air, à la chair tendre et ferme. Elle fait l'objet d'une foire qui a lieu tous les ans en décembre.

Un fromage secret

Autrefois, les métayers de la région devaient partager leur récolte avec leurs propriétaires. Pour éviter de céder la moitié de leur lait, ils ont pris pour habitude de sevrer leurs veaux plus tôt afin de récupérer en cachette le lait et en faire un fromage. Ainsi est né le chambérat qui porte le nom de la commune dont il est originaire.

La moutarde de Charroux

Remise au goût du jour après avoir disparu au milieu du XXe siècle, la moutarde de Charroux doit son apparence à la présence de graines de moutarde écrasées à la meule de pierre et sa saveur à l'adjonction de vin blanc de Saint-Pourçain.

Un des plus vieux vignobles de France : le Saint-Pourcinois

Au pays de l'eau minérale, il ne faut pas négliger le vin de Saint-Pourçain. Ses origines remontent aux Phéniciens qui plantèrent les premières vignes sur les coteaux de la Bouble. Très prisé, il fut servi sur les tables princières de Saint Louis à Henri IV. Les vins blancs secs et fruités sont les plus recherchés. Les rouges sont plus légers, frais et épicés.

Dans le coq, tout est bon !

Considérées autrefois comme le caviar de la volaille, les roupettes de coq sont souvent associées aux crêtes du même volatile et cuisinées en vol-au-vent ou rissolées au beurre, assaisonnées au persil et accompagnées de crème fraîche.

Crème vichyssoise

Servi froid, ce potage serait l'invention du chef du Ritz-Carlton à New York, d'origine bourbonnaise, qui aurait ainsi baptisé en 1917 la soupe de son enfance qu'il rafraîchissait avec du lait froid.

Pour 4 personnes

- 300 g de blancs de poireau
- 500 g de pommes de terre
- 1 oignon
- 50 g de beurre
- 25 cl de lait
- 10 cl de crème fraîche
- Ciboulette
- Persil
- Sel et poivre

- Éplucher les pommes de terre et les blancs de poireau, les laver et les couper en dés.
- Dans un grand faitout, faire revenir dans le beurre les poireaux et l'oignon à feu doux. Ajouter le fond de volaille, les pommes de terre, saler et poivrer.
- Ajouter le persil et la ciboulette hachés.
- Porter à ébullition et laisser cuire à frémissements légers 30 à 35 min.
- Égoutter poireaux et pommes de terre. Réserver un peu de l'eau de cuisson.
- Mixer les légumes et reverser cette purée dans le faitout avec une louche de l'eau de cuisson, le lait et la crème. Mettre à feu moyen et ramener à ébullition 5 min sans cesser de fouetter.
- Laisser refroidir avant de réserver 2 h au réfrigérateur.
- Au moment de servir, rectifier l'assaisonnement et verser dans des tasses.

Jules Maigret

Le célèbre commissaire, né de l'imagination de Georges Simenon qui le fit naître à Saint-Fiacre, village fictif situé à 25 km de Moulins, est un grand amateur de cuisine et tout spécialement de la blanquette de veau !

De l'eau en pastille

Élaborée à partir des eaux thermales de Vichy dont on extrait les minéraux (dont le bicarbonate de sodium) qui sont ensuite mélangés avec du sucre et parfumés à la menthe, la pastille de Vichy a été créée en 1825 et sa marque déposée en 1833. Élaborée pour faciliter la digestion, facilement reconnaissable à sa forme octogonale et sa couleur blanche, la pastille de Vichy était très appréciée de l'impératrice Eugénie qui contribua à sa notoriété.

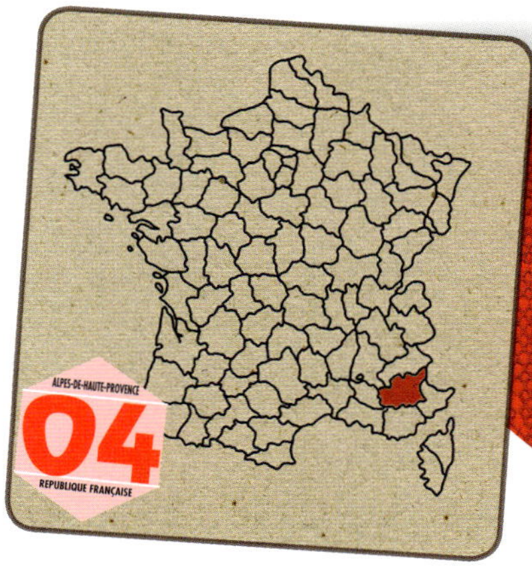

Alpes-de-Haute-Provence

Le pays de l'amande

L'élevage de type pastoral domine les activités agricoles. Miel, olive, truffe, fromage de Banon, agneau de Sisteron, jus de fruits d'Entrevaux, charcuterie de l'Ubaye sont typiques de ce département au relief accidenté.

MENU

Soupe à l'épeautre

Le petit épeautre est une plante rustique, cultivée sur des terrains pauvres, dans des conditions climatiques rudes. Il ne nécessite ni pesticide ni désherbant et très peu d'eau. En Haute-Provence, les champs de petit épeautre côtoient souvent les plantations de lavande.

Gigot d'agneau de Sisteron*

Nougat glacé au miel

Version plus moderne du traditionnel nougat, pour digérer un plantureux repas.

Pierrevert rouge

Pour les amateurs d'émotions fortes !

La cachaille est une préparation fromagère fermentée réalisée à partir des restes de fromages trop secs : les morceaux sont mis dans une jarre en terre avec du sel, du poivre, de l'ail, des oignons, des noix, des raisins secs et surtout… de l'eau-de-vie. La cachaille fermente un certain temps et développe des arômes robustes qui éclatent au nez comme au palais ! À déguster sur une épaisse tranche de pain.

La douce amande

L'amande occupe toujours une place majeure dans la gastronomie provençale. Elle peut être récoltée « en vert », au mois de juillet avant maturité, pour être consommée fraîche, mais la majorité de la cueillette s'effectue en septembre-octobre, lorsque les écales s'entrouvrent pour libérer le fruit. La ville d'Oraison perpétue la tradition de l'amande.

L'agneau César

Aussi appelé agneau César, l'agneau de Sisteron, exclusivement issu de races rustiques locales, est élevé sous la mère au minimum deux mois pour être abattu à quatre mois. Sa viande réputée était servie dans les années trente à bord du *Normandie*.

Le P'tit Quinquin du Sud : le RinQuinQuin

Surprenant mélange de pêches de la vallée de la Durance, de feuilles de pêcher cueillies à l'automne, de sucre de canne et de vin blanc du Lubéron, le RinQuinQuin est l'apéritif de Provence par excellence !

Pierre Magnan

Grand connaisseur de la région, l'écrivain, natif de Manosque, a su décrire avec justesse, dans son roman *Le Commissaire dans la truffière*, l'ambiance des chercheurs de truffes, denrée rare et mystérieuse et sujette à toutes les convoitises.

Gigot d'agneau de Sisteron

La viande d'agneau est cuite généralement avec des herbes de Provence comme le thym et le romarin.

Pour 6 personnes

1 gigot de 2 kg	Marjolaine
10 gousses d'ail	Sauge
2 oignons	5 cuillerées à soupe d'huile d'olive
Romarin	Sel et poivre
Thym	

- Préchauffer le four à 240 °C (th. 8).
- Dans un plat allant au four, mettre les feuilles de marjolaine, de sauge, de thym et de romarin. Verser l'huile d'olive et bien mélanger le tout.
- Ajouter les gousses d'ail épluchées et coupées en deux, ainsi que les oignons émincés.
- Déposer le gigot et le retourner plusieurs fois dans l'huile aromatisée pour bien l'en recouvrir. Assaisonner.
- Ajouter un verre d'eau dans le plat et mettre au four 20 min. Retourner régulièrement le gigot et le badigeonner avec l'huile et le jus de cuisson.
- Baisser le four à 210 °C (th. 7) et laisser cuire encore 20 min. La viande doit être rosée.

Un fromage habillé

Tirant son nom d'un petit village de la montagne de Lure, Banon, ce fromage au lait cru et entier de chèvre se reconnaît par son habillage de feuilles de châtaignier ceinturées par un brin de raphia naturel. Il y développe des arômes bien spécifiques, fruit d'une alchimie entre la fermentation du caillé doux et la migration des tanins de la feuille de châtaignier vers le fromage.

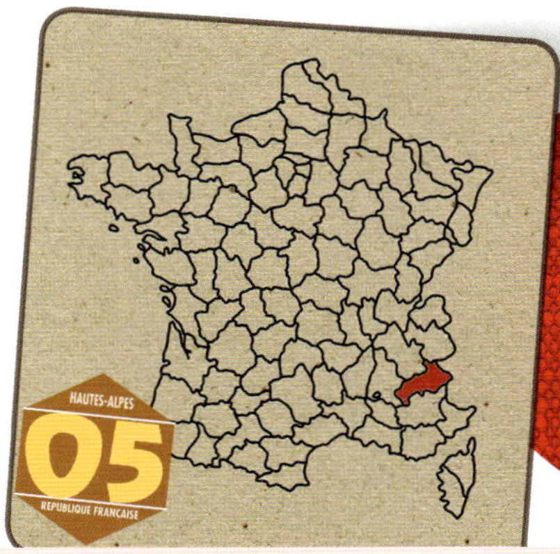

Le pays du génépi

Hautes-Alpes

MENU

Omelette aux champignons des bois

Pieds-de-mouton, bolets, trompettes-de-la-mort abondent dans les forêts des Alpes.

Ravioles du Champsaur*

Tarte à la confiture

Typique de la vallée du Champsaur, la tarte à la confiture est fourrée aux fruits sauvages des Alpes, myrtille, framboise, argousier

Vin de pays des Hautes-Alpes rouge…

Bénéficiant d'une haute altitude, de l'influence méditerranéenne et d'un fort ensoleillement, les Hautes-Alpes produisent des laitages servant entre autres à la fabrication du saint-laurent et de la tomme du Champsaur.

La plante aux pieds fragiles

Sous le vocable « génépi » se cachent quatre espèces qui servent toutes à la confection de tisanes ou de liqueurs. Leur cueillette est très réglementée et se limite pour trois des quatre espèces à cent tiges fleuries. Comme par ailleurs le génépi a « les pieds » fragiles, une récolte peu soigneuse se solde bien souvent par l'arrachage malencontreux de la plante qui ne se régénère que très lentement. Pour éviter sa destruction, sa récolte doit donc se faire avec un objet tranchant.

Les oreilles d'âne

Rassurez-vous, ce ne sont pas les oreilles de ce sympathique équidé que vous pouvez déguster dans les Hautes-Alpes ! Il s'agit en fait de crêpes fourrées avec une farce à base d'épinards à la crème, auxquels on peut ajouter des lardons ou des copeaux de jambon. Elles tiennent leur nom de la feuille d'épinard sauvage utilisée pour leur préparation et qui doit être récoltée quand elle atteint la taille et la forme d'une oreille d'âne.

Dominique Villars

Né en 1745 au Villard, hameau de la commune du Noyer, Dominique Villars est un botaniste réputé pour son *Histoire des plantes du Dauphiné* dans laquelle il décrit les vertus et utilisations de plus de 2700 espèces.

« Le cousin du petit Jésus »

C'est ainsi que l'on appelle parfois le tourton du Champsaur, autrefois servi au repas de Noël. C'est une variété de beignets farcis d'une purée et frits dans l'huile. Selon les saisons, les tourtons se consomment chauds en entrée, fourrés à la purée de pommes de terre, au fromage, aux lardons ou à la viande ; ou bien froids en dessert, fourrés à la compote de pommes ou de pruneaux, aux framboises ou aux myrtilles.

Ravioles du Champsaur

Dans le Gapençais, ces petits boudins de pomme de terre frits sont aussi appelés « preires » ou « prêtres »

Pour 4 personnes

- 1,5 kg de pommes de terre
- 4 œufs
- 200 g de farine
- 1 tomme de brousse fraîche
- 1 sachet de levure chimique
- Sel et poivre
- Huile de friture

- Faire cuire les pommes de terre dans de l'eau salée.
- Les éplucher et les passer au moulin à légumes. Laisser refroidir. Ajouter la levure.
- Creuser un puits, incorporer les œufs un à un, puis la tomme fraîche émiettée et enfin la farine. Assaisonner.
- Pétrir le tout jusqu'à obtention d'une pâte homogène et un peu collante aux mains.
- Donner à la pâte une forme de baguette et couper celle-ci en petits tronçons que l'on aplatit légèrement au milieu. Les rouler dans la farine.
- Frire les ravioles dans une friteuse en les retournant régulièrement pour bien les dorer.
- Les égoutter et les poser sur du papier absorbant.
- Servir chaud avec une salade verte accompagnée de miel et de gelée de framboise ou de groseille pour y tremper les ravioles.

La danse des omelettes

Il était une drôle de tradition dans certains villages situés dans les vallées encaissées des Hautes-Alpes. Privés du soleil durant près d'un tiers de l'année, les habitants fêtaient le retour de celui-ci en réalisant des omelettes qu'ils promenaient le long des rues lors d'une grande farandole en l'honneur de l'astre de lumière. La journée se terminait bien sûr avec la dégustation des omelettes.

L'union fait la force

Fromage fabriqué avec trois laits (vache, chèvre ou brebis selon les saisons), le champoléon était ainsi toujours produit presque régulièrement malgré les périodes de manque de lait. Il présente la même particularité que le morbier, à savoir une strie bleue horizontale.

Alpes-Maritimes

Le pays du citron

Dans la cuisine des Alpes-Maritimes, Nice est très représentée par la pissaladière (pizza aux oignons, aux anchois et aux olives), la porchetta (cochon de lait farci de ses abats), et la panisse ou la socca, à base de farine de pois chiches.

La vraie salade niçoise !

Cette spécialité connue maintenant dans le monde entier est composée uniquement de crudités, thon, anchois, œufs, olives et huile d'olive. Alors, même s'il n'existe pas de recette officielle, sus aux variantes contenant du riz, des pommes de terre ou des légumes cuits !

Le citron de Menton

Introduit en Europe au XIIe siècle, le citron s'est implanté très tôt à Menton, bénéficiant d'un climat incomparable. Une analyse scientifique de plusieurs citrons de même variété, poussant à Nice, en Corse et à Menton, démontre que ceux cultivés à Menton sont plus riches en acides et en essences.

La poutine

Faisant l'objet d'une pêche très réglementée, la poutine est constituée d'alevins de poissons, souvent des sardines, qui ne doivent pas mesurer plus de 6 cm. Ils sont alors dits « non habillés » car ne portant pas encore d'écailles. Rare et chère, la poutine se mange soit crue en salade, soit cuite en soupe, gratin ou omelette.

Auguste Escoffier

Ce « roi des cuisiniers » et « cuisinier des rois », né à Villeneuve-Loubet en 1846, a modernisé la cuisine française et influencé de nombreuses générations de chefs. On lui doit, entre autres, la création de la fameuse pêche Melba qu'il a dédiée à la célèbre cantatrice Nellie Melba.

MENU

Beignets de fleurs de courgette

Les fleurs, trempées dans une pâte à beignets puis frites à l'huile, sont dégustées tièdes avec une sauce tomate.

Loup grillé au fenouil*

Crêpe Suzette

La crêpe au Grand Marnier aurait été inventée en 1896 au Café de Paris à Monte-Carlo et devrait son nom à la jeune femme, prénommée Suzette, qui accompagnait alors le prince de Galles, futur Edouard VII. Le chef Henri Charpentier lui dédia cette recette qui fit le tour du monde.

Bellet rosé

Loup grillé au fenouil

C'est plus communément sous ce nom qu'est connu le bar en Méditerranée.

Pour 4 personnes

1 loup de 1 kg
1 cuillerée à soupe de grains de fenouil
5 cuillerées à soupe d'huile d'olive
Sel et poivre
1 citron

- Vider et écailler le poisson. Le rincer et l'essuyer.
- Saler et poivrer l'intérieur et y mettre les graines de fenouil.
- Badigeonner d'huile le loup des deux côtés.
- Le mettre au four en position gril 15 min de chaque côté.
- Le servir avec un filet de citron.

La trouchia

Ce plat est une omelette dans laquelle on ajoute le vert de feuilles de bette ciselées avec du cerfeuil et du persil et un peu de parmesan. Elle est ensuite cuite dans un moule au four ou dans une grande poêle sous couvercle. Elle se consomme souvent froide et fait merveille pour un pique-nique.

Fougasse et pan-bagnat

La fougasse permettait à l'origine au boulanger de s'assurer que son four était à bonne température avant d'enfourner son pain. Elle est maintenant proposée garnie d'olives, de lardons, d'anchois ou d'oignons. Le pan-bagnat, petit sandwich niçois au thon, aux crudités et à l'huile d'olive, est réalisé dans un petit pain rond, et doit son nom au dialecte occitan « pane bagnato » ou « pain mouillé », sous-entendu d'huile d'olive. Ce casse-croûte des travailleurs était autrefois composé d'anchois, alors plus populaires que le thon.

Ardèche

Le pays de la myrtille

L'Ardèche est un territoire sauvage et les deux éléments de base de sa cuisine ont longtemps été la châtaigne et la pomme de terre. Le département est aussi le premier producteur de myrtilles sauvages.

La maôche de Joyeuse

L'Écosse n'a pas le monopole de la panse farcie ! Celle de Joyeuse, petite commune de l'Ardèche, n'est pas de mouton mais de porc. Cette maôche, également appelée pouytrolle, est un mélange de chou frisé et de chair à saucisse placé dans un estomac de porc cousu et mis à cuire dans un court-bouillon durant plusieurs heures.

La bombine et le laurier

Non, ce n'est pas le titre d'une fable ! La bombine, autrefois « plat du pauvre », est un ragoût de pommes de terre parfumé de feuilles de laurier. Aujourd'hui, il est heureusement enrichi de lard ou de cèpes.

MENU

Cousinat*

Criques ardéchoises

À base de pommes de terre râpées cuites à la poêle, la recette des criques ardéchoises comporte beaucoup de variantes. Les plus simples sont réalisées avec des oignons.

Tarte aux myrtilles

La myrtille sauvage ne subit aucun traitement et la cueillette se fait de façon artisanale à l'aide d'un « peigne » qui décroche le fruit de la plante pour le faire tomber dans une corbeille.

Cornas

Clément Faugier

Cet ingénieur des Ponts et Chaussées est devenu confiseur à Privas en fondant la première usine de production de marrons glacés en 1882. Puis, récupérant les marrons brisés accidentellement, il invente la fameuse crème de marrons et, en 1938, crée Marono, la célèbre mascotte de la marque, personnage vêtu de bogues et de feuilles de châtaigne.

Cousinat

Ce terme occitan, dérivé du mot « cuisiné », désigne une soupe de châtaignes.

Pour 6 personnes

- 1 kg de châtaignes
- 1 l de court-bouillon de volaille
- 1 pincée de noix muscade
- Sel et poivre
- 1 l de crème fleurette

La veille

- Faire tremper les châtaignes dans de l'eau.

Le jour même

- Éplucher les châtaignes. Enlever à la pointe d'un couteau les petits morceaux de peau qui peuvent rester.
- Mettre dans une casserole, couvrir avec le litre de court-bouillon et cuire 1 h 30.
- Écraser grossièrement, ajouter la muscade et assaisonner.
- Avant de servir, incorporer la crème fleurette.

Une version sucrée pour le goûter des enfants au retour de l'école : cuire le kilo de châtaignes à l'eau, ajouter progressivement 1 l de lait et sucrer à son goût.

L'arbre à pain

Le châtaignier, appelé aussi « arbre à pain », a sauvé les Ardéchois lors des nombreuses famines qui ont touché le pays. La châtaigne possède en effet des vertus énergétiques supérieures aux céréales tout en étant moins sujette aux aléas climatiques ou aux maladies. Séchée, elle se conserve toute l'année et sa farine donne un pain très nourrissant.

Vol de fromage !

Le saint-félicien, fromage issu d'un mélange de lait de vache et de chèvre et originaire des hauts plateaux ardéchois, n'a pas vu son appellation protégée Un autre fromage au lait de vache fabriqué dans la région lyonnaise porte en effet le même nom. À ne pas confondre !

À votre santé !

Le territoire ardéchois est tributaire de deux grands bassins hydrographiques, du Rhône et de la Loire. De fait, l'Ardèche est l'un des départements les plus pourvus en eaux minérales. Moins médiatisées que d'autres, les eaux ardéchoises n'en sont pas moins réputées : la Vals, reconnue depuis 1602, eau douce et légère, avec des fines bulles et des propriétés réhydratantes, la Chantemerle, la Ventadour, la Reine des Basaltes, la Vernet, l'Arcens, la Grande Source du Volcan

Castagnou

Apéritif typiquement ardéchois, le castagnou s'obtient en mélangeant de la liqueur de châtaigne (pour un tiers) avec du vin blanc sec de la région (pour deux tiers).

Ardennes

Le pays du sanglier

La cuisine des Ardennes est basée sur la pomme de terre et le gibier dont la figure emblématique est le sanglier. Pour se différencier de son homonyme belge, le département a créé le label «Ardennes de France», garantissant l'authenticité du savoir-faire ardennais.

Givet et ses oignons

Givet a depuis très longtemps instauré une foire aux oignons dans ses murs. Remontant au XVe ou au XVIe siècle, elle attirait des camelots de la France entière. En souvenir, la ville propose une tarte aux oignons moelleuse car enrichie de saindoux et de crème fraîche et parfois agrémentée de lamelles de jambon d'Ardenne.

MENU

Assiette de jambon sec

Fabriqué à partir d'une cuisse de porc, le jambon sec d'Ardenne n'est pas fumé mais seulement frotté au sel et aux aromates puis séché.

Cacasse à cul nu*

Tarte au suc

Cette galette au sucre est une recette à base de pâte levée emblématique des Ardennes.

Bière de Sedan

La dinde rouge, star des basses-cours

L'implantation espagnole dans les Flandres est à l'origine de la présence de ce volatile typique des Ardennes, bien qu'il n'y soit arrivé que dans la seconde moitié du XVIe siècle. Facilement reconnaissable à son plumage roux, ses caractéristiques gastronomiques reconnues en font la volaille préférée des fêtes de fin d'année.

Jules Rousseau

Jules Rousseau, industriel drapier, relance en 1902 la chocolaterie sedanaise sous la marque de chocolat Turenne. Très populaire dans la région, la chocolaterie Turenne est réputée également pour ses albums d'images, les plus connus étant l'album « des départements » et celui « des rois de France et chefs d'État ».

Le **boudin blanc** de Rethel

C'est au boudin que Rethel doit une partie de sa renommée. Au XVIIIe siècle, Chamarande, un officier du roi réfugié à Rethel pour avoir transgressé la loi sur les duels de Richelieu, a l'idée de mélanger de la viande de porc, omniprésente dans la région, à de la bouillie de lait. Ce boudin très onctueux, sans mie de pain, ni fécule, ni amidon, bénéficie d'une IGP depuis 2001.

La bière des Ardennes

Autrefois, la fabrication de la bière était une tradition autour de Charleville-Mézières et de Sedan. À la fin du siècle dernier, le département comptait plus de 220 brasseries avant qu'elles ne soient concurrencées par celles du Nord, de l'Est ou de Belgique.

Cacasse à cul nu

Anciennement « plat du pauvre », la cacasse à cul nu devait son nom à son absence de viande et était réservée aux paysans les plus pauvres. Elle est désormais dite « culottée » quand elle est servie avec de la viande (saucisse fumée ou tranches de lard).

Pour 4 personnes

1 kg de pommes de terre à chair ferme
4 oignons
2 cuillerées à soupe de farine
4 cuillerées à soupe de saindoux
Thym, laurier
2 gousses d'ail
Sel et poivre

- Dans une cocotte en fonte, faire fondre le saindoux.
- Faire juste dorer les pommes de terre coupées en gros morceaux. Les retirer de la cocotte dès coloration. Réserver.
- Ajouter dans la cocotte les oignons coupés en rondelles, puis la farine, et mélanger avec le saindoux jusqu'à obtenir un roux. Mouiller progressivement avec de l'eau.
- Ajouter le thym, le laurier et l'ail. Saler et poivrer.
- Remettre les pommes de terre. Veiller à ce qu'elles soient bien recouvertes. Ajouter de l'eau au besoin.
- Continuer la cuisson à feu doux durant 45 min.
- Servir en accompagnement de viande ou avec une salade verte.

Le Rocroi, un fromage de régime

Cousin de son voisin le maroilles et connu depuis le XVIIIe siècle, le rocroi est fabriqué à partir de lait écrémé. Mais ce fromage à pâte molle et croûte lavée n'est pas insipide pour autant ! Sa saveur forte et typée en fait un mets de choix en fin de repas.

Le sucre rouge

Dégusté souvent pendant les fêtes de fin d'année, le sucre rouge est un sucre cuit coloré au carmin et coulé dans de petits moules en forme d'animaux ou de saint Nicolas. C'est le même sucre qui enrobe les pommes d'amour des fêtes foraines.

Ariège

Le pays de la soupe

MENU

Azinat

Plat de référence des campagnes ariégeoises, cette soupe de choux peut s'enrichir d'un grand nombre de viandes. Elle se mange en entrée et les viandes peuvent suivre après.

Taillous

Les taillous, dés de pomme de terre, ont donné leur nom à ce plat typiquement ariégeois.

Croustade*

Vin de pays de l'Ariège IGP)

L'agriculture de l'Ariège est tournée vers le maïs, le tournesol et l'élevage bovin. La charcuterie montagnarde, très renommée, constitue la base de la cuisine ariégeoise traditionnelle.

Un vieux fromage

Le bethmale, déjà connu au XIIe siècle, aurait été servi à Louis VI le Gros de passage à Saint-Girons et son ancêtre, le couserans, remonterait à l'occupation des Maures. Fromage au lait de vache à pâte pressée non cuite, il est délicieux après un affinage de 5 à 6 mois.

Christian Bernadac

Journaliste et écrivain né à Tarascon-sur-Ariège, Christian Bernadac est l'auteur d'un ouvrage de régionalisme, *La Cuisine du comté de Foix et du Couserans*, paru en 1982 et dans lequel il dévoile certaines recettes insolites ou d'un intérêt purement historique comme les pattes d'ours braisées…

La « potion magique » de l'Ariège

L'hypocras, apéritif à base de vin et d'épices, était prisé de toute l'Europe médiévale, comme tonifiant mais aussi comme aphrodisiaque. L'Ariège en a fait une de ses spécialités qui se déguste en apéritif ou au dessert.

Croustade

Cette pâtisserie légère, garnie traditionnellement aux pommes et aux pruneaux, est restée longtemps typique du Couserans avant de se répandre dans toute l'Ariège.

Pour 6 personnes

2 rouleaux de pâte feuilletée
2 sachets de sucre vanillé
150 g de sucre en poudre
4 pommes
200 g de pruneaux
1 verre de rhum ou d'eau-de-vie de prune
2 cuillerées à soupe de sucre cristallisé
1 jaune d'œuf

La veille

- Éplucher les pommes, les couper en morceaux et les faire macérer au frais avec les pruneaux, préalablement pochés et dénoyautés, et le sucre vanillé dans l'alcool de votre choix.

Le jour même

- Tapisser le fond et les bords d'un moule à tarte avec la première pâte feuilletée et la piquer avec une fourchette. Répartir les fruits avec leur jus et saupoudrer de sucre.
- Poser alors la deuxième abaisse de pâte. Bien souder les bords à l'eau.
- Dorer au jaune d'œuf, dessiner des croisillons et saupoudrer de sucre cristallisé.
- Cuire 30 min au four à 210 °C (th. 7).
- Déguster tiède ou froid.

Le mounjetado, cassoulet à la mode ariégeoise

Anciennement plat de haricots cuisinés avec des restes de viandes, le mounjetado tient son nom des mounjetos, petits haricots secs avec lesquels il est cuisiné. Réalisé avec des haricots de Pamiers (ou, à défaut, de Tarbes) et associant porc et canard gras, c'est un plat festif, symbole du département.

À la bonne soupe !

L'Ariège sait contenter le palais et l'estomac avec des soupes délicieuses et roboratives à la fois. Parmi les plus connues, la garbure ariégeoise, soupe de choux et de viandes confites, et l'aïgo bullido, thourin ariégeois à base d'ail et d'œufs.

L'azinat, potée de choux proche de la garbure, était le plat du pauvre. Accompagné de la rouzolle, épaisse galette de jambon ou de lard haché, de mie de pain et d'œufs, il devient un véritable plat de fête.

Aube

Le pays du chou

L'Aube produit surtout des oléagineux, des céréales et des cultures industrielles (betteraves à sucre, pommes de terre). La Champagne humide est principalement consacrée au vignoble et particulièrement au champagne.

Ne riez pas ! Cette très sérieuse Association Amicale des Amateurs d'Andouillette Authentique est chargée de veiller au maintien des qualités de fabrication de l'andouillette de Troyes. Élaborée avec de fines lanières de porc, d'oignons émincés, assaisonnée et embossée à l'ancienne, cette andouillette, arrosée de vin blanc ou exceptionnellement de champagne, est mitonnée des heures durant dans un bouillon aromatisé.

L'Aube, second producteur de choucroute en France

Avec l'installation de nombreux Alsaciens dans l'Aube après l'annexion de l'Alsace-Lorraine par l'Allemagne, le département s'est lancé dans la production de choux cabus, notamment dans la plaine de Brienne-le-Château. La ville organise, le troisième week-end de septembre, sa célèbre foire à la choucroute. On peut y déguster la variante locale, la choucroute au champagne.

Jules Guyot

Né à Gyé-sur-Seine en 1807, ce physicien œnologue a révolutionné le monde viticole par ses études et observations des travaux de la vigne. Il a donné son nom à un institut universitaire de la vigne et du vin en Bourgogne.

Un fromage authentique

Le lait destiné à la fabrication du chaource doit obligatoirement être entier, sans ajout ni soustraction de matières grasses ou de protéines. Cette particularité tiendrait au fait que les fermières qui le produisaient étaient trop occupées par leurs corvées journalières pour intervenir dans le processus de fabrication.

Oh, la belle poule !

Jules Jacquot a fondé sa pâtisserie-confiserie du même nom à Bar-sur-Aube au début du XXe siècle. Sa veuve l'a transformée en chocolaterie industrielle. Installés désormais à Troyes, les chocolats Jacquot se sont spécialisés dans les chocolats saisonniers (boules pralinées, Pères Noël ou poules de Pâques).

MENU

Quiche au saumon et au chaource*

Choucroute au champagne

Il est de coutume, dans la région de Brienne, d'arroser la choucroute de champagne.

Gratin d'oranges à la prunelle de Troyes

La prunelle de Troyes est une liqueur élaborée à partir de noyaux de prunelle, petits fruits broyés et macérés dans l'alcool puis distillés.

Rosé des Riceys

Quiche au saumon et au chaource

Le chaource bénéficie d'une AOC et, depuis 1996, d'une AOP.

Pour 6 personnes

1 pâte brisée
75 cl de crème fleurette
200 g de chaource
6 tranches de saumon fumé
3 œufs
Sel et poivre

- Foncer un moule à tarte avec la pâte brisée.
- Piquer la pâte à la fourchette et la précuire à blanc 20 min à 180 °C (th. 6).
- Dans un saladier, mélanger la crème fleurette, le chaource coupé en morceaux et les œufs. Assaisonner.
- Passer le tout au mixeur jusqu'à obtention d'un appareil très lisse.
- Sortir du four le fond de tarte précuit. Le couvrir de tranches de saumon et recouvrir de l'appareil mixé.
- Remettre au four et cuire 30 min à 150 °C (th. 5).
- Servir chaud, tiède ou froid avec une salade verte.

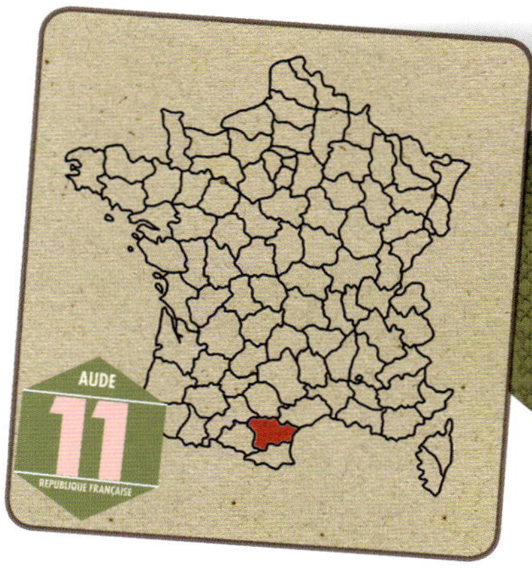

Le pays du cassoulet

Aude

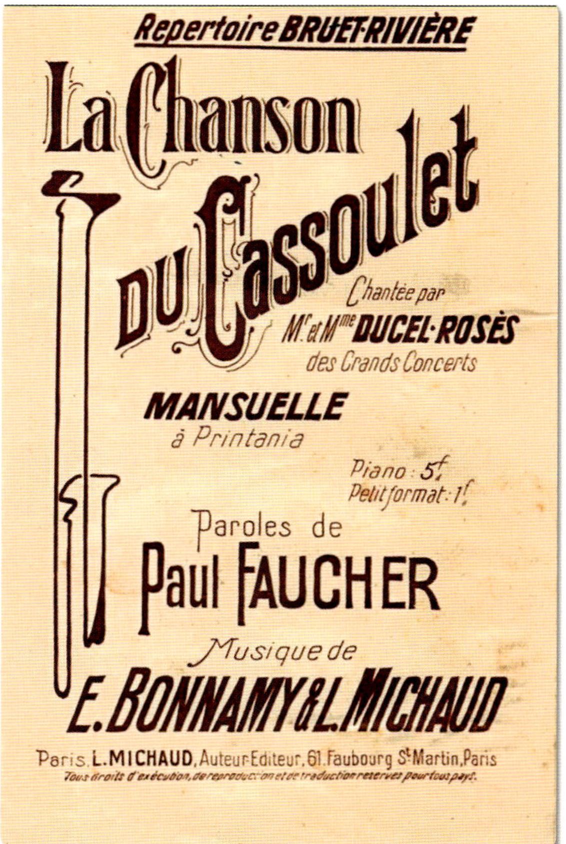

Bordée par la Méditerranée et les étangs qui fournissent anguilles, coquillages et poissons, l'Aude est aussi le domaine des vignes, de l'olivier et des céréales.

Prosper Montagné

Né à Carcassonne en 1865, Prosper Montagné fit une grande carrière hôtelière. Durant la guerre de 1914-1918, il organise les Cuisines Centrales de l'Armée et instaure les cuisines roulantes pour que « nos soldats puissent manger chaud ». Son œuvre la plus connue est le *Larousse gastronomique*, encyclopédie de base de la gastronomie française, paru en 1938 et préfacé par Auguste Escoffier.

À l'origine du cassoulet ?

« Le cassoulet, c'est le dieu de la cuisine occitane ; Dieu le Père, c'est le cassoulet de Castelnaudary, Dieu le Fils, c'est celui de Carcassonne, et le Saint-Esprit, celui de Toulouse. » Prosper Montagné

Le grand gastronome fait naître le cassoulet lors du siège de Castelnaudary par les Anglais durant la guerre de Cent Ans. Mais les haricots ne furent introduits en Europe qu'au XVIe siècle ! Il devait s'agir plus probablement d'un ragoût de mouton aux fèves De nos jours, le véritable cassoulet de Castelnaudary est élaboré avec des haricots blancs du Lauragais, du confit d'oie, du porc (viande et saucisses), des poireaux, des carottes et du céleri.

L'ancêtre du champagne

L'Aude a un terroir riche et varié avec de nombreux crus prestigieux comme le minervois et des vins bénéficiant d'AOP comme le fitou ou le corbières. Mais le plus célèbre est sans aucun doute la blanquette de Limoux, vin blanc pétillant dont l'origine remonte au XVIe siècle, bien avant le champagne. Le plus vieux brut du monde devrait son nom aux petites pointes blanches que l'on remarque sur les feuilles de vigne.

Le FOIE sec

Spécialité de la région de Carcassonne, le foie de porc est vidé de son sang puis salé et séché pour devenir un foie sec. Il peut alors être dégusté en rondelles pour garnir une salade ou une sauce.

Un vin au cœur de l'histoire

Ayant subi de nombreuses vicissitudes durant l'histoire, que ce soit lors de la croisade contre les albigeois ou la guerre de Cent Ans, le Minervois a bénéficié ensuite de l'ouverture du canal du Midi qui a permis à ses vins un débouché plus important. Mais la surproduction des vins du Sud-Ouest entraîna la révolte des vignerons en 1907. Le choix de favoriser alors la qualité à la quantité a permis au Minervois d'obtenir une AOC en 1985. Produisant des vins blancs, rosés ou rouges, ce sont ces derniers qui accompagnent le mieux la gastronomie de l'Aude, en particulier son cassoulet.

Borrida d'anguilles

De même que les huîtres de Gruissan et de Leucate, les anguilles sont un mets incontournable du littoral audois. Celles de l'étang de Bages sont réputées pour la finesse de leur chair.

Pour 4 personnes

- 1 kg d'anguilles nettoyées
- 8 petits crabes
- 8 pommes de terre
- 100 g de lard frais
- 2 oignons blancs
- 6 gousses d'ail
- 6 cuillerées à soupe d'huile d'olive
- 1 botte de persil
- 1 piment séché
- Sel, poivre

• Mélanger le persil, les oignons et l'ail hachés avec l'huile d'olive pour réaliser une persillade.
• Découper les anguilles en tronçons.
• Éplucher et couper les pommes de terre en rondelles.
• Dans une casserole, faire cuire les crabes dans la persillade.
• Ajouter les anguilles, les pommes de terre et le lard, avec le piment séché. Assaisonner et recouvrir à niveau avec de l'eau.
• Mettre un couvercle et amener à bouillir. Une fois l'ébullition atteinte, enlever le couvercle, baisser le feu et cuire pendant 20 à 25 min.
• Servir avec du pain grillé.

MENU

Borrida d'anguilles*

Fréginat

Cette fricassée typique des Corbières était traditionnellement réalisée avec du sanglier, désormais remplacé par du porc.

Salade de fruits au miel de romarin

Le miel de Narbonne est un miel de romarin, clair et limpide, au parfum caractéristique.

Fitou

Aveyron

Le pays de la brebis

MENU

Soupe au fromage*

Estofinado

Le stockfish, morue de Norvège séchée, est arrivé en Aveyron par les bateliers du Lot. C'est ainsi que l'estofinado, variante de la brandade, est devenu le plat de prédilection des mineurs de houille à Decazeville.

Gâteau à la broche

Comme son nom l'indique, ce gâteau cuit sur un tourne-broche. Il faut couler la pâte régulièrement et reverser celle qui coule pour obtenir un gâteau conique hérissé d'épines.

Marcillac rouge

Correspondant à l'ancienne province du Rouergue, l'Aveyron est le premier département ovin de France. La région du Ségala, où l'on ne pouvait guère cultiver que le seigle, se tourne de plus en plus vers l'élevage.

Gâteau échaudé

craint l'eau froide...

L'échaudé, petit gâteau parfumé aux graines d'anis, a la particularité d'être d'abord ébouillanté à l'eau avant d'être doré au four. C'était le régal des pèlerins traversant le Rouergue, en route pour Compostelle.

Un véritable plateau de fromages

L'Aveyron propose autant de fromages qu'il est nécessaire sur un plateau digne de ce nom : le roquefort, « roi des fromages », à pâte persillée élaboré avec du lait de brebis cru ; le laguiole, homonyme du célèbre couteau, à base de lait cru de vache (et dont la tomme fraîche sert à la fabrication de l'aligot) ; le pérail, fromage à pâte molle au lait de brebis de race Lacaune (comme pour le roquefort) ; le bleu des Causses, « l'autre » persillé aveyronnais, mais au lait de vache... Des créations fromagères plus récentes comme le thérondels, l'écir... complètent ce panorama.

Soupe au fromage

Une soupe qui se mange à la fourchette !

Pour 4 personnes

1 gros pain de campagne un peu rassis
500 g de laguiole
3 gros oignons
1 l de bouillon de bœuf
10 cl de vin blanc sec
Sel et poivre
25 g de graisse d'oie

- Faire revenir dans la graisse d'oie les oignons émincés. Lorsqu'ils sont bien dorés, assaisonner, déglacer avec le vin blanc puis mouiller avec le bouillon de bœuf. Cuire environ 20 min.
- Dans une soupière ou un plat allant au four, disposer une tranche de pain, puis une tranche de laguiole. Renouveler l'opération jusqu'en haut en tassant bien et terminer par une couche de fromage.
- Verser le bouillon sur l'ensemble et faire gratiner au four 30 min.
- Servir dans des assiettes creuses.

Les Auvergnats dégustent la même soupe avec du cantal.

La belle aux yeux noirs

Avec sa robe fauve, ses cornes en forme de lyre et ses yeux noirs, l'aubrac est une vache facilement reconnaissable. Très résistante, elle profite de la transhumance pour se nourrir essentiellement de pâture. Race mixte, élevée autant pour le lait que pour la viande, l'aubrac l'était autrefois surtout pour sa production laitière, alors transformée en fromages dans les burons. Elle est désormais destinée à produire des veaux de boucherie.

Le ruban de l'amitié

Plat historique en Aubrac, l'aligot est un mélange de purée de pommes de terre et de tomme fraîche parfumée à l'ail qu'il faut travailler jusqu'à obtention d'une texture parfaite. Sa texture élastique lui permet de filer sous la spatule pour former un ruban. Ce plat de subsistance est devenu un mets de fête et l'emblème de l'Aveyron.

Théophile Raynal

En 1866, Théophile Raynal est le patron du buffet de la gare de Capdenac, près du Lot. Un jour que son cuisinier est malade, il fait appel à Ernest Roquelaure, le frère d'un ami boulanger, pour cuisiner les spécialités de la région dont ses clients sont friands. Devenu cuisiner en chef et le gendre de Théophile Raynal, il fonde avec celui-ci, dix ans plus tard, une entreprise consacrée aux plats cuisinés. La première conserverie ouvre dans le centre-ville en 1905 et son célèbre pâté doré peut alors être dégusté partout.

Bouches-du-Rhône

Le pays de la bouillabaisse

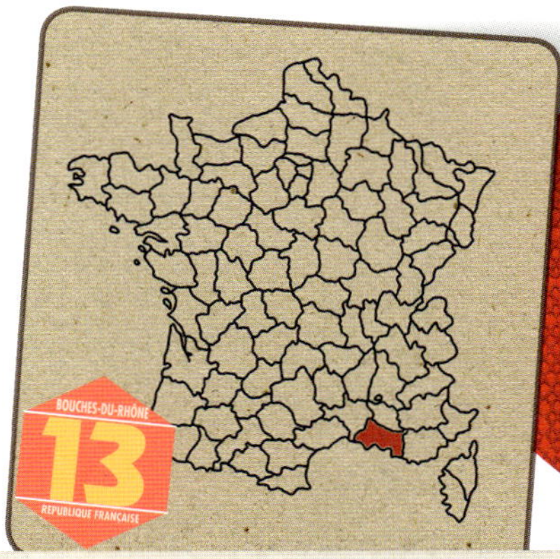

Son agriculture repose principalement sur la viticulture et le maraîchage ainsi que l'élevage des taureaux en Camargue. Avec la garrigue, la cuisine des Bouches-du-Rhône est tout aussi provençale que méditerranéenne.

La bouillabaisse : marseillaise, mais pas que…

Cette soupe de poisson tient son nom du provençal « boui-abaisso » : ça bout et on abaisse le feu. À l'origine faite de poissons trop petits pour être vendus, la bouillabaisse connaît des variantes : borgne lorsqu'elle est servie avec un œuf poché ; noire, aux seiches avec leur encre ; ou encore « parisienne », liée au beurre… Mais peut-on encore parler de bouillabaisse ?

De l'apéritif…

Ils sont nombreux les plats servis à l'apéritif ! De la tapenade (mélange d'olives noires, de câpres et de filets d'anchois) à l'aïoli (émulsion d'huile d'olive et d'ail) en passant par l'anchoïade (aux anchois écrasés) qui désigne la sauce et le plat (bâtonnets de crudités ou de légumes trempés dans la sauce), tous se dégustent sur des tartines grillées. Et n'oublions pas le célèbre saucisson d'Arles, mélange d'âne, de porc et de bœuf.

Le caviar provençal

Également appelée caviar martégal, la poutargue, spécialité de Martigues, est une poche d'œufs de mulet salée et séchée. Mets de luxe, elle est servie râpée ou finement tranchée pour agrémenter les plats.

MENU

Salade de tellines*

Pieds et paquets

Ces ballotins de tripes de mouton associés à des pieds de mouton sont encore meilleurs réchauffés.

Pompe à l'huile

Traditionnellement servie à Noël, cette brioche doit être rompue (comme le fit le Christ avec le pain lors de la Cène) et non coupée au couteau.

Vin rouge du pays

Garçon, un pastaga !

C'est ainsi que l'on appelle l'apéritif de la région, le pastis, dont le nom signifie « mélange », celui de l'anis et de la réglisse. Il doit titrer 45 % d'alcool pour obtenir l'appellation « Pastis de Marseille ». Il se boit additionné de cinq volumes d'eau fraîche, et à l'ombre, de préférence !

... AUX DESSERTS

Ils sont traditionnellement treize, présentés à la fin du gros souper de la nuit de Noël. On doit y trouver des fruits frais (raisin, melon, pommes, poires, oranges…), des fruits secs (noisettes, noix, figues sèches, amandes et raisins secs), les deux nougats (blanc et noir) et la célèbre pompe à l'huile.

Nostradamus

Surtout connu pour ses prévisions, Michel de Nostre-Dame, natif de Saint-Rémy-de-Provence et apothicaire de formation, est également l'auteur, en 1552, d'un Traité des confitures et fardements, dans lequel il donne des recettes de confitures à vocation curative et à base de sucre, miel et vin cuit.

Salade de tellines

Les tellines de Camargue sont connues sous le nom de pignons sur la côte atlantique.

Pour 4 personnes

800 g de tellines
6 cuillerées à soupe d'huile d'olive
3 gousses d'ail
Persil ciselé

- Faire tremper les tellines 1 à 2 h dans de l'eau froide pour les dessabler.
- Ouvrir les tellines avec un peu d'huile dans une casserole à feu vif mais sans trop les cuire.
- Dans un saladier, mélanger l'ail pressé avec l'huile et le persil.
- Égoutter les tellines, les garder en coquilles et les mettre directement dans le saladier.
- Mélanger et servir tiède.

Calvados

Le pays de la crème

La production laitière a fait la renommée de ce département très bocager. La production de pommes est à la base du cidre, du pommeau et du calvados, eau-de-vie homonyme du département qui le produit.

Une belle robe noire

C'est sous cet habit que l'andouille de Vire se présente. Composée de la totalité de l'appareil digestif du porc, elle est fumée au bois de hêtre avant d'être dessalée puis mise sous filet et cuite longuement. Elle se déguste le plus souvent froide en fines rondelles mais se prête également à de nombreuses préparations culinaires.

MENU

Quiche à l'andouille de Vire et au pont-l'évêque

Deux fleurons de la gastronomie calvadosienne réunis pour une entrée originale et savoureuse mêlant l'onctuosité du célèbre fromage carré et la saveur fumée de l'andouille.

Tripes à la mode de Caen

Ce sont quatre parties de l'estomac du bœuf (panse, bonnet, feuillet et caillette) qui sont longuement cuites dans un plat en terre avec un pied de veau, des oignons et des carottes et, au choix, du vin blanc, du cidre ou du calvados.

Teurgoule*

Cidre brut

« Voilà coupée la fallue, faut savoir qui est le roi ! »

Dessert très ancien puisque son nom remonterait à l'occupation viking, la fallue, brioche à base de beurre et de crème fraîche, ressemble un peu à la gâche vendéenne. Elle a longtemps été servie pour la fête des Rois avant l'apparition de la galette.

Teurgoule

Ce dessert, sorte de riz au lait sucré, tiendrait son nom de « se tordre la goule » (la bouche) lorsqu'on le mangeait. Certainement parce qu'on se dépêchait de le déguster encore bouillant…

Pour 6 personnes

- 2 l de lait entier
- 150 g de riz rond
- 180 g de sucre blanc en poudre
- Sel
- 2 cuillerées à café de cannelle en poudre

- Mettre le riz au fond d'une grande terrine en terre allant au four.
- Ajouter le sucre, le sel et la cannelle et bien mélanger le tout.
- Verser le lait doucement. Le riz doit rester au fond.
- Mettre au four préalablement chauffé à 150 °C (th. 5) et cuire 1 h puis baisser la chaleur à 110 °C (th. 3/4) et laisser cuire 5 h. La croûte doit alors être bien dorée. Dessous, le lait doit être crémeux et les grains de riz à peine discernables.

La teurgoule s'accompagne d'une tranche de fallue.

Un certain monsieur Dupont

C'est en 1894 que monsieur Dupont installe à Isigny-sur-Mer une laiterie destinée à la production et au commerce de beurre, à l'origine de l'une des plus anciennes confiseries de France. Le célèbre caramel du même nom est créé par un employé, Ernest Fleutot, en 1932. Depuis, cette recette à base de caramel, de beurre et de crème a fait la notoriété de la région.

Un fromage carré

Fromage au lait de vache à pâte molle et à croûte lavée, le pont-l'évêque aurait pris cette forme caractéristique pour se différencier du livarot. Il existe en plusieurs formats et même en demi-portion.

Un fromage gradé

Le livarot, fromage au lait de vache, à pâte molle, à croûte lavée et au goût puissant, se distingue par les trois ou cinq bandelettes de laîche (roseau) ou de papier qui le cerclent afin de le maintenir lors de son affinage. D'où cette association aux galons du colonel et le surnom qui lui est donné.

Jeannette et son pot au lait

Marque emblématique pour Caen et le Calvados, Jeannette personnifie la biscuiterie du même nom, créée en 1850. D'abord spécialisée dans les biscuits secs (boudoirs, sablés), elle s'est ensuite fait une grande réputation avec ses célèbres madeleines.

Cantal

Le pays de la gentiane

Département de moyenne montagne, le Cantal se consacre surtout à l'élevage de bovins et à la production laitière pour la fabrication de fromages. Sur ces massifs herbeux pousse la gentiane, à l'origine de célèbres boissons apéritives.

MENU

Apéritif à la gentiane

La gentiane possède des vertus apéritives qui sont utilisées depuis l'Antiquité. L'arrachage de la gentiane étant très réglementé, il est recommandé de se fournir directement en pharmacie.

Chou farci

Le chou, débarrassé de son tronçon et de son cœur, est farci d'un hachis de porc et de veau.

Tarte de Vic*

Vin de pays de Cantal

Un panier bien garni

Dans la musette du paysan, que de bonnes choses ! Pour son déjeuner, il y trouvera le pounti, pâté fait de farine, œufs, lait, lard, blettes et pruneaux. Et, s'il a encore faim, quoi de mieux que quelques bourriols, ces crêpes farcies avec du fromage ou du miel.

Émile Duclos

Brillant assistant de Pasteur auquel il succéda à l'Institut, Émile Duclos, né à Aurillac en 1840, a fait des recherches sur la transformation chimique du lait au fromage. Propriétaire d'une ferme à Marmanhac, il y étudiait la fabrication du cantal et la pasteurisation du lait.

Ancienne fabrication du fromage dans le Cantal

Vous le préférez jeune ou vieux ?

Le cantal se déguste à différentes étapes de son affinage. Entre 30 et 60 jours, il est dit « jeune » avec une pâte souple et douce. Entre 90 et 210 jours, il s'agit de l'« entre-deux » : sa croûte a évolué et son goût s'est affermi. Enfin, au bout de 240 jours, il devient « vieux », avec une pâte friable et une croûte plus ferme.

Tarte de Vic

La commune de Vic-sur-Cère a donné son nom à cette tarte à base de lait caillé qui porte aussi d'autres appellations comme tarte du Carladez ou encore tarte à la tomme.

Pour 8 personnes

1 pâte brisée
1,5 l de lait cru
1 sachet de sucre vanillé
1 demi-cuillerée à café de présure
10 cl de crème fraîche épaisse
120 g de sucre
4 œufs

La veille

- Dans une grande jatte, tiédir le lait cru et y incorporer la présure.
- Mettre à cailler une nuit dans un endroit tiède.

Le jour même

- Laisser goûter le caillé obtenu, soit dans un moule spécial à trous, soit dans un linge de toile fine.
- Foncer un plat à tarte avec la pâte brisée. La piquer à la fourchette et la précuire 10 min à blanc à 180 °C (th. 6).
- Mélanger les jaunes d'œufs avec le caillé égoutté, le sucre, le sucre vanillé et la crème fraîche. Bien battre pour obtenir une préparation mousseuse.
- Battre les blancs en neige et les incorporer délicatement.
- Verser sur la pâte précuite et mettre à cuire au four 30 min à 180 °C (th. 6). La tarte doit être bien dorée.

Si vous n'avez pas le temps de réaliser un lait caillé, vous pouvez utiliser un fromage frais en faisselle tout prêt.

Pas de truffe dans la truffade !

Ce plat très rustique, mais néanmoins délicieux, tire son nom de l'occitan « trufa » désignant la pomme de terre dans le dialecte auvergnat. Il est constitué de pommes de terre coupées en rondelles et rissolées avec du lard blanc et de l'ail auxquelles sont ajoutées des lamelles de fromages de type salers que l'on laisse fondre.

Une VACHE et un fromage de caractère

La salers, très belle vache à la robe acajou et aux longues cornes, est souvent traite en présence de son veau. Elle est exploitée à la fois pour sa viande et traite pour son lait et la fabrication du fromage. Celui-ci se présente, après un affinage de 3 mois, sous la forme d'un cylindre de 40 kg environ.

La belle blonde de Saint-Flour

Moins connue que la verte du Puy, l'autre lentille d'Auvergne, la lentille blonde de Saint-Flour est aussi plus grosse et tient mieux à la cuisson. Pratiquement disparue du paysage pour des productions plus rentables, elle reparaît enfin grâce à des passionnés.

Le pays du cognac

Charente

À l'est du département, la Charente limousine est propice à l'élevage bovin, au nord, prennent place de grandes plaines céréalières et, à l'ouest, domine la culture de la vigne dont le célèbre vignoble du cognac.

MENU

Tartines de grillons

Le grillon charentais, confectionné avec des morceaux maigres de porc mis à rissoler et à confire, se déguste sur du pain de campagne.

Jarret de veau de Chalais au pineau

Élevé sous la mère et nourri exclusivement de lait, le veau de Chalais possède une chair blanche et très tendre.

Galette charentaise*

Vin de pays charentais rouge

Jean-Baptiste de La Quintinie

Né à Chabanais en 1626, cet agronome, nommé par Colbert « directeur des jardins fruitiers et potagers de toutes les maisons royales » en 1670, est à l'origine du Potager du roi à Versailles. Dans son traité *Instruction pour les jardins fruitiers et potagers*, il expose ses connaissances sur les méthodes de forçage des légumes et la taille des arbres fruitiers.

La poule de Barbezieux

Reconnaissable à sa jolie crête rouge qui tranche avec son plumage noir et ses oreillons blancs, la poule de Barbezieux est la plus grosse race de poules en Europe, dépassant souvent 3,5 kg. Ses œufs présentent une coquille blanche et sa chair est excellente.

Des cagouilles aux cagouillards

Souvent comparée à l'escargot charentais, appelée aussi cagouillard pour sa lenteur et son amour du confort intérieur, la cagouille, ou escargot petit-gris, est fort appréciée dans la cuisine charentaise. Cuits en court-bouillon, les escargots sont ensuite revenus avec de la chair à saucisse et du vin.

Galette charentaise

La galette charentaise est plus moelleuse que son voisin le broyé poitevin. Pour l'Épiphanie, elle remplace avantageusement la galette feuilletée à la frangipane.

Pour 1 galette de 6 à 8 personnes

300 g de farine
200 g de sucre
150 g de beurre
3 œufs
1 jaune pour la dorure
1 sachet de sucre vanillé
1 sachet de levure
Sel
10 g de beurre pour le moule
1 cuillerée à soupe de sucre cristallisé

- Mélanger vigoureusement les œufs avec le sucre et le sucre vanillé pour obtenir un mélange mousseux.
- Mélanger la farine, la levure et le sel. L'ajouter au précédent mélange avec le beurre légèrement ramolli et bien mélanger.
- Beurrer un moule à manqué et y verser la pâte.
- Dorer au jaune d'œuf, tracer des dessins avec une fourchette et saupoudrer de sucre cristallisé.
- Cuire 20 à 30 min au four à 180 °C (th. 6).
- Déguster froid.

Un melon international

Le melon charentais, contrairement à celui de Cavaillon, n'a pas d'AOC. Il est donc concurrencé par des melons portant le même nom mais cultivés ailleurs, en Espagne et au Maroc et même jusqu'au Sénégal.

Cognac et pineau

Le cognac est né d'une nécessité de distiller le vin de la région afin d'en faciliter le transport vers l'Europe du Nord, puis l'Amérique du Nord où il était alors coupé d'eau pour la consommation. Il bénéficie désormais d'une double distillation et d'un vieillissement en fût de chêne d'au moins 30 mois. Longtemps dégusté dilué avec de l'eau et alors appelé « fine à l'eau », le cognac entre, avec le moût de raisin, dans la composition du pineau des Charentes.

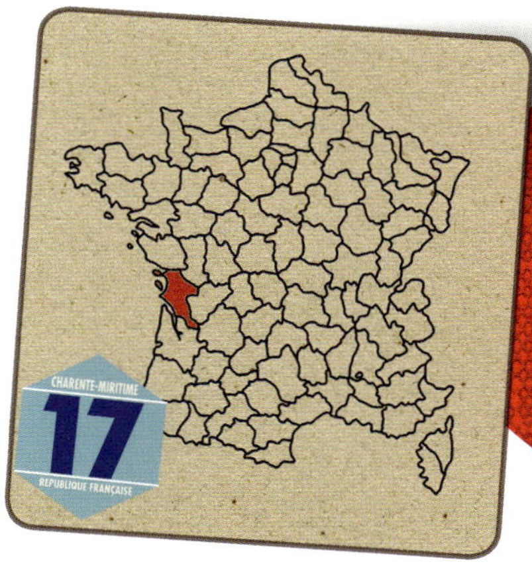

Charente-Maritime

Le pays de l'huître

Comme sa voisine la Charente, la Charente-Maritime possède de vastes domaines céréaliers et viticoles. À cela s'ajoutent les activités maritimes (pêche, conchyliculture, marais salants) qui enrichissent sa gastronomie.

L'huître de MARENNES

La culture de l'huître plate de Marennes connut une forte expansion à la fin du XIXe siècle. Mais, en 1920, une épizootie frappa cette huître verte locale qui fut alors remplacée par une huître creuse portugaise, elle-même évincée, après une nouvelle maladie en 1971, par l'huître japonaise. Les huîtres se succèdent, le bassin de production demeure

La jonchée n'attend pas

Spécialité de Saintonge, ce fromage frais caillé, élaboré à partir de lait de vache, de chèvre ou de brebis, est aromatisé, égoutté et présenté allongé dans une petite natte de jonc (d'où son nom). Il doit être consommé très vite sous peine de voir son amertume augmenter avec le temps.

La poule aux œufs d'or

Les œufs de cette poule originaire de Marans ont la particularité de se présenter sous une coquille rousse et brillante allant parfois jusqu'au noir.

Le beurre de Surgères

L'industrie laitière est depuis fort longtemps implantée à Surgères. Au début du XXe siècle s'y sont aussi développées des usines de fabrication de barattes et de bidons de lait en fer-blanc expédiés jusqu'en Normandie. Surgères est désormais le siège d'un important groupe coopératif laitier connu pour ses beurres AOC popularisés par sa mascotte, la « petite vache » blanche et noire.

Le pire est le meilleur

C'est ainsi, « le pire », que l'on appelait autrefois les foies du cochon : le foie noir et le foie blanc (poumons ou mous). Ces abats étaient alors cuisinés avec les couennes et du vin rouge. Désormais élaborée avec de la tête de porc, du sang, des oignons et du vin rouge, la sauce du pire, pâté appelé aussi gigouri, accompagne, une fois réchauffée, les pommes de terre ou les tartines de pain grillées.

MENU

Pommes de terre en robe des champs

La pomme de terre de l'île de Ré est tout simplement délicieuse en entrée, relevée d'un peu de fleur de sel.

Mouclade*

Millas charentais

À mi-chemin entre le flan et le gâteau, le millas charentais est préparé à base de farine de maïs.

Vin de pays charentais blanc

Mouclade

Les moules de bouchot occupent une part importante du littoral charentais et se retrouvent tout naturellement dans la gastronomie locale. Cette recette les associe à la crème et au curry.

Pour 4 personnes

3 l de moules
30 cl de vin blanc sec
6 échalotes
125 g de beurre
2 jaunes d'œufs
10 cl de crème fraîche
1 cuillerée à café de curry
Persil haché
2 feuilles de laurier
Thym
Poivre du moulin

- Bien nettoyer les moules.
- Dans un faitout, cuire les échalotes hachées avec le beurre. Ajouter le vin blanc, le persil haché, le laurier et le thym. Lorsque l'ensemble frémit, y plonger les moules et les ouvrir à feu vif en brassant régulièrement. Retirer du feu lorsque toutes les moules sont cuites.
- Trier les moules en ne gardant qu'une coquille sur deux et les disposer dans un plat allant au four.
- Filtrer le bouillon et le laisser réduire à feu doux.
- Dans un saladier, mélanger les jaunes d'œufs, la crème et le curry. Poivrer. Mouiller ensuite avec le jus de cuisson en fouettant bien.
- En napper les moules, saupoudrer de persil haché et réchauffer au four chaud quelques minutes.

Une autre recette, l'éclade, consiste à cuire les moules en plein air sous une embrasée d'aiguilles de pin. Ainsi rôties dans leur jus, elles exhalent leur meilleur parfum, mais l'exécution de la recette nécessite une cuisine à l'extérieur.

François Fresneau de La Gataudière

Né à Marennes en 1703, cet ingénieur de la Marine, nommé par le roi en Guyane, multiplie les découvertes. À son retour dans son domaine de Saintonge, il continue ses observations sur le sel marin, la culture des huîtres et celle de la pomme de terre, bien avant Parmentier !

Le pays de la chèvre

Cher

Principalement consacré à la polyculture et à l'élevage, le Cher possède, avec le marché des Grivelles à Sancoins, un des plus grands marchés aux bestiaux français. L'élevage caprin a notamment donné naissance au célèbre crottin de Chavignol.

Lancé par la radioastronomie

En 1953 à Nançay, un apprenti boulanger se trompe dans la composition d'une recette qu'il était chargé d'exécuter. La pâte est quand même mise à cuire et le sablé qui sort du four fait l'unanimité auprès des clients. Clients d'autant plus nombreux que la ville de Nançay accueille en ces années une importante station de radioastronomie. Le sablé voit sa recette protégée par un brevet et fait la renommée de la ville.

Georges Forest

Confiseur installé à Bourges sous le second Empire, Georges Forest invente en 1879 un bonbon fourré qu'il baptise de son nom et qui devient ainsi la forestine. Croquant et moelleux à la fois, ce bonbon reçoit la médaille d'argent à l'Exposition universelle de Paris en 1900 et fait vite la renommée de Bourges. Le bonbon et la confiserie, place Cujas, existent toujours.

Plats de fête

Mardi gras se déguste avec bonheur dans le Cher. Les beugnons, beignets aux pommes du Berry, et les rondiaux, beignets sucrés de Sologne, ainsi que les sanciaux, grosses crêpes aux pommes ou au miel, sont là pour caler les estomacs les plus affamés.

Un crottin de grand cru

Le crottin de Chavignol, fromage AOC élaboré avec du lait de chèvre cru, ne doit pas son nom aux déjections de l'animal dont il est originaire mais à la terre argileuse issue des « crots » (trous en berrichon) au bord des rivières et dont étaient faits les moules utilisés pour l'égouttage du caillé.

MENU

Galette de pommes de terre

Cette galette à la pâte feuilletée dorée à l'œuf renferme une purée additionnée de fromage de chèvre.

Poulet en barbouille*

Sanciau aux pommes

D'une consistance intermédiaire entre la crêpe et le far, le sanciau peut aussi être parfumé avec un peu d'alcool.

Sancerre rouge

Poulet en barbouille

Cuisiné façon civet, ce poulet cuit dans une sauce au vin rouge enrichie du sang de la volaille. La principale difficulté consiste donc à obtenir un poulet avec son sang.

Pour 6 personnes

1 gros poulet de 1,5 kg et son sang mis à part
60 g de beurre
60 g de farine
100 g de lardons
4 carottes
10 oignons grelots
50 cl de sancerre rouge
25 cl de bouillon de volaille
Vinaigre
1 feuille de laurier
Thym
Persil
Sel et poivre

- Recueillir le sang du poulet dans un bol avec un filet de vinaigre.
- Couper le poulet en morceaux.
- Dans une cocotte, les faire revenir avec le beurre, les lardons et la farine.
- Ajouter les petits oignons, les carottes coupées en rondelles, le thym et le laurier.
- Mouiller avec le vin rouge et le bouillon de volaille.
- Assaisonner et cuire à couvert 1 h à feu doux.
- Avant de servir, enlever les morceaux de poulet et les réserver au chaud.
- Réduire un peu la sauce et la lier avec le sang mélangé au vinaigre. Remettre le poulet dans la cocotte et servir saupoudré de persil.

Ce plat s'accompagne de pommes de terre cuites à l'eau et de champignons de Paris.

À croquer !

Fabriqué d'après une recette originale qui daterait de 1848, le croquet de Charost est un biscuit aux amandes et aux œufs frais, de forme oblongue et roulé à la main. Énergétique et sans matière grasse, il appartient au patrimoine culinaire régional.

Corrèze

Le pays de la pomme

La pomme est de plus en plus cultivée et l'élevage est surtout représenté dans le secteur bovin par la race limousine, qui fournit une viande réputée pour sa finesse.

MENU

Cèpes farcis

Roi des forêts corréziennes, le cèpe est présent dans tout le département. Le récent reboisement en résineux du plateau de Millevaches a favorisé l'essor de ce champignon.

Tournedos Rossini

Un tournedos de bœuf limousin, du foie gras, des truffes... Ou comment réunir trois produits phares de la région pour notre plus grand délice.

Flognarde*

Branceilles rouge

Pierre Roger

Plus connu sous le nom de Clément VI, ce pape, né en 1291 à Rosiers-d'Égletons, fut le quatrième pape établi à Avignon. Il y aurait appelé un moutardier de Turenne pour y perpétuer la tradition de la moutarde violette élaborée à partir du moût de raisin et dont il était très friand. Cette moutarde à la saveur douce et fruitée est fabriquée en terre corrézienne.

Un pavé en fin de repas !

Ce fromage assez récent ressemble beaucoup au cantal. Élaboré à partir de lait cru de vache, il se distingue par sa forme carrée qui lui vaut le nom de pavé corrézien.

Flognarde

La Corrèze est depuis toujours associée au clafoutis et à la flognarde. Ce qui les différencie ? Le clafoutis est exclusivement garni de cerises et la flognarde l'est indifféremment de prunes ou de pommes.

Pour 6 personnes

3 ou 4 pommes du Limousin
100 g de sucre
1 cuillerée à soupe de sucre
100 g de farine
3 œufs
25 cl de lait
1 pincée de sel

- Préchauffer le four à 180 °C (th. 6).
- Mélanger les œufs et les 100 g de sucre pour obtenir un appareil mousseux.
- Ajouter la farine, le sel puis le lait progressivement, tout en battant pour éviter les grumeaux.
- Éplucher les pommes et les couper en tranches. Les ranger dans un plat beurré et allant au four.
- Verser la préparation sur les pommes.
- Mettre au four chaud et cuire entre 35 et 40 min.
- Cinq minutes avant la fin de la cuisson, saupoudrer le dessus de la flognarde de la cuillerée à soupe de sucre.
- Déguster tiède ou froid.

Un pain à la pomme de terre

Autrefois élaborée avec du millet, la farcidure (ou farci dur) est un mélange de pommes de terre crues et cuites assaisonnées, roulées en boules et cuites dans un bouillon gras. Autrefois, les familles les moins pauvres y glissaient un morceau de lard.

La noix du Périgord en Corrèze

La noix du Périgord, qui bénéficie d'une AOC, se retrouve aussi en Corrèze. Elle se déguste fraîche ou sèche, ou commercialisée sous forme d'huile, de liqueur ou d'apéritif, comme le célèbre Quinquinoix, élaboré à partir d'une recette traditionnelle par la Maison Denoix à Brive.

From USA to Corrèze

Bien qu'originaire des États-Unis, la pomme Golden delicious bénéficie d'une AOC et d'une AOP lorsqu'elle est cultivée dans le Limousin. Cette culture s'est répandue en Corrèze surtout depuis les années soixante-dix.

Un rescapé

La vigne, victime du phylloxéra, est très peu présente en Corrèze. Mais le vignoble de Branceilles, dans le sud du département, a bénéficié de l'acharnement de ses exploitants. Baptisé « Mille et une pierres » en allusion à l'hostilité du sol, ce vin est proposé en rouge et en rosé.

Le pays du cochon

Corse-du-Sud

Très boisée, la Corse-du-Sud comprend une grande partie de la côte méditerranéenne de l'île. L'élevage porcin, qui se distingue par son aspect très extensif, fournit une charcuterie artisanale réputée.

Un fromage qui « marche tout seul »

Fabriqués exclusivement par les bergers à partir du lait cru de leurs brebis, certains fromages, comme le bastilicacciu, sont infestés de larves… Ce qui amène certains Corses à se vanter de pratiquer la vengeance par anticipation : ils mangent les vers avec le fromage… !

Le figatellu : à cuire avant de consommer

Le figatellu (prononcer « figateddu » en Corse-du-Sud), saucisse fraîche fabriquée principalement avec du foie de porc, présenterait le risque de transmettre le virus de l'hépatite E. Il vaut donc mieux le cuire avant de le manger. Cela tombe bien : il s'accommode très bien cuit accompagné de polenta ou de châtaignes.

Jean-Bernardin Casabianca

Originaire de Sollacaro, Jean-Bernardin Casabianca fonde en 1895 une entreprise de vins et spiritueux, reprise et développée par son fils Emmanuel. En 1925, ce dernier constitue à Marseille la société Casanis, qui, malgré son implantation sur le continent, conserve son identité insulaire.

Le cochon corse

Parfois confondu avec le sanglier, ce cochon est de couleur noire, grise ou rose et noire. Nourri de glands et de châtaignes qu'il trouve dans les forêts et les maquis, il est à l'origine des charcuteries corses. Cependant, comme la production de porcs ne suffit pas à la demande, certaines sont élaborées avec des porcs d'importation, mais avec les méthodes traditionnelles de l'île.

Un saucisson légendaire

Une légende veut que la Corse produise du saucisson d'âne. Or, il n'est pas dans la culture de l'île de consommer cet animal affectueux et respecté. La présence de ce type de saucisson dans les boutiques corses n'est donc pas justifiée.

MENU

Chèvre aux noix et miel

Du miel le plus doux (miel de printemps) aux plus puissants (miels de châtaignier et de maquis), les miels de Corse offrent un choix varié à l'image de la richesse floristique de l'île.

Aubergines farcies à la bonifacienne*

Tarte aux figues

Les figuiers sont nombreux en Corse et les figues sont généralement consommées séchées, en confitures ou en tartes.

Figari rouge

Aubergines farcies à la bonifacienne

Ce plat est incontournable de la plus méridionale des communes de la France métropolitaine.

Pour 4 personnes

4 aubergines
150 g de mie de pain
3 œufs
150 g de tomme corse
Lait
2 gousses d'ail
Huile d'olive
6 feuilles de basilic
Sel et poivre

- Mettre la mie de pain à tremper dans le lait.
- Plonger les aubergines durant 5 min dans de l'eau bouillante salée. Les laisser refroidir.
- Les couper en deux dans le sens de la longueur et enlever la chair délicatement.
- Hacher cette chair et la mélanger avec la mie de pain détrempée.
- Ajouter l'ail écrasé, les œufs, le fromage râpé et le basilic. Assaisonner.
- Remplir chaque moitié d'aubergine avec cette farce.
- Frire chaque moitié d'aubergine dans une poêle huilée, entre 5 et 10 min de chaque côté et en commençant par le côté farci.
- Servir chaud accompagné d'une sauce de tomates fraîches.

Salaisons et charcuteries traditionnelles

Que serait la Corse sans ses charcuteries ? La coppa (jambon sans os), le lonzu (préparé dans le filet de porc) ou encore le prisuttu (jambon affiné plus d'un an)… toutes sont très proches des productions italiennes, mais elles bénéficient en France du label AOP.

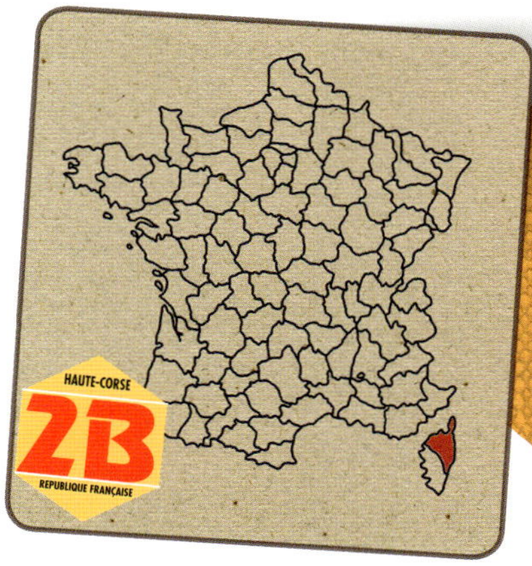

Haute-Corse

Le pays de la clémentine

La Haute-Corse bénéficie d'un climat propice à la culture de la clémentine, du cédrat et de l'olive. L'élevage ovin fournit un lait à l'origine d'une production fromagère originale.

La seule CLÉMENTINE française

Provenant d'Algérie, le premier clémentinier aurait été planté en Corse en 1925. La clémentine corse, très reconnaissable à la présence, une fois cueillie, de ses longues feuilles vertes effilées, bénéficie depuis 2007 d'une IGP (Indication géographique protégée).

Une eau qui pétille

Connue depuis l'Antiquité, la source de Rapaggio fournit l'eau d'Orezza, reconnue d'utilité publique sous le second Empire. Légèrement pétillante, possédant une très forte teneur en fer et en gaz carbonique, elle est préconisée en cas d'anémie et de paresse digestive. Tombée en désuétude, la source ferme son exploitation en 1995, avant d'être relancée avec succès en 2000.

Rien ne se perd...

La Haute-Corse produit de nombreux fromages à base de lait de chèvre ou de brebis : l'a filetta (reconnaissable à la fougère qui le recouvre), le bleu corse, le calinzanincu, le niolo (à l'odeur très prononcée), le sartène...

Fabriqué à partir du produit résultant de la fabrication de ces fromages (le petit-lait), le brocciu permet d'utiliser au maximum la production laitière et sert de base à l'élaboration de nombreux plats traditionnels.

Angelo Mariani

Né en 1838 à Pero-Casevecchie, Angelo Mariani développe, en tant que préparateur en pharmacie, une boisson tonique à base de vin de Bordeaux et de feuilles de coca. Son breuvage est exporté sous le nom de Vin Mariani dans toute l'Europe et aurait inspiré l'invention du Coca-Cola®.

Le Cap Corse

Cet apéritif, élaboré par un négociant en vin, Louis Napoléon Mattei, est un mélange de vin muscat du cap Corse avec une décoction de plantes, de macération d'orange et de quinquina. Réputé pour combattre la fièvre, il fut, pendant l'entre-deux-guerres, l'un des apéritifs les plus consommés en France. Un apéritif du même nom est également commercialisé par la Maison Damiani.

Une CHÈVRE de caractère

Rustique, la chèvre corse, reconnue en 2003, vit en élevage extensif et peut parcourir entre 7 et 10 km dans le maquis. Surtout élevée pour sa viande, elle fournit tous les ans un chevreau, le « cabri de Noël », qui constitue un plat traditionnel et festif.

Cabri rôti

Ce plat traditionnel se déguste à Noël.

Pour 6 personnes

1 épaule ou une cuisse de chevreau d'environ 1,2 kg
5 cuillerées à soupe d'huile d'olive
1 oignon
3 gousses d'ail
Laurier, thym et romarin
Sel et poivre

- Préparer une marinade avec l'huile, les herbes aromatiques, l'ail pilé et l'oignon émincé. Saler et poivrer.
- Bien enduire la cuisse de cette marinade.
- La déposer dans un plat allant au four.
- La saupoudrer des herbes aromatiques. Saler et poivrer.
- Mettre au four déjà chaud et faire rôtir entre 50 min et 1 h environ, à 210 °C (th. 7). Retourner la cuisse souvent et continuer à la badigeonner de nouveau régulièrement.
- Servir sur un plat de service accompagné d'une polenta.

MENU

Sardines farcies au brocciu

La sardine, poisson star de la Méditerranée, est magnifiée par la farce au brocciu.

Cabri rôti*

Falculelle

Ces biscuits très parfumés, élaborés avec du brocciu et de l'eau-de-vie ou de la fleur d'oranger, sont cuits au four sur des feuilles de châtaignier. Il faut penser à enlever les feuilles avant de les déguster, saupoudrés de sucre glace !

Patrimonio rouge ou rosé

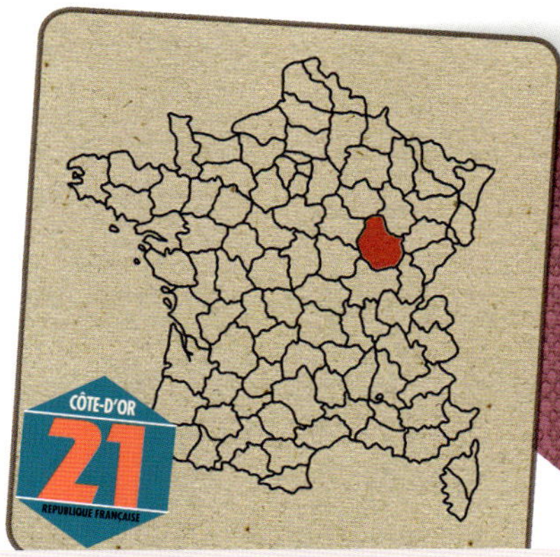

Côte-d'Or

Le pays du cassis

MENU

Œufs en meurette

Ces œufs juste cuits « comme il faut » dans une cocotte avec un roux au vin rouge sont servis avec du pain grillé.

Lapin à la moutarde*

Pain d'épice de Dijon

Élaboré avec de la farine, du miel, des œufs et des épices, il est ici servi en dessert mais peut accompagner tout plat en version sucrée salée.

Passe-tout-grains rouge

La Côte-d'Or doit son nom à la teinte dorée que prennent les vignes de la côte beaunoise à l'automne. Mais elle compte également une vaste zone de production fourragère, céréalière et oléagineuse ainsi que des prairies consacrées à l'élevage bovin.

Un grain très au parfum

Le cassis s'est implanté en Bourgogne depuis l'Europe de l'Est et a trouvé dans la région un terroir aussi propice que pour la vigne. Si le grain est largement utilisé dans les boissons, sirops, crèmes ou liqueurs, les bourgeons du cassis de Côte-d'Or entrent aussi dans la composition de nombreux parfums dont le célèbre N° 5 de Chanel !

« Moult me tarde »

Une légende veut que le mot moutarde provienne de cette devise de Philippe VI de Valois, duc de Bourgogne. Mais cette appellation était déjà utilisée auparavant C'est un Dijonnais, Jean Naigeon, qui, vers 1752, substitua le verjus, jusque-là utilisé pour la fermentation, par du vinaigre. La renommée de la moutarde de Dijon était née. Mais elle ne bénéficie pas d'une AOP et toute moutarde qui respecte sa composition et sa fabrication peut se prétendre « de Dijon ».

Félix Kir

Né en 1876 à Alise-Sainte-Reine, le chanoine Kir, prêtre, maire de Dijon et député, fit beaucoup pour promouvoir la crème de cassis de Dijon et le bourgogne aligoté. Il propagea la recette du « blanc-cass », composé d'un tiers de cassis et de deux tiers de vin blanc, qui existait déjà mais à qui il donna son nom.

Lapin à la moutarde

Le fauve de Bourgogne est un lapin rustique réputé pour la finesse de sa chair.

Pour 6 personnes

- 1 lapin de 1,5 kg
- 2 échalotes
- 50 g de beurre
- 20 cl de crème fraîche
- 1 verre de moutarde de Dijon
- 25 cl de vin blanc sec
- Sel et poivre

- Couper le lapin en morceaux.
- Les faire revenir dans le beurre avec les échalotes ciselées jusqu'à ce qu'ils soient bien dorés.
- Assaisonner et ajouter le vin blanc et la moutarde. Bien mélanger le tout et laisser cuire à couvert et à feu moyen pendant 40 à 50 min.
- En fin de cuisson, lier la sauce avec la crème fraîche.
- Servir avec des pommes vapeur saupoudrées de persil haché.

Un « bien bon bonbon »

L'Anis de Flavigny est fabriqué dans l'abbaye de Flavigny, selon une recette de 1591, à partir d'une graine d'anis vert dragéifiée dans du sucre pour obtenir, au bout de quinze jours, une bille de un gramme. Il se décline sous plusieurs saveurs mais conserve toujours le nom d'Anis, quel que soit son goût.

Un patrimoine urbain à croquer

Dijon a longtemps été marquée dans son paysage urbain par la manufacture Pernot. Biscuiterie fondée en 1869 par Auguste Pernot, elle parfumait toutes les rues alentour des odeurs appétissantes de gaufrettes, macarons, galettes et de ses spécialités, le Pioupiou et le Gamin. Après avoir compté jusqu'à 1 200 salariés, elle a décliné après la Seconde Guerre mondiale. Toujours à Dijon, la Sucrerie bourguignonne de la famille Lanvin achète en 1921 une petite chocolaterie et créé vers 1935 son célèbre escargot en hommage à la spécialité bourguignonne.

« Le ROI des fromages »

C'est ainsi que le célèbre gastronome Brillat-Savarin a consacré l'époisses, fromage au lait de vache à l'odeur pénétrante et affiné au marc de Bourgogne, créé par les cisterciens de l'abbaye du même nom. À Époisses, est également fabriqué depuis 1980 un fromage proche de son grand frère mais plus petit et avec une durée d'affinage plus courte, portant le nom évocateur de « trou du cru ».

Le vin le plus cher au monde

Le prestigieux cru Romanée-Conti, généralement classé comme le vin le plus cher au monde, tous millésimes confondus, est produit sur une parcelle de 1,8 ha sur la commune de Vosne-Romanée.

Côtes-d'Armor

Le pays de la coquille Saint-Jacques

Avec une façade maritime comptant dix-sept ports de pêche et le plus important gisement naturel de coquilles Saint-Jacques, ce département possède aussi un élevage porcin très développé.

Quand Plérin règne sur la France

Le marché au cadran de Plérin, où est cotée 15 % de la production française de porc, sert de référence au marché national. Normal pour un département dont l'exploitation porcine constitue la première activité agricole et représente presque 35 % de la production nationale.

Morue de Paimpol

Paimpol fut un grand port pêche au cabillaud (morue fraîche) au large de l'Islande. La tradition catholique du jeûne du vendredi fit beaucoup pour la promotion de la morue, indissociable de la richesse des ports morutiers et de la gastronomie costarmoricaine.

L'eau de Nazareth

L'eau de Plancoët, d'abord baptisée du nom d'un quartier de la ville où elle fut découverte, Nazareth, et également appelée eau de source Sassay, est la seule eau minérale naturelle de Bretagne. Pour être garantie sans nitrate, 96 ha de nature qui entourent la source sont préservés de toute pollution.

MENU

Noix de Saint-Jacques
à la fondue de poireaux

La coquille Saint-Jacques de la baie de Saint-Brieuc est le premier coquillage français à obtenir une certification, qui porte sur l'appellation « Coquille Saint-Jacques des Côtes-d'Armor ».

Sauté de porc aux cocos de Paimpol

Les cocos de Paimpol se cuisinent en demi-sec sans trempage préalable.

Far aux pruneaux*

Eau de Plancoët et cidre brut

Far aux pruneaux

La recette du far breton s'apparente à celle du clafoutis. Traditionnellement sans pruneaux, il peut également être agrémenté de raisins secs trempés dans du rhum.

Pour 6 personnes

220 g de farine
1 l de lait
150 g de sucre
4 œufs
100 g de pruneaux
1 sachet de sucre vanillé
Beurre pour le plat

- Mélanger la farine, le sucre et le sucre vanillé.
- Ajouter les œufs un à un, puis le lait. Laisser reposer 1 h environ.
- Beurrer un plat en terre allant au four et y disposer les pruneaux dénoyautés.
- Verser délicatement la pâte dans le plat.
- Mettre à cuire au four préalablement chauffé à 200 °C (th. 6/7) pendant 40 min environ.

Le COCO et ses plumeurs

Ce haricot, rapporté d'Amérique latine dans le Goëlo dans les années trente, a sauvé de la pénurie bien des habitants pendant la Seconde Guerre mondiale. Le coco de Paimpol à la cosse jaune pâle marbrée de violet et aux grains blancs, presque ronds, bénéficie désormais d'une AOC et d'une AOP. Il est récolté manuellement d'un geste qui s'apparente à celui du plumage d'une volaille, d'où le surnom de « plumeurs » donné à ses cueilleurs.

Le Chocard d'Yffiniac

Ce chausson de pâte feuilletée farci avec un hachis de pomme reinette, de sucre, de cannelle et de citron a longtemps été une pâtisserie fréquente sur les foires de la région. Mais la cité d'Yffiniac, près de Saint-Brieuc, en a fait une institution, organisant même une fête annuelle en son honneur et baptisant une place de la ville de son nom.

Gabriel Calloet de Querbrat

Né à Lannion au début du XVIIe siècle, cet agronome passionné se livre sur son domaine à de nombreuses expérimentations agronomiques qui lui permettent d'optimiser la productivité de ses terres. Il met ainsi au point une herse, une machine à broyer les raves ou une première ruche en verre, pour connaître le mode de vie des abeilles.

Creuse

Le pays de la truite

La cuisine creusoise est rustique, simple et très nourrissante. Elle profite des produits naturels, tels que les champignons, les poissons, les châtaignes, les noisettes ou les myrtilles que procure son terroir.

MENU

Bréjaude*

Filets de truite aux girolles

La Creuse compte d'excellentes rivières à truites, comme le Thaurion, la Maulde ou la Gartempe. Et les sous-bois alentour fournissent un grand choix de champignons.

Clafoutis aux cerises

Un incontournable de la gastronomie limousine.

Clos Brégeot

Claude Chabrol

Bien que né à Paris, le célèbre cinéaste a des origines creusoises. Enfant, il a vécu les années d'occupation chez sa grand-mère à Sardent, où il tournera son premier film, *Le Beau Serge*. Il en a gardé l'amour de la bonne chère. La légende veut qu'il choisissait les lieux de tournage de ses films en fonction des restaurants alentour.

Quelle tuile !

La recette du gâteau creusois, à base de noisettes pillées, proviendrait d'un parchemin du XVe siècle découvert il y a une quarantaine d'années. Mis au goût du jour par une association de pâtissiers creusois, ce gâteau doit être cuit dans une tuile creuse. Mais il peut également se cuisiner dans un moule classique. Élaboré avec des blancs d'œufs, il est souvent servi avec une crème anglaise, ce qui permet d'utiliser les jaunes.

Le fondu creusois

Il ne s'agit pas d'un habitant du département un peu fou Ce terme désigne un plat typiquement creusois réalisé avec un fromage de vache (autrefois les fromages qui n'étaient plus consommables) que l'on fait fondre avec du beurre, de la farine, de la crème fraîche et un jaune d'œuf et servi avec des pommes de terre.

Pour une amourette…

Plus prosaïquement appelées couilles de mouton, les amourettes sont des testicules d'ovin blanchis, coupés en fines lamelles et passés à la poêle avec du persil et du citron. Cette préparation tripière est également appelée « frivolités bénéventines » à Bénévent-l'Abbaye, dont c'est une spécialité.

Bréjaude

Le nom de cette soupe au chou, sorte de pot-au-feu, vient du lard que l'on « brèje » (écrase) à mi-cuisson afin qu'il s'effiloche.

Pour 6 personnes

- 1 chou vert
- 500 g de lard avec la couenne
- 6 pommes de terre
- 1 cuillerée à soupe de gros sel
- 1 pain de seigle un peu rassis
- 3 poireaux
- 2 navets
- 3 carottes
- Poivre du moulin

- Entailler la viande du lard sans toucher la couenne.
- Le mettre dans un grand faitout avec 3 l d'eau et porter à ébullition durant 1 h.
- Nettoyer le chou, ôter les grosses côtes et le couper en quartiers.
- Laver les poireaux, les carottes et les navets. Les couper en morceaux.
- Éplucher les pommes de terre et les couper en quartiers.
- Retirer le lard cuit et écraser la viande avec le gros sel.
- Remettre la viande effilochée, la couenne intacte, les poireaux, les navets et les carottes dans le bouillon.
- Poivrer et cuire 30 min.
- Ajouter les pommes de terre et cuire encore 20 min.
- Couper des tranches de pain de seigle et les déposer au fond de chaque assiette.
- Les arroser de bouillon jusqu'à ce que le pain soit bien imbibé.
- Ajouter par-dessus les légumes, les morceaux de viande et un bout de couenne.
- Servir aussitôt.

Nature ou sans sel

Originaire de la ville de Gouzon, le fromage du même nom élaboré à partir de lait de vache se consomme frais ou affiné deux semaines. Il est même proposé en version sans sel. Pourquoi se priver ?

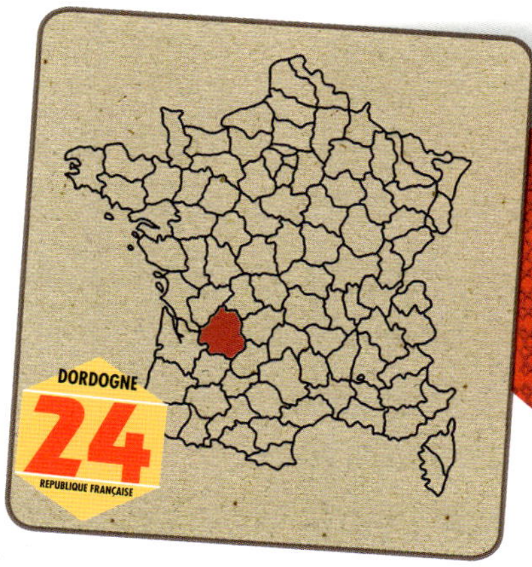

Le pays de la truffe

Dordogne

La cuisine de la Dordogne est celle de la truffe, du pâté de foie et du confit. La préfecture, Périgueux, a d'ailleurs donné son nom à une sauce, roux réduit à base de vin blanc auquel on ajoute des dés de truffe.

MENU

Tourin à la tomate*

Enchaud

La viande de porc prélevée dans le filet et confite dans du saindoux est souvent conservée en bocaux stérilisés. Bien qu'il puisse être servi froid, l'enchaud est délicieux en plat principal accompagné de pommes de terre sarladaises.

Tarte aux noix

À déguster en pensant à cet adage : « Rien n'est perdu dans la noix du Périgord, sauf le bruit qu'elle fait en se cassant ! »

Bergerac rouge

La perle noire

La truffe du Périgord (*Tuber melanosporum*), est une appellation botanique donnée habituellement à ce champignon, mais on la trouve également dans tout le Sud-Ouest, en Charente et en Provence. Poussant sous terre, elle n'est pas ramassée mais « cavée », souvent à l'aide d'un chien ou d'un cochon, parfois grâce à une mouche pour les plus observateurs.

Des FRAISES la moitié de l'année

Bénéficiant d'une IGP, la fraise du Périgord est surtout produite dans la région de Vergt. Ce sont au total sept variétés (dont la gariguette et la mara des bois) qui se succèdent pour remplir les paniers de fin avril à fin octobre.

La Mazille

D'origine périgourdine, Andrée Mallet-Maze, dite La Mazille, a écrit en 1929 *La Bonne Cuisine du Périgord*, ouvrage de référence régulièrement réédité, dans lequel elle décrit plus de quatre cents recettes. Son nom a été donné à un prix littéraire remis dans le cadre du Salon international du livre gourmand à Périgueux.

Tourin à la tomate

Cette soupe traditionnelle qui se décline à l'ail, à l'oignon ou à la tomate, était souvent portée aux jeunes mariés durant leur nuit de noces.

Pour 6 personnes

2 oignons
6 à 8 tomates bien mûres
(ou 1,5 l de cuisson d'une carcasse de volaille)
2 cuillerées à soupe de graisse d'oie ou de canard
2 gousses d'ail
Vermicelles ou perles du Japon
1 bouillon de volaille
Sel

- Dans un faitout, faire chauffer 1,5 l d'eau avec le bouillon de volaille ou le bouillon de cuisson d'une carcasse de volaille.
- Dans une poêle, faire revenir dans la graisse d'oie ou de canard les oignons ciselés et les gousses d'ail coupées en petits morceaux.
- Quand l'ensemble est cuit, ajouter les tomates coupées en tranches. Remuer, ajouter une louche de bouillon et cuire 30 min.
- Mettre le tout dans le faitout et mitonner encore 15 min.
- Passer l'ensemble au presse-légumes. Saler.
- Remettre à cuire avec des vermicelles ou des perles du Japon. Servir dans de grandes assiettes creuses.

À la fin de la dégustation, il est d'usage de faire chabrot, coutume qui consiste à mouiller le reste de soupe au fond de l'assiette avec un trait de vin rouge et de boire le tout à la goulée.

Les bienfaits de la pourriture

Le vignoble bergeracois compte huit appellations dont le bergerac, le pécharmant, le montravel mais surtout le monbazillac, l'un des meilleurs vins doux de France, qui doit sa notoriété à la pourriture noble due au champignon Botrytis cinerea, qui permet d'obtenir certains vins liquoreux.

À votre bon foie

En raison d'une forte demande, bon nombre de foies gras transformés en Périgord proviennent d'autres régions ou pays de production. Désormais, une IGP « canard à foie gras du Périgord » protège les produits issus de canards gras élevés, gavés, abattus, découpés, cuisinés et conditionnés en Périgord. Les volailles, oies ou canards, ainsi engraissés fournissent aussi les magrets, les cuisses cuisinées en confit et les cous souvent présentés farcis.

Le plus ancien fromage du Périgord

Venus de l'abbaye Notre-Dame de Port-du-Salut, des moines trappistes établis dans l'abbaye d'Échourgnac, au XIXe siècle, y produisirent leur fameux fromage de Port Salut. En 1923, les moniales qui prirent la suite des frères continuèrent la production de ce fromage de lait de vache sous le nom de Trappe d'Échourgnac, désormais décliné dans une version affinée à la liqueur de noix.

Doubs

Le pays de l'absinthe

L'élevage bovin est surtout à vocation laitière et l'élevage porcin est à l'origine d'une importante production charcutière. Les cours d'eau et les lacs fournissent de nombreux poissons qui se retrouvent avec bonheur dans les assiettes.

MENU

Assiette de fines tranches de bresi

Viande de bœuf séchée et fumée, le bresi ressemble à la viande des Grisons des voisins suisses.

Mont d'or au four*

Galette de goumeau

Une version régionale de la galette de Rois.

Mousterot pétillant
(avec le dessert)

Des fromages à la cuillère

En raison de son aspect très coulant, le mont-d'or est toujours présenté dans un cerclage réalisé en bois d'épicéa qui a l'avantage de le parfumer. Cette pratique est également utilisée pour des fromages plus récents, l'édel de Cléron ou encore l'écorce de sapin à qui le cerclage a donné son nom. Par contre, cette méthode s'avérerait inutile pour la cancoillotte, fromage à pâte fondue et à la texture liquide qui exige une conservation en pot hermétique.

Jules Viette

Né à Blamont en 1843, cet homme politique devenu ministre de l'Agriculture fit beaucoup pour faire reconnaître en 1889 la vache franco-suisse sous le nom de vache montbéliarde. Celle-ci, identifiable à ses taches rouges sur sa robe blanche, aurait pu s'appeler « race alsacienne » si cette province n'avait pas alors été annexée à l'Allemagne !

La guerre des saucisses

La saucisse de Morteau et la saucisse de Montbéliard font la renommée du département. Toutes deux réalisées à base de porc et fumées à la sciure de bois, la première, dite « belle de Morteau », est plus grosse, plus grasse et un peu plus fumée que sa voisine de Montbéliard. Elle se reconnaît aussi à la cheville de bois qui en ferme une extrémité et à la médaille de son fabricant, tandis que celle de Montbéliard n'est pas ficelée mais torsadée et se distingue par une forme plus courbe.

Le pet-de-nonne

En dépit de l'orthographe actuelle donnée à ces beignets soufflés à la croûte dorée, l'origine de ce dessert viendrait d'un souhait de réconciliation voulu par une religieuse de l'abbaye de Baume-les-Dames lorsqu'elle confia sa recette à un couvent en signe « de paix ». Le nom prêtant à confusion, ce beignet est également appelé plus diplomatiquement « beignet de vent » ou « soupir de nonne ».

Mont d'or au four

Contrairement à son cousin suisse, le mont d'or du Doubs s'écrit sans trait d'union.

Pour 4 personnes

- 1 mont d'or de 500 g
- 1 kg de pommes de terre
- 5 cl de vin blanc du Jura
- 1 saucisse de Morteau
- 1 gousse d'ail

- Faire cuire à l'eau les pommes de terre 30 min.
- Dans une casserole d'eau, cuire la saucisse, sans la piquer, durant 20 min.
- Ouvrir la boîte de mont d'or, l'entourer de papier aluminium et disposer la boîte sur son couvercle retourné. Creuser au centre du fromage un petit trou et y insérer l'ail haché et le vin blanc.
- Mettre le mont d'or dans le four préalablement préchauffé à 180 °C (th. 6) et laisser cuire 25 à 30 min.
- Servir le mont d'or chaud avec les pommes de terre et la saucisse tranchée.

De la fée verte à l'anis

L'anis de Pontarlier, apéritif traditionnel à base d'anis vert espagnol, est un dérivé de l'absinthe dont la région fut le berceau depuis l'installation en 1805 d'une première distillerie par Henri-Louis Pernod, natif de la ville. La production de la fée verte (ainsi était-elle surnommée) s'y développa jusqu'à son interdiction en 1915. Les distilleries se reconvertirent alors dans la distillation de l'anis sous l'impulsion d'Armand Guy, et le Marseillais Paul Ricard s'y installa en 1932 pour y fabriquer une variante sous l'appellation de « pastis ».

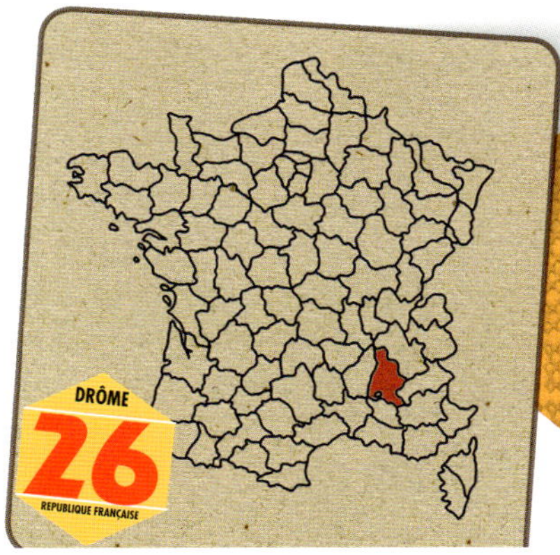

Le pays de l'abricot

Drôme

Son agriculture est centrée sur la production de fruits à noyau, de légumes cultivés pour le fruit (courgettes, tomates), d'ail, de truffes, de vins blancs et de caprins. La Drôme est le premier producteur français d'abricots.

MENU

Caillette de Chabeuil*

Pintadeau aux olives de Nyons

Selon la légende, la pintade aurait été introduite dans la région par Hannibal. Commercialisé à l'âge de treize semaines, le pintadeau de la Drôme bénéficie d'une IGP.

Tarte aux abricots

La variété la plus cultivée dans la Drôme est le bergeron, gros fruit acidulé et peu juteux qui se prête bien à la préparation en tarte.

Crozes-hermitage rouge

Une perle noire et ridée

La tanche, variété d'olivier rustique très résistante au froid, compose les nombreuses oliveraies de la région de Nyons, devenue ainsi la capitale de l'olive qui bénéficie d'une AOC et d'une AOP. Cueillies à maturité, entre novembre et janvier, elles sont noires et ridées par les premiers frimas.

Émile Loubet

Maire de Montélimar puis président de la République en 1899, Émile Loubet a fait beaucoup pour la notoriété du nougat de sa ville qu'il offrait à tous ses visiteurs étrangers. Cette gourmandise, composée d'amandes, de miel, de sucre et de blancs d'œufs battus en neige, gagna ainsi une renommée nationale puis internationale.

Caillette de Chabeuil

Ces délicieux pâtés aux herbes se dégustent chauds ou froids.

Pour 10 personnes

1 kg de porc dans l'épaule
500 g de foie de porc
250 g de lard
500 g d'épinards
500 g de blettes
Persil haché
Thym
2 échalotes
2 gousses d'ail blanc de la Drôme
3 œufs
1 crépine
30 g de beurre
Sel et poivre

- Hacher les viandes ainsi que les épinards et les blettes préalablement blanchis.
- Mélanger le tout avec les œufs, le persil et le thym.
- Ajouter l'ail et l'échalote hachés préalablement revenus dans le beurre. Assaisonner.
- Former des boulettes et les ranger serrées dans un plat allant au four. Recouvrir de crépine.
- Cuire au four préalablement chauffé à 220 °C (th. 7/8) pendant 40 min.

Un fromage contre les incendies

La fabrication du picodon, fromage au lait de chèvre, favorise l'élevage de cet animal qui défriche les paysages de moyenne montagne, prévenant ainsi les risques de feu dans ces terrains propices.

Romans, premier fabricant de lunettes

Cette ville est la capitale de la chaussure, mais les lunettes dont il est question ici sont des plus comestibles : il s'agit d'un biscuit composé de deux sablés ovales superposés dont le second est percé de deux trous lui donnant une apparence de lunettes et laissant apparaître le fourrage à la gelée de fruits. Romans est aussi connue pour sa pogne, célèbre brioche en forme de couronne parfumée à la fleur d'oranger.

Terre de rabasse

C'est ainsi que l'on nomme en Provence la truffe, dont la production nationale est assurée à plus de 60 % par le Tricastin, le plus important bassin trufficole d'Europe avec le pays de Grignan et l'enclave des papes.

L'un des vignobles les plus hauts de France

Pétillant et sucré, le vin de Die est connu depuis l'Antiquité. Ce vignoble bénéficie d'un climat alpin et de trois cents jours d'ensoleillement. Seul vin effervescent élaboré avec du muscat, la clairette de Die, classée en AOC en 1942, doit être consommée avant deux ans pour en apprécier les saveurs fruitées.

Un suisse à croquer

C'est bien involontairement que le pape Pie VI a marqué la gastronomie drômoise. Envoyé en exil à Valence par Bonaparte, il y meurt en 1799. Pour lui rendre hommage a été créé le suisse, un biscuit de pâte sablée parfumée à la fleur d'oranger et représentant un garde suisse.

Raviole et non ravioli

Spécialité de la ville de Romans, la raviole est élaborée à partir d'une pâte de farine de blé, d'eau et d'œuf. Elle se distingue du ravioli par sa farce, sans viande, à base de comté, de fromage blanc et de persil.

Le pays du cidre

Eure

MENU

Foie gras poêlé aux pommes

La Normandie s'est lancée avec bonheur dans la production de foie gras. Le Neubourg, dans l'Eure, accueille plusieurs fois par an les producteurs de foie gras.

Escalopes de veau au cidre*

Tarte fine au pommeau

Cette tarte aux pommes aromatisée au pommeau se déguste tiède avec un cidre doux bien frais.

Cidre brut

L'agriculture occupe les deux tiers du département de l'Eure et se partage entre l'élevage bovin et les grandes cultures. Le cidre prend, comme dans toute la Normandie, une place importante dans la gastronomie.

On pêche le hareng… à Lieurey

Une traditionnelle foire y perpétue le souvenir d'un épisode de la guerre de Cent Ans : un convoi de harengs en route pour Orléans y était resté bloqué par la neige et fut donc vendu sur place. Tous les 11 novembre, jour de la Saint-Martin, la ville organise une grande fête populaire autour de ce poisson.

Quelques anachronismes

Plus connu sous le nom de Taillevent, Guillaume Tirel, né à Pont-Audemer en 1310, était queux (cuisinier au Moyen Âge) et travailla pour Charles V et Charles VI qui l'anoblira. On lui attribue le *Viandier*, un célèbre livre de cuisine du Moyen Âge, qui lui serait pourtant antérieur. Il aurait aussi imaginé une pâtisserie, le mirliton de Pont-Audemer, toujours réalisée par les pâtissiers de la ville, qui se présente sous la forme d'un rouleau de biscuit fourré de crème pralinée et fermé à ses extrémités par du chocolat. Recette certainement améliorée depuis car le chocolat n'était alors pas connu en Europe.

Gaston Lenôtre

Ce natif de Saint-Nicolas-du-Bosc fait ses débuts comme pâtissier à Pont-Audemer avant de s'installer à Paris et d'y moderniser l'art de la pâtisserie. Il conçoit des gourmandises plus légères aux saveurs nouvelles qui font sa renommée comme ses bavarois, charlottes, mousses et macarons.

Escalopes de veau au cidre

Le cidre est idéal pour cuisiner les viandes blanches.

Pour 4 personnes

4 escalopes de veau
80 g de beurre
20 cl de crème fraîche
25 cl de cidre de Normandie
4 échalotes
Sel et poivre

- Dans une poêle, faire cuire doucement les escalopes dans le beurre. Assaisonner. Retirer les escalopes et les déposer sur une assiette.
- Dans la poêle, faire revenir les échalotes finement émincées.
- Déglacer avec le cidre puis ajouter la crème fraîche et laisser réduire un peu.
- Remettre les escalopes dans la sauce ainsi obtenue.
- Servir avec un bon riz ou des pommes de terre en robe des champs.

Une autorisation récente

Le pommeau de Normandie est un délicieux apéritif élaboré en mélangeant du calvados à l'état pur et du jus de pomme à cidre, et ensuite vieilli au moins 18 mois dans des tonneaux de chêne. Bien qu'inventé à Pont-Audemer dès 1948, sa commercialisation a été interdite jusqu'en 1981, car il n'avait pas d'existence légale.

Du pain, du vin...

C'est son propre nom que François Boursin donne à la marque qu'il crée en 1957 dans sa fromagerie de Croisy-sur-Eure. Le petit fromage rond, imaginé en 1963 et toujours présenté dans du papier en aluminium gaufré, est à base de lait de vache, à pâte fraîche, salée, avec de la crème et un mélange d'ail et de fines herbes. Cette marque fait l'objet de la première publicité télévisée en 1968. Toujours exclusivement fabriqué dans l'Eure, il est présent sous le même nom dans plus de 35 pays répartis sur 5 continents.

Le pays du blé

Eure-et-Loir

… au pot tous les dimanches.

Souvent présenté comme le grenier à blé de la France, l'Eure-et-Loir, au cœur de la vaste plaine de la Beauce, est le premier département céréalier français et également premier producteur de colza.

MENU

Salade de blé au poulet*

Poule au pot

Chartres rend hommage à Henri IV, seul roi de France sacré dans sa ville, en mettant à l'honneur sa célèbre poule au pot qu'il a voulu quotidienne sur toutes les tables de France.

Cochelin

Viennoiserie prenant la forme d'un personnage aux bras levés, ce petit bonhomme de pâte feuilletée est réalisé nature ou fourré au chocolat, à la compote ou à la pâte d'amandes.

Rosé de Chartre

Pour l'amitié franco-russe

À partir de 1893 et l'alliance franco-russe signée avec Alexandre III, de nouveaux produits sont lancés sur le marché pour célébrer l'événement. C'est dans ce contexte de « russomania » que fut créé, par le confiseur chartrain Daumesnil, le mentchikoff, du nom du conseiller de Pierre le Grand au XVIIIe siècle qui aurait été fils de pâtissier. Ce bonbon au cœur de praliné, noisette, chocolat et beurre, enrobé de meringue suisse, est toujours fabriqué et dégusté à Chartres.

La madeleine de Proust

À Illiers-Combray, chez sa tante Léonie, le jeune Marcel dégustait ses fameuses madeleines. C'est en hommage aux nombreux pèlerins, qui traversaient ce bourg sur la route Paris-Tours en direction de Saint-Jacques, que ces madeleines ont pris la forme bombée de la coquille Saint-Jacques.

Ferdinand Hédiard

Né à La Loupe en 1832, cet aspirant des Compagnons du Devoir en menuiserie a l'idée de commercialiser à Paris les fruits exotiques débarqués du Havre. Il va ainsi développer une boutique, puis un comptoir de vente qui fera sa fortune. Installé place de la Madeleine en 1880, Hédiard va devenir par la suite une référence de la gastronomie de luxe française.

Le feuille de Dreux

Le feuille de Dreux est un fromage à base de lait de vache demi-écrémé. S'il porte sur sa croûte une feuille de châtaignier, c'est pour renforcer son goût, mais également en souvenir du temps où les fromages étaient séparés par des feuilles pour éviter qu'ils ne se collent entre eux dans les coffres en bois dans lesquels ils étaient conservés.

Une limonade beauceronne

C'est en 1888 que Fernand Savouré crée une limonade, toujours fabriquée par la cinquième génération. C'est à Janville qu'est mise en bouteille La Beauceronne qui n'utilise que des produits du terroir : eau issue des nappes de Beauce, arômes naturels d'agrumes et sucre de betterave. À « savourer » d'urgence

Salade de blé au poulet

Une célèbre marque, qui s'est installée à Châteaudun au cœur de la Beauce, permet de cuisiner le blé dans de nombreux plats.

Pour 4 personnes

300 g de blé précuit
2 escalopes de poulet
1 concombre
20 tomates cerises
2 oignons nouveaux
1 poivron jaune
Persil
Ciboulette
Vinaigre
Huile
Sel et poivre

- Faire cuire le blé à l'eau bouillante salée 10 min. L'égoutter et laisser refroidir.
- Couper les escalopes de poulet en gros dés et les faire revenir dans un peu d'huile. Assaisonner et laisser refroidir.
- Éplucher le concombre, ôter les graines et le couper en cubes.
- Couper le poivron en cubes.
- Couper les tomates en deux.
- Émincer les oignons, le persil et la ciboulette.
- Réaliser une vinaigrette.
- Mélanger tous les ingrédients et arroser de vinaigrette ou laisser celle-ci en saucière.

Le pâté de Chartres

Initialement composé uniquement de gibier, tout d'abord d'oiseaux migrateurs, puis de perdreaux et de faisans agrémentés de foie gras, ce pâté se déguste le plus souvent en croûte ou en terrine.

Finistère

Le pays de l'artichaut

La pêche constitue la principale activité du premier département côtier. Le long du littoral, l'ostréiculture et le maraîchage occupent une place importante tandis que l'élevage domine à l'intérieur des terres.

MENU

Salade de chou-fleur aux moules

Avec l'artichaut, le chou-fleur est l'autre fleuron de la production maraîchère du Finistère.

Cotriade*

Kouign-amann

Ce gâteau au beurre (de « kouign », gâteau, et d'« amann », beurre), originaire de Douarnenez, est à base de pâte à pain, au goût caramélisé.

Cidre brut

Le camus de Bretagne

Créé en 1810 par un agronome parisien, le plus gros des artichauts est très présent dans le Finistère où il pousse dans des artichautières (les champs où on les cultive). Craignant le gel et les grosses chaleurs d'été, il est l'un des légumes phares du département.

Une tranche de tête ?

La demi-tête de porc, coupée dans la longueur, saumurée et rôtie, est une spécialité de la Cornouaille. Le choton (« costé-pen » en breton) se présente sous la forme d'un demi-groin et se déguste avec du pain beurré.

Le pot-au-feu breton

Le kig ha farz est constitué à la fois de viande (« kig ») et de pain (« farz » signifiant farine). Ce dernier est fait d'une pâte de farine de blé noir cuite dans un sac en tissu, trempé dans le bouillon avec la viande et les légumes.

« Le pâté du mataf »

Jean Hénaff, paysan à Pouldreuzic, fonde en 1907 une conserverie pour écouler la production locale de petits pois. En 1914, il créé un pâté constitué des parties nobles du porc mélangées à des épices. Très apprécié des marins en mer, ce pâté est toujours présenté dans sa célèbre boîte bleue et jaune.

L'autre « beurre salé »

Cette graisse salée est constituée de panne de porc fondue avec des oignons, des échalotes et des fines herbes. Présenté en pain de 2 kg, ce saindoux parfumé, destiné autrefois aux consommateurs les plus pauvres, s'étale sur une tartine comme du beurre.

La capitale de la crêpe bretonne

Les fines crêpes ont fait la renommée de Quimper. À la fin du XIXe siècle, Marie-Catherine Cornic aurait créé, en l'oubliant peut-être sur le feu, une crêpe très fine qu'elle plie et enroule sur elle-même. En refroidissant, elle devient craquante. Depuis, elle est reproduite industriellement, en particulier par une biscuiterie de Dinan, dans les Côtes-d'Armor.

Les fraises de Plougastel

C'est à Plougastel que la fraise, ramenée du Chili au XVIIIe siècle, a trouvé un terroir propice à sa culture, faisant la richesse de la ville qui, jusqu'en 1940, fournit un quart de la production nationale. Il n'existe pas de variété locale spécifique, mais la plus appréciée reste la gariguette.

Henri Ollivier

Ce cultivateur de Roscoff est le premier, en 1828, à partir en Angleterre vendre sa récolte d'oignons. Il est suivi par bien d'autres, vite surnommés outre-Manche les Johnnies, en référence au prénom anglicisé Yannick, très porté par les jeunes garçons qui accompagnent leurs pères. Ce colportage se fait souvent à vélo et les oignons sont tressés ensemble par ordre croissant de taille.

Cotriade

La cotriade est aux Bretons ce que la bouillabaisse est aux Méridionaux. Et il en existe tout autant de versions.

Pour 6 personnes

1,5 kg de morceaux de poissons (maquereaux, congres, sardines, vieilles, merlans, tacauds…)
1 kg de pommes de terre
3 oignons
1 bouquet garni
50 g de saindoux
Sel et poivre

- Nettoyer les poissons et les couper en morceaux.
- Dans une cocotte, faire blondir dans le saindoux les oignons émincés. Ajouter les pommes de terre épluchées et coupées en rondelles et faire dorer.
- Recouvrir d'eau, ajouter le bouquet garni, saler et poivrer.
- Ajouter successivement les poissons par ordre de fermeté : d'abord le congre, puis le maquereau, la vieille, le merlan, le tacaud, la sardine.
- Cuire à petits bouillons 10 min en tout. Retirer du feu et laisser encore 5 min à couvert.
- Retirer les poissons avec une écumoire. Les servir avec les pommes de terre, accompagnés d'une vinaigrette et de pain grillé.

Le pays de la réglisse

Gard

L'agriculture du Gard est principalement consacrée à la vigne, aux céréales et aux fruits. La culture de la réglisse a fait la richesse des confiseries, des entreprises pharmaceutiques et des brasseries.

VIEILLES COUTUMES _ *PROVENCE* _ La Ferrade en Camargue.

Le ragoût des gardians de Camargue

Préparée avec de la viande de taureau de Camargue, macérée dans un bon vin rouge corsé de la région, la gardiane est cuite avec des carottes, des herbes aromatiques et des oignons et servie avec du riz… de Camargue.

L'OLIVE DE NIMES

La picholine est à l'origine une méthode de conservation de l'olive qui lui préserve sa couleur verte. Une variété du Gard s'y prêtant particulièrement, celle-ci prit le nom de picholine. On la retrouve à l'apéritif mais aussi dans la fabrication de l'huile d'olive.

Le vin et la rose

Produit sur les communes de Tavel et de Roquemaure, le tavel est le seul côtes-du-rhône à ne se décliner qu'en rosé. Souvent appelé « le premier rosé de France », il bénéficie d'une AOC et d'une ambassadrice de charme : la rose de Tavel®, de couleur rubis et aux pétales dentelés.

MENU

Pélardon pané sur lit de pissenlits

C'est le goût de ce petit fromage rond au lait de chèvre qui a conditionné son nom. Pélardon dériverait de « pèbre » en dialecte cévenol, signifiant poivre.

Brandade de morue*

Fougasse à la fleur d'oranger

Spécialité d'Aigues-Mortes, la fougasse sucrée est servie parmi les treize desserts de Noël.

Côtes-du-Rhône gardoise

La « dragée » d'Uzès

C'est ainsi que pourrait être surnommée la croquignole d'Uzès en raison de sa méthode de fabrication proche de celle de la dragée (enrobage successif autour d'une amande ou d'une noisette, d'un biscuit qui est ensuite cuit au four). Cette pâtisserie aurait été ramenée de Chine, d'où son premier nom de « praline chinoise ».

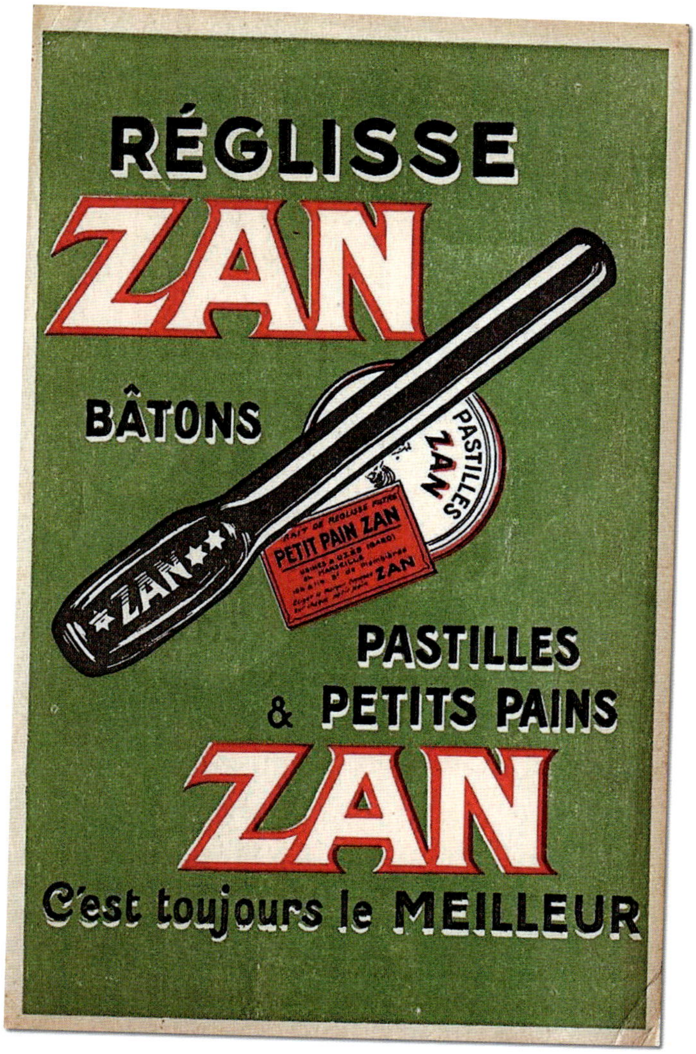

« Donne-moi z'en ! »

Cette phrase, dite par un enfant demandant un bonbon de réglisse a inspiré le gendre de Henri Laffont pour le nom de la marque de bonbons Zan que ce dernier dépose en 1884. Il avait ouvert dès 1862 une usine de réglisse à Uzès. Cette ville abrite aujourd'hui un musée du Bonbon associé à la marque allemande qui a racheté Zan et dont le nom est formé par les premières syllabes du prénom, du nom et de la ville de son fondateur : HAns RIegel, de BOnn.

Brandade de morue

Nîmes est considérée comme la capitale de cette préparation à base de morue salée et d'huile d'olive. Son nom viendrait du verbe occitan « brandar », qui signifie remuer. Issue du troc entre la morue séchée venue du Nord et le sel des salins d'Aigues-Mortes, la véritable brandade de Nîmes ne comprend pas de pommes de terre.

Pour 6 personnes

- 800 g de morue salée
- 40 cl de lait
- 30 cl d'huile d'olive
- Le jus d'un citron
- 2 gousses d'ail
- Noix de muscade
- Poivre

La veille

- Dessaler la morue en la trempant dans de l'eau froide et en changeant souvent l'eau.

Le jour même

- Couper la morue en morceau et la cuire, départ eau froide, entre 5 et 10 min à frémissements légers (sans bouillir). Enlever les éventuelles arêtes ou restes de peau et effilocher la chair.
- Dans un saladier placé au bain-marie, ajouter alternativement et petit à petit le lait et l'huile préalablement tiédis sur la morue en l'écrasant avec un pilon. Ajouter le jus de citron, l'ail écrasé, un peu de noix de muscade et poivrer.
- Servir tiède et accompagner d'un bon pain de Beaucaire.

Ernest Barre

À l'origine de l'essor du bonbon à la réglisse en France, Ernest Barre fonde en 1837 à Moussac la première entreprise dédiée à la fabrication de cette friandise. C'est le début de la marque Car qui fusionnera plus tard avec Zan.

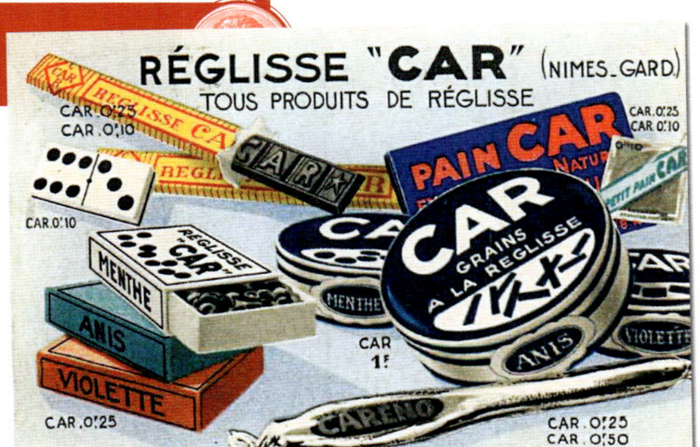

La première fraise sur le marché

La fraise de Nîmes est la première fraise, cultivée en pleine terre et sous-abri, disponible sur le marché. De variété ciflorette ou gariguette, elle est souvent en vente dès le début du mois de mars.

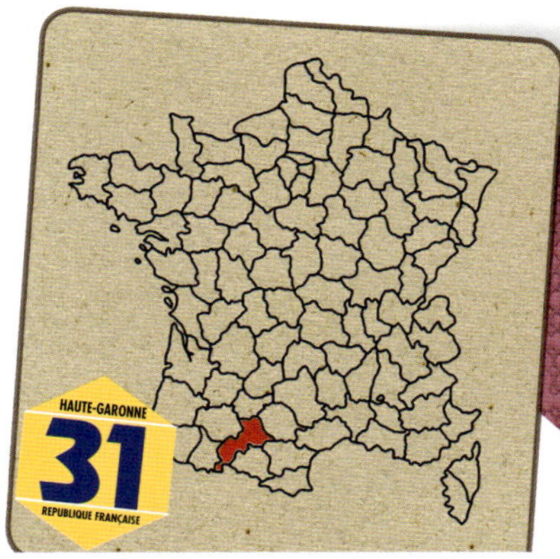

Le pays de la violette

Haute-Garonne

MENU

Tourin à l'ail

Cette soupe à l'ail est un grand classique de la cuisine du Sud-Ouest.

Aillade de veau*

Fénétra toulousain

Le fénétra est une tarte, à base d'abricot, d'amande et de citron confit, autrefois réalisée à l'occasion d'une procession religieuse du même nom qui avait lieu vers Pâques.

Fronton rouge

Majoritairement représentée par la céréaliculture au nord avec le maïs ou le tournesol, l'agriculture de la Haute-Garonne s'oriente plus vers l'élevage pastoral vers le sud.

L'ail violet de Cadours

Cet ail est unique, tant par sa couleur (violette), sa taille (un gros calibre), sa précocité (il arrive sur le marché dès le mois de juillet) que par son goût très prononcé. Une fois récolté et séché, il est pelé à la main (mais pas trop pour lui préserver sa couleur), puis conditionné pour la vente. Les plus belles de ces présentations sont la tresse (composée de neuf bulbes au minimum), la gerbe et le bouquet.

Le plat à la pistache

Il n'est pas question ici du fruit sec, mais d'une forme de ragoût propre à la région de Luchon. Proche du cassoulet, ce plat, traditionnellement élaboré avec du mouton et des haricots blancs et cuit dans un pot de terre directement sur la braise, se décline aussi avec du perdreau ou du pigeon.

Léon Lajaunie

Pharmacien à Toulouse, Léon Lajaunie a l'idée, en 1880, de modifier la recette et la présentation des cachous alors vendus dans toute l'Europe pour leurs propriétés antiseptiques et digestives. Il les transforme en petits carrés noirs, qu'il présente dans une boîte ronde à ouverture tournante, dessinée par un ami horloger, assez petite pour tenir dans une poche à gousset. Bénéficiant d'une campagne de publicité innovante pour l'époque, le cachou Lajaunie, à base de réglisse, perdure jusqu'à nos jours.

« L'AUTRE » CASSOULET

Celui qui règne en maître à Toulouse est élaboré avec du porc, du confit de canard, des saucisses de Toulouse, du mouton et des haricots tarbais et se déguste gratiné.

Aillade de veau

L'aillade est une sorte d'aïoli monté avec de l'huile de noix, mais sans jaune d'œuf. Mais c'est également un ragoût de veau fortement aillé.

Pour 4 personnes

800 g de veau dans l'épaule
8 gousses d'ail
40 cl de vin blanc sec
500 g de tomates
2 cuillerées à soupe d'huile d'olive
2 tranches de pain de campagne rassis
Thym
Laurier
Sel et poivre

- Couper la viande en morceaux et les faire revenir vivement à l'huile.
- Ajouter le pain émietté et les gousses d'ail épluchées mais entières, puis les tomates préalablement émondées et concassées.
- Bien mélanger et ajouter le vin blanc.
- Assaisonner, ajouter le thym et le laurier et cuire à feu doux à couvert environ 1 h.

Une fleur à croquer

La violette, emblème de la Ville rose, est également conditionnée pour la consommation, le plus souvent sous une forme cristallisée dans du sucre : la fleur équeutée est trempée dans un sirop pour être confite. Très utilisée en confiserie, la violette sert également pour la confection de vinaigre, confiture, sirop, liqueur, glace... La production locale étant devenue insuffisante, les importations subviennent désormais en partie aux besoins de la demande locale.

La saucisse de Toulouse

Spécialité de la Ville rose, elle en a la couleur. Composée de viandes maigres et grasses de porc, cette saucisse peut se déguster à la poêle, mais elle est surtout un ingrédient incontournable du cassoulet toulousain ainsi que, « crue mais tiède », du gloubi-boulga de Casimir !

Gers

Le pays de l'armagnac

Correspondant en partie à la région historique de la Gascogne, le Gers est réputé pour son eau-de-vie d'Armagnac, le foie gras, sans oublier l'ail dont il est le premier producteur en France, Saint-Clar en étant la capitale.

Le canard gras

Le canard utilisé pour la production de foie gras est un hybride stérile, le mulard, issu le plus souvent du croisement d'un canard mâle de Barbarie (originaire d'Amérique) et d'une cane de Rouen. Son destin est d'être gavé pour donner un gros foie gras et une viande savoureuse.

MENU

Garbure*

Foie gras poêlé
au floc de Gascogne

Cet apéritif parfume merveilleusement le foie gras servi chaud.

Pastis gascon

Également appelé croustade ou pastis gersois, ce dessert aux pommes est constitué de nombreuses couches de pâte beurrée, tellement fines qu'on appelle cette pâte le « voile de la mariée ».

Madiran rouge

La plus ancienne EAU-DE-VIE de France

On attribuait autrefois des vertus thérapeutiques à l'armagnac, cette « eau qui brûle ». Résultant de la distillation, de l'assemblage et du vieillissement de vins blancs secs issus de quatre cépages différents, sa production s'étend sur trois départements, mais c'est le Gers qui est le plus représentatif de sa fabrication. Eauze est considérée comme la capitale de cette boisson qui arrive naturellement à 40° d'alcool, souvent présentée dans une bouteille dite basquaise, aux flancs bombés avec des faces plates.

Le bouquet de fleurs

C'est la traduction de l'occitan « lou floc de nouste » désignant cet apéritif gascon devenu le floc de Gascogne, proche par le goût du pineau des Charentes. Issus de l'assemblage de moût de raisin non fermenté et d'armagnac, il existe en blanc et en rosé. Servi très frais, il se marie à merveille avec le foie gras, les desserts et surtout le délicieux melon de Lectoure.

Garbure

Soupe épaisse composée de viandes confites (oie ou canard) et de légumes, la garbure peut varier selon les légumes de saison. Mais une caractéristique est immuable : dans une bonne garbure, la cuillère doit rester debout !

Pour 6 personnes

- 1 chou vert
- 5 pommes de terre
- 4 carottes
- 1 navet
- Canard confit (cuisses, manchons, magrets...)
- 1 oignon
- 2 gousses d'ail
- 300 g de haricots blancs secs
- 1 poireau
- Sel et poivre

La veille

- Faire tremper les haricots.

Le jour même

- Éplucher et laver les légumes.
- Dans un grand faitout d'eau salée, mettre tous les légumes coupés en lanières ou en dés ainsi que les haricots. Porter à ébullition.
- Ajouter les viandes confites. Poivrer, couvrir et cuire 2 h à petits bouillons.
- Au moment de servir, déchiqueter au besoin la viande dans le reste de la soupe.

L'élégance de la vache gasconne

Avec sa robe argentée, ses extrémités (oreilles, queue, museau et sabots) noires, ses yeux comme maquillés et ses cornes en forme de lyre, la vache gasconne n'en est pas moins une vache rustique adaptée aux conditions de vie extrêmes. Désormais à vocation bouchère, le bœuf gascon est réputé pour sa viande tendre, juteuse et persillée.

Alphée Verdier

Ce producteur d'armagnac à Monguilhem, par un brevet daté du 22 janvier 1872, perfectionne un système d'alambic. Ce « système Verdier » est toujours utilisé de nos jours.

Le « French paradox »

C'est en 1991 qu'est apparue cette expression anglo-saxone qui désigne la contradiction entre la nourriture très riche de la cuisine (forte consommation de matières grasses et de vin) associée à une espérance de vie supérieure à celle des Américains et des Britanniques. Le Gers est un exemple de ce paradoxe. L'explication tiendrait en partie dans la composition de la volaille, viande non mammifère plus riche en bon cholestérol qu'en mauvais, et dans la richesse en antioxydants du vin, bénéfique lorsqu'il est bu en quantité raisonnable.

Gironde

Le pays du bordeaux

Les plats dits « à la bordelaise » sont élaborés à partir de vins de Bordeaux et d'échalotes... La ville a aussi donné son nom à une recette d'entrecôte et au *Boletus edulis*, plus connu sous le nom de cèpe de Bordeaux.

MENU

Huîtres et crépinettes

L'huître d'Arcachon se déguste avec du citron et du pain de seigle ou à la girondine, accompagnée des crépinettes, saucisses plates servies chaudes, le tout arrosé d'un bon verre d'entre-deux-mers.

Baron d'agneau de Pauillac

L'agneau de Pauillac, à la chair blanche à rosée, est exclusivement élevé sous la mère.

Cannelés*

Saint-Estèphe

La perle du bassin

L'huître plate originelle du bassin d'Arcachon, également appelée « gravette » a été supplantée à la fin du XIXe siècle par une huître creuse portugaise rescapée d'un déchargement sauvage. Après une grave crise d'épizootie dans les années 1970, le bassin a accueilli une nouvelle huître, japonaise, qui s'est très bien implantée dans le bassin.

Bordeaux, le vin et les épices

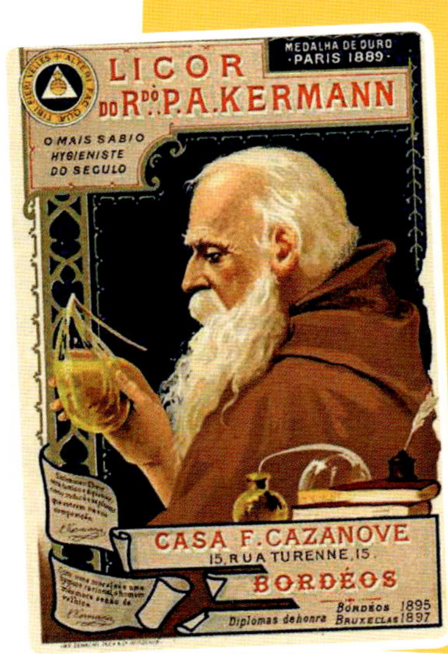

Le père Kermann, moine installé à Bordeaux au début du XXe siècle, élabore des élixirs et des vins fortifiants à base de plantes conservées dans de l'alcool. Après sa mort, son successeur s'associe à François Cazanove. La distillerie produit de nombreuses liqueurs dont celle du Père Kermann qui acquiert une renommée internationale. Cette idée d'associer des plantes et de l'alcool est aussi à l'origine du succès du Lillet, apéritif élaboré à Podensac, à base de vins de Bordeaux et de liqueurs de fruits (orange principalement).

Le nec plus ultra de la viande bovine

Facilement reconnaissable à sa silhouette trapue et son poil auréolé, le bœuf de Bazas, autrefois utilisé pour les travaux des champs, est devenu l'une des viandes bouchères les plus recherchées. L'animal est élevé sous la mère puis en pâturage et bénéficie d'une nourriture naturelle et d'une durée de vie minimale de trois ans.

Les trésors de la Garonne

Parmi le grand choix de poissons fournis par le fleuve, citons l'alose, appelée « poisson d'argent », qui remonte le courant depuis l'Atlantique pour frayer et pondre. Pêchée au filet, elle se déguste grillée ou farcie. L'estuaire est également le domaine de la lamproie, proche de l'anguille et aussi repoussante d'aspect qu'elle est délicieuse apprêtée « à la bordelaise ». Enfin, l'esturgeon, désormais d'élevage, fait du département l'un des principaux producteurs de caviar français.

Des SARMENTS en CHOCOLAT

C'est en 1969 qu'un incident dans une chocolaterie de Margaux, dans le Médoc, produisant des barres de chocolat destinées aux chocolatines (ainsi que l'on nomme les pains au chocolat dans le Sud-Ouest), donna naissance à des baguettes tordues. Leur ressemblance avec des sarments leur apporta leur nom et les rendit célèbres.

Cannelés

Ce petit gâteau emblématique de la ville de Bordeaux, port de commerce tourné vers les Antilles, est à base de rhum, de vanille et de sucre de canne.

Pour 4 personnes

- 1 l de lait
- 4 œufs
- 2 jaunes d'œufs
- 300 g de sucre
- 250 g de farine
- 2 gousses de vanille
- 6 cuillerées à soupe de rhum
- 50 g de beurre doux

La veille
- Faire chauffer le lait avec le beurre et les graines de vanille grattées sur les gousses.
- Dans un saladier, mélanger la farine et le sucre. Ajouter un à un les œufs entiers et les jaunes. Bien mélanger.
- Ajouter doucement le lait chaud et bien remuer.
- Verser le rhum et laisser reposer une nuit au frais.

Le jour même
- Mélanger de nouveau la pâte.
- La verser dans les moules à cannelés préalablement graissés.
- Les mettre dans le four préalablement chauffé à 240 °C (th. 8) et cuire 15 min, puis baisser le four à 180 °C (th. 6) et cuire 30 min.
- Démouler dès la sortie du four.

Marie Brizard

Cette fille de tonnelier et bouilleur de cru bordelais fonde avec son neveu à Bordeaux, en 1755, une société fabriquant une liqueur à base d'anis et aromates divers. La distillerie bénéficie des épices, rhums, sucres et vanilles importés par le port de Bordeaux. Cette liqueur se boit souvent après le repas sur de la glace pilée.

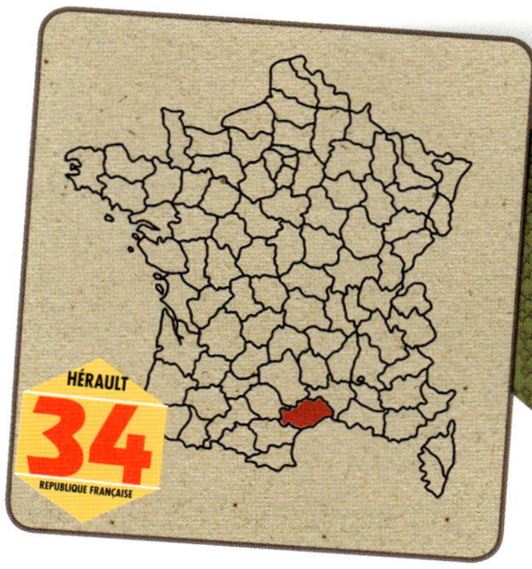

Le pays du muscat

Hérault

MENU

Salade de pois chiches

Spécialité du plateau de Carlencas, les pois chiches sont préparés avec une vinaigrette et des oignons doux de Lézignan.

Bourride sétoise*

Escalettes

Ces petites galettes très fines se distinguent par leur parfum de citron.

Minervois

Les « Bécos figos »

Mangeurs de figues, c'est ainsi que l'on surnomme les habitants de Nézignan-l'Évêque, une petite commune du Biterrois qui s'est spécialisée dans la culture du figuier. La figue y a prospéré après l'arrachage de pieds de vigne suite aux crises viticoles des XIXe et XXe siècles.

Amphithéâtre ouvert face à la mer, l'Hérault se consacre au nord à l'élevage ovin. L'arrière-pays est le domaine de la viticulture et de l'oléiculture (en partie ruinée par le gel de l'hiver 1956) et le littoral, celui des huîtres.

Des huîtres sur table

L'activité ostréicole est assez récente sur le littoral héraultais. Importée d'Arcachon par Gatien Lafite en 1875, elle a dû s'adapter à l'absence de marées dans le bassin du Thau. Les huîtres sont élevées en suspension sur des tables et non à plat comme sur la côte atlantique. L'huître est dite de Bouzigues, mais elle est présente sur tout le pourtour du bassin.

La tielle à la sétoise

Importée à Sète par des ouvriers italiens au XIXe siècle, la tielle est une tourte garnie de poulpes, de calamars et de seiches mélangés à une sauce tomate épicée et dégustée chaude ou froide. Toute adjonction d'autres éléments dans sa farce lui enlève l'authenticité sétoise.

Une drôle de BOBINE

Les petits pâtés de Pézenas, incontournables de la cité dont ils portent le nom, ont la forme d'une bobine de pâte, farcie d'un hachis de mouton mêlé à du sucre et des zestes de citron. Ce genre de pâté en croûte au goût sucré-salé était très en vogue au Moyen Âge.

Amédée Fourniol

Cet Ardéchois importe à Sète vers 1890 un gâteau qui fait fureur à Paris, le frescati. À base de pâte sablée recouverte d'un biscuit riche en raisins macérés dans le rhum et d'une meringue italienne, il est ensuite décoré d'un glaçage au café et de quelques cerises. Peu à peu tombé en désuétude dans la capitale, ce dessert sans crème s'adapte bien au climat sétois.

Bourride sétoise

Sète revendique la paternité de ce ragoût de poissons blancs et de légumes liés à l'aïoli.

Pour 4 personnes

1 kg de lotte (ou de merlan)
2 carottes
2 blancs de poireau
1 oignon
d'olive
1 branche de céleri
5 cuillerées à soupe d'huile d'olive
25 cl de vin blanc sec
Zestes de citron et d'orange
Sel et poivre
1 cuillerée à soupe de crème fraîche

POUR L'AÏOLI :
4 gousses d'ail
2 jaunes d'œufs
25 cl d'huile

- Laver et couper les légumes et l'oignon en fines lamelles.
- Les mettre à cuire à feu moyen dans une cocotte avec l'huile d'olive pendant 20 min.
- Ajouter le poisson coupé en morceaux, le vin blanc et les zestes. Assaisonner.
- Laisser cuire à feu doux encore 20 min.
- Retirer le poisson et les légumes et les réserver au chaud.
- Ecraser les gousses d'ail avec les jaunes d'œufs et monter l'aïoli en versant doucement l'huile en filet. Assaisonner.
- Mélanger doucement l'aïoli avec le bouillon de cuisson du poisson préalablement filtré et la crème fraîche.
- Laisser épaissir sur le feu sans laisser bouillir.
- Servir le poisson et les légumes nappés de cette sauce.

Le vin doré

Après une grave crise viticole qui a frappé l'Hérault au début du XXe siècle, celui-ci s'est recentré sur la qualité. Le muscat figure ainsi en bonne place : parmi les six muscats français bénéficiant de l'appellation « vin doux naturel », quatre sont produits dans le département : frontignan, lunel, mireval et saint-jean-de-minervois. Leur arôme spécifique vient de l'arrêt de la fermentation du jus de raisin avant son terme.

La grisette de Montpellier

Héritière des bonbons à vertus thérapeutiques produits dans la région, la grisette est élaborée à partir de miel et de réglisse et prend la forme de petites billes grises. Au Moyen Âge, elle aurait même servi de monnaie d'appoint lors des échanges avec les pèlerins sur la route de Saint-Jacques-de-Compostelle.

Ille-et-Vilaine

Le pays de la galette

Premier département laitier, son agriculture est orientée vers l'alimentation animale. Le littoral abrite plusieurs ports de pêche ainsi que le bassin ostréicole de Cancale, célèbre pour ses huîtres plates.

Louis Raison

Né en 1890 à Domagné, Louis Raison collecte dans les fermes le beurre et les œufs qu'il revend par la suite. Après la Première Guerre mondiale, il achète le cidre produit dans les fermes, puis devient distillateur ambulant, livrant le cidre et l'eau-de-vie aux débits de boissons. À partir de 1929, il se consacre uniquement au cidre. Dès 1945, son fils reprend l'affaire puis l'embouteillage du cidre va propulser l'entreprise au niveau national. Le prénom Loïc, pour sa consonance bretonne, est accolé au nom Raison en 1983.

Pas de beurre doux pour un Breton !

L'origine du beurre salé vient de l'usage du sel comme seul moyen de conservation alors connu. Cette association du beurre et du sel était courante dans les régions exemptes de gabelle (impôt sur le sel). Progressivement, certains beurres acquirent une grande renommée comme ce fut le cas pour le beurre de Châteaugiron, considéré sous l'Ancien Régime comme le « meilleur de France ». De nos jours, l'usage du beurre salé, cru ou cuisiné, prédomine largement en Bretagne.

Des Flandres jusqu'à Saint-Malo

C'est la route qu'a empruntée le craquelin (du néerlandais « crakelinc » signifiant biscuit craquant) pour s'implanter autour de la cité corsaire. Ces petits pains secs et creux en forme d'écuelles sont pochés à l'eau avant d'être cuits au four. Leur manque de saveur est relevé par les garnitures qui l'accompagnent : beurre, confiture, miel ou compote.

Redon et les marrons

La jaunette, la persillaude, le cruaud, ou encore le gros poil ce sont les noms de diverses variétés de marrons et châtaignes toujours cultivées dans la région de Redon. La Bretagne fut longtemps une région très consommatrice de châtaignes et marrons qui constituaient la base de l'alimentation avant l'arrivée de la pomme de terre. Ils reviennent désormais en force en accompagnement des viandes, dans les pâtés ou juste grillés avec un morceau de beurre.

Un coucou au féminin

Il s'agit d'une belle poule appelée coucou en raison de la ressemblance de son plumage avec celui du coucou. La coucou de Rennes, race homologuée en 1914, est réputée pour sa chair qui revient progressivement sur les tables des grands restaurants.

Galette saucisse

Également appelée robiquette, la galette saucisse, facilement transportable, a l'avantage de pouvoir être mangée dans la rue ou sur les marchés.

Pour 6 galettes

250 g de farine de blé noir
1 cuillerée à café de sel
50 cl d'eau
Beurre
6 saucisses de porc

- Mélanger le sel avec la farine.
- Ajouter petit à petit l'eau froide en mélangeant bien, puis en battant énergiquement.
- Laisser reposer 2 h.
- Faire fondre une noisette de beurre dans une poêle ou, mieux, un billig.
- Verser une louche de pâte et cuire 2 min de chaque côté.
- Faire griller les saucisses.
- Déposer une saucisse sur chaque galette et la rouler pour obtenir une saucisse entièrement enveloppée.

MENU

Ormeaux à la poêle

L'ormeau est un coquillage dont on ne consomme que le pied blanc, qui doit être tapé pour en attendrir la chair.

Galette saucisse*

Gâteau breton

Ce gros biscuit doré et orné de croisillons est composé de farine, jaunes d'œufs, sucre et beurre salé.

Cidre fermier

Boire du petit-lait

Autrefois petit-lait issu de la séparation de la crème lors de son barattage pour aboutir au beurre, le lait ribot (de « ribote », baratte en breton) est désormais obtenu par fermentation artificielle en laiterie. Très pauvre en matière grasse, son goût ressemble à celui du yaourt et il se consomme au verre ou en accompagnement de pommes de terre ou de galettes de blé noir.

Le petit gris de Rennes

Ce n'est pas un escargot, mais un melon à la peau gris-vert tachetée de blanc. Parfois appelé petit rennais, ce melon est de petite taille et sa chair orange est très sucrée.

Indre

Le pays de la carpe

La pisciculture s'est beaucoup développée dans la Brenne avec une production principalement tournée vers la carpe. La Champagne berrichonne est le domaine des céréales et de la vigne dont le très ancien vignoble de Reuilly.

Le RÉGAL de Balzac

Le massepain d'Issoudun est composé de poudre d'amandes, de sucre, de blancs d'œufs et d'écorces confites de cédrat, parfumé à la fleur d'oranger et recouvert d'un glaçage blanc. Cette pâtisserie était conseillée, en raison de sa grande valeur énergétique, aux malades et convalescents. Nul besoin de ce prétexte pour Balzac qui aimait se régaler de ce dessert pour accompagner son café lorsqu'il était de passage dans la ville.

George Sand

Originaire de Nohant, George Sand séjournait souvent dans la demeure familiale où elle aimait recevoir et cuisiner pour ses amis les plus illustres comme Chopin, Musset, Balzac ou Flaubert. Ses recettes de terroir ont été transmises de génération en génération jusqu'à sa petite-fille Aurore et sont parvenues jusqu'à nous.

Le pâté berrichon

Unique en son genre, ce pâté, constitué d'un hachis de viandes entouré de pâte, l'est par l'ajout d'œufs durs à la farce. Cette coutume vient certainement du fait que ce pâté était traditionnellement cuisiné pour Pâques, où il est de coutume d'offrir des œufs. Une façon originale de les dissimuler.

L'Égypte sur un plateau

Sur un plateau de fromages de l'Indre, ce sont les pyramides qui dominent. Tout d'abord, le valençay : réalisé avec du lait de chèvre cru, il prend la forme d'une pyramide tronquée de 8 cm environ, recouverte de cendre de charbon de bois. Son voisin, le pouligny-saint-pierre, également au lait de chèvre et de forme pyramidale, est un peu plus grand (12,5 cm) et se décline en version « fermier » (étiquette verte) et « industriel » (étiquette rouge). Enfin, le levroux, également de forme pyramidale tronquée, est inclus dans l'AOC Valençay. Ces trois fromages portent le nom de leur commune d'origine. Mais le mystère persiste quant à l'historique de leur forme : inspirée du clocher des églises, de la campagne d'Égypte de Napoléon… ou plus simplement issue de l'usage de moule à gâteaux…

MENU

Citrouillat*

Saucisses aux lentilles vertes

Implantée dans les années cinquante, la lentille verte du Berry représentait, trente ans plus tard, les deux tiers de la production nationale. Même si elle a perdu cette prépondérance, elle reste un produit phare du département.

Tarte aux barriaux

Cette tarte de pâte brisée, garnie de pruneaux cuits dans du vin rouge, doit son nom aux bandes de pâte formant une grille et dont elle est recouverte.

Reuilly rouge

Citrouillat

Ce chausson à la citrouille peut se cuisiner salé ou sucré. Ici, nous le présentons salé en entrée.

Pour 6 personnes

- 1 kg de citrouille
- 1 pâte brisée
- 25 cl de crème fraîche
- 1 oignon
- 1 jaune d'œuf
- Persil
- Sel et poivre

La veille

- Couper la chair de la citrouille en petits cubes, la saler et la mettre à dégorger une nuit entière.

Le jour même

- Couper dans la pâte brisée deux rectangles, l'un plus petit que l'autre.
- Sur le plus grand, étaler les dés de citrouille, parsemer dessus l'oignon émincé et le persil haché. Poivrer.
- Positionner le second rectangle par-dessus et coller les deux bords en les humidifiant.
- Dorer au jaune d'œuf et tracer quelques dessins avec la pointe d'un couteau.
- Creuser délicatement une ou deux cheminées pour la vapeur.
- Mettre au four préchauffé à 200 °C (th. 6/7) 30 min.
- À la sortie du four, verser la crème fraîche par les cheminées et servir aussitôt.

Pour un citrouillat plus léger, vous pouvez remplacer la pâte brisée par une pâte feuilletée.

La sucrine du Berry

Cette courge piriforme de petite taille a la particularité, comme son nom l'indique, de fournir une chair orangée sucrée qui lui permet de se marier à tous les types de cuisine, de l'entrée au dessert jusqu'à la confiture.

Indre-et-Loire

Le pays du champignon de couche

Quiche tourangelle

Cette quiche dorée associe les rillettes de Tours aux rillons, autre spécialité charcutière de la région.

Pour 6 personnes

1 pâte brisée
250 g de rillettes de Tours
250 g de rillons de Tours
25 cl de crème fraîche
3 œufs
Persil
Sel et poivre

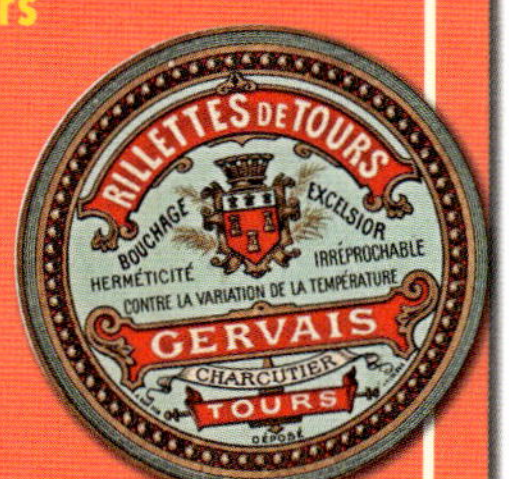

- Garnir un moule à tarte avec la pâte et en piquer le fond.
- Commencer par étaler uniformément les rillettes.
- Répartir par-dessus les rillons préalablement coupés en petits morceaux.
- Saupoudrer du persil haché.
- Dans un grand bol, battre les œufs en omelette avec la crème fraîche. Assaisonner.
- Verser sur la tarte et mettre au four à 210 °C (th. 7) durant 35 min.

Pour obtenir une quiche moins grasse, vous pouvez remplacer la crème fraîche par du lait.

Correspondant à la Touraine, le « jardin des rois », l'Indre-et-Loire est traversée par la Loire, propice aux cultures maraîchères et domaine du vignoble de Vouvray. Le sud-ouest se distingue par le vignoble de Chinon.

Les DOUCEURS TOURANGELLES

Tours regorge de trésors sucrés : le sucre d'orge, parfumé à la vanille ou au sureau, qui se présente sous la forme de billes légèrement aplaties, mais aussi le pruneau de Tours, petite prune noire séchée et recouverte d'une « fleur » blanche, qui se déguste souvent fourrée d'une marmelade d'abricots ou d'autres fruits. Enfin, non loin de Tours, la petite ville de Cormery est le berceau d'un macaron original en forme de couronne et recouvert de sucre glace.

« La brune confiture de cochon »

C'est ainsi que Rabelais surnommait les rillettes de Tours. Apparues dès le XVe siècle, elles permettaient aux paysans de conserver la viande durant l'hiver. Les morceaux de porc sont rissolés de longues heures dans leur graisse et prennent une couleur brune caractéristique qui les différencie de leur cousine mancelle dont elles revendiquent l'antériorité.

MENU

Quiche tourangelle*

Géline de Touraine aux pleurotes

Cette petite poule noire et à la crête rouge est une race ancienne qui donne une chair très appréciée.

Nougat de Tours

Ce nougat n'est pas une friandise mais un gâteau recouvert de confiture d'abricots, de fruits confits et d'une macaronade d'amandes.

Chinon rouge

Un Parisien en Touraine

Cultivés au XIXe siècle dans les carrières du sud de la capitale, les champignons de couche en ont pris le nom, mais leur production s'est déplacée dans les galeries de la Touraine et du Saumurois, autrefois creusées pour en extraire le tuffeau. Le champignon de Paris y côtoie le pied-bleu, le shiitaké ou la pleurote.

SOS POIRE TAPÉE

Ce n'est pas la violence gratuite qui a conduit certains paysans ligériens à frapper leurs fruits, mais un souci de conservation. En effet, les poires, préalablement épluchées et séchées, sont aplaties avec un maillet pour être plus facilement conditionnables en boîte. C'est la ville de Rivarennes qui s'est fait une spécialité de ces poires qui se consomment nature ou bien réhydratées dans du sirop ou du vin.

Tiré à la courte paille

Fromage de chèvre portant le nom de la ville dont il est originaire, le sainte-maure de Touraine se présente sous la forme d'une petite bûche à la croûte grise. Sa principale particularité tient dans le brin de paille qui est introduit lors de son démoulage pour lui éviter de se briser. Cette paille de seigle est marquée du numéro d'identification de son producteur.

Du vin en bocal

Le vin de Chinon se consomme également en confiture ou confit. Il faut pour cela faire bouillir le vin (rouge, blanc ou rosé) pour enlever l'alcool, le laisser infuser avec des épices puis le cuire comme une gelée. Cette confiture peut être ainsi dégustée par les enfants, mais peut aussi accompagner les gibiers dans une sauce.

François Rabelais

Né au domaine de La Devinière, Rabelais marque le XVIe siècle par son esprit. Médecin bon vivant, prônant une culture paillarde marquée par le goût de la bonne chère et du vin, il est à l'origine de l'adjectif « gargantuesque », qui se rapporte à son personnage de fiction doté d'un fort appétit.

Le pays de la noix

Isère

Avec l'élevage pastoral bovin et l'agriculture céréalière et fourragère, l'Isère consacre une grande superficie aux pommiers de table et aux noyers.

MENU

Murçon

Spécialité de La Mure, ce saucisson est cuit à l'eau avec les pommes de terre qui lui servent d'accompagnement.

Gratin dauphinois*

Ruifard du Valbonnais

Signifiant « gâteau rouge », le ruifard est une tourte farcie de pommes rouges de la région.

Isère rouge

La cerise ratafia

Cette petite cerise noire, surtout cultivée à Saint-Hilaire-du-Rosier, devrait son nom au ratafia, liqueur de cerise dont elle était le principal ingrédient. Elle était aussi à la base du Cherry Rocher, liqueur produite par la distillerie Rocher, la plus ancienne de France, créée en 1705 à La Côte-Saint-André par Barthélemy Rocher. Elle est désormais en partie transformée en confiture ou en jus.

L'élixir de LONGUE VIE

La Chartreuse serait née d'une formule offerte en 1605 par le duc d'Estrée à la chartreuse de Vauvert à Paris. La recette n'est réalisée qu'en 1737 dans la Grande-Chartreuse près de Grenoble, qui seule pouvait accéder aux 130 plantes nécessaires à sa fabrication. Le plus célèbre de ces alcools est l'élixir végétal de la Grande-Chartreuse qui titre à 69°, suivi de la Chartreuse verte (55°) et de la Chartreuse jaune (40°), vieillies plus de 8 ans en foudres de chêne.

Gratin dauphinois

Attention, ni œuf ni fromage dans le véritable gratin dauphinois !

Pour 6 personnes

1 kg de pommes de terre
60 cl de lait
40 cl de crème fraîche
1 gousse d'ail
Sel et poivre
50 g de beurre

- Éplucher les pommes de terre et les détailler en très fines lamelles.
- Frotter un moule à gratin avec la gousse d'ail et y étaler les rondelles de pomme de terre.
- Mélanger le lait avec la crème fraîche, assaisonner et en napper délicatement les pommes de terre.
- Disposer quelques lamelles de beurre sur le dessus et mettre au four à 150 °C (th. 5) et cuire environ 1 h.

Servir avec une salade de batavia rouge grenobloise.

Dans le noyer, tout est bon

Tout est utilisé dans cet arbre : le cerneau de la noix pour la consommation, l'huile pour l'éclairage, le brou pour la teinture, la coque pour le chauffage, les feuilles pour la médecine et le bois pour l'ébénisterie. Désormais premier département producteur, l'Isère fournit une belle noix de table qui se consomme aussi bien nature qu'en pâtisserie ou confiserie.

Matthieu Teisseire

Installé à Grenoble en 1720 comme marchand épicier, Matthieu Teisseire y fait fortune grâce à l'élaboration de liqueurs (dont le ratafia). C'est en 1927 que débute la production de sirop sans alcool et, en 1959, apparaît un emballage révolutionnaire, le bidon métallique, qui devient le symbole de la marque leader des sirops.

À la table de Louis XI

Le futur Louis XI (alors dauphin) aurait été attaqué par un ours en 1447 lors d'une partie de chasse. Sauvé par deux bûcherons qui l'auraient réconforté avec un saint-marcellin, le roi aurait été conquis par ce fromage, alors fabriqué avec du lait de chèvre, et l'aurait accueilli à la table de sa Cour. Désormais élaboré avec du lait de vache, le saint-marcellin a conquis toutes les tables de France.

L'antisoif

Anagramme du mot anisette, ou bien venant du grec « anti » (contre) et du latin « sitis » (soif), l'Antésite est un concentré à base de réglisse, créé par un apothicaire de Voiron en 1898 pour lutter contre l'alcoolisme des ouvriers : quelques gouttes diluées dans un verre d'eau suffisent à étancher les plus grandes soifs. Elle est ensuite devenue une boisson désaltérante très appréciée des enfants et se déclinant en plusieurs parfums.

La règle des trois

Fromage au lait de vache à pâte persillée, le bleu de Sassenage, également appelé bleu du Vercors, doit obligatoirement être obtenu à partir du lait de trois races de vaches différentes : l'abondance, la montbéliarde et la villarde. C'est d'ailleurs grâce à ce cahier des charges que la race villarde a été protégée de l'extinction.

Jura

Le pays du fromage fondu

L'élevage bovin à vocation laitière domine dans les hauts plateaux, les plateaux inférieurs sont le domaine de la viticulture et les plaines sont consacrées à la polyculture (fourrage et céréales).

L'or du Jura

Élaboré à partir d'un unique cépage, le savagnin, le vin jaune du Jura ne peut être commercialisé que dans un clavelin. Cette bouteille à la forme courte et ramassée ne contient que 62 cl. Moins de quantité, mais autant de plaisir...

Très chère CHÈVRE

Utile pour son lait, élément de base du fromage, ainsi que pour sa laine utilisée dans la fabrication du droguet, toile grossière servant à l'habillement, la chèvre fournit également une chair très prisée dans la région de Saint-Claude, la chèvre salée. Conservés après un bain de saumure, les morceaux de viande doivent ensuite être dessalés avant d'être cuisinés comme un pot-au-feu, avec des légumes et du vin blanc.

La saucisse de l'hiver

Composée pour les deux tiers avec du porc et pour un tiers de chou blanc à choucroute finement ciselé, la saucisse au chou ne peut être fabriquée qu'en hiver, saison du chou pommé. Elle permettait aux populations un peu déshéritées d'accéder à une charcuterie savoureuse.

Léon Bel

Né en 1878 à Orgelet, Léon Bel fonde à Lons-le-Saunier une entreprise d'affinage et négoce en gruyère de Comté. En 1921, il lance la fabrication de fromage fondu. Ayant été affecté au ravitaillement en viande fraîche pendant la Première Guerre mondiale, il a l'idée de réutiliser le dessin créé par Benjamin Rabier qui ornait alors les camions et représentant une vache hilare. Celle-ci avait été baptisée « Wachkyrie » en allusion aux valkyries de Wagner. Le nom lui restera mais avec une orthographe différente et elle prendra alors sa couleur rouge et ses boucles d'oreilles qu'on lui connaît encore.

Un fromage issu de la **solidarité**

Emblématique du Jura, le comté est un fromage au lait cru de vache à pâte pressée cuite. La fabrication d'une seule meule nécessitant au moins 450 litres de lait, il a fallu, dès le Moyen Âge, regrouper la production laitière de plusieurs éleveurs dans des fruitières (du latin *fructus*, lieu où les paysans mettaient en commun leur bien à fructifier), ancêtres des coopératives. Chaque meule obtenue, d'environ 45 kg, est notée sur son aspect physique et son goût. Les meules recevant une note inférieure à 12 sont destinées à la fabrication de fromage fondu.

La fabrication du fromage.

MENU

Croûte au morbier

Le morbier était fabriqué en plusieurs fois, le caillé du matin étant protégé avec de la cendre en attendant le caillé de la traite du soir. D'où cette fine strie noire qui le caractérise, désormais figurée avec du charbon végétal.

Truite au vin jaune*

Téméraire

Autrefois dégusté en galette pour l'Épiphanie, ce gâteau, enrichi de noisettes et garni de dés de pomme et de raisins secs flambés au marc du Jura, devrait son nom à Charles le Téméraire qui l'aurait apprécié lors d'un passage à Salins.

Arbois rouge

Le papet jurassien

Il ne s'agit pas ici de croquer un aïeul du pays, mais bien de déguster une délicieuse tarte au flan aromatisée à la fleur d'oranger. Le papet se sert souvent avec le café ou pour clore un bon repas.

Truite au vin jaune

La truite se magnifie lorsqu'elle est cuisinée avec le vin jaune du Jura.

Pour 4 personnes

4 truites
15 cl de vin jaune
4 cuillerées à soupe de crème fraîche
2 échalotes
20 g de beurre
Persil
Sel et poivre

- Mettre à cuire dans une poêle avec 10 g de beurre les truites préalablement vidées, lavées et essuyées, en les retournant au bout de 10 min. Les réserver au chaud sur une assiette.
- Dans la poêle, faire revenir les échalotes émincées avec le reste de beurre.
- Ajouter le vin et faire réduire à feu doux en remuant pendant 5 min environ.
- Verser la crème fraîche, mélanger et assaisonner. Cuire 2 min.
- Napper les truites de cette crème. Parsemer de persil et servir avec des pommes de terre cuites à la vapeur.

Landes

Le pays du maïs

MENU

Cou d'oie farci

Destinée au gavage, l'oie grise a été sélectionnée à partir de l'oie de Toulouse. Tout se mange dans l'oie, y compris sa graisse qui sert à accommoder les légumes et bouillons.

Bœuf de Chalosse en croûte

Destiné à la boucherie haut de gamme, le bœuf de Chalosse est issu de race à viande noble blonde d'Aquitaine, limousine et bazadaise et nourri d'aliments exclusivement végétaux.

Pastis landais*

Tursan rouge

Anciennes landes vouées à l'élevage ovin, désormais recouvert par la forêt, ce département est le premier producteur de maïs, culture associée avec l'élevage de palmipèdes, volailles et bovins, tandis que s'est imposé à l'est le vignoble de Tursan.

La dame blanche des sables

L'asperge blanche dite des « Landes de Gascogne » bénéficie d'un sol sablonneux qui se travaille facilement pour former des buttes propices à conserver sa blancheur et se réchauffe rapidement aux premiers beaux jours pour favoriser une récolte précoce. Le département est le premier producteur d'asperges en France.

En plein AIR

Poulets jaunes, noirs ou blancs, chapons, dindes, pintades et cailles sont tous élevés en plein air et nourris à 80 % de maïs des Landes, le reste de leur nourriture étant constitué d'herbe. C'est par un ingénieux système de cabanes mobiles et démontables, les « marensines », que les volailles disposent, au gré des déplacements et rotations, d'un sol herbeux pour s'ébattre et picorer.

Pierre Delpeyrat

Né en 1890 dans le Périgord où il utilise l'appertisation, nouveau procédé de conservation, pour les truffes, pâtés et confits, Pierre Delpeyrat est à l'origine d'une entreprise agroalimentaire qui, un siècle plus tard, s'installe dans les Landes, à Saint-Pierre-du-Mont.

Le **kiwi** de l'Adour

C'est dans les années 1970 que le kiwi, importé de Nouvelle-Zélande, a trouvé dans le bassin landais de l'Adour les conditions adéquates à son implantation, pour fournir de nos jours le quart de la production nationale. Cueilli à pleine maturité pour être plus sucré, le kiwi de l'Adour bénéficie d'un label rouge depuis 1992.

Pastis landais

Cette grosse brioche était à l'origine une pâte à pain enrichie de beurre, de sucre et d'œufs et parfumée, destinée aux repas de fête.

Pour 6 personnes

250 g de farine 15 cl de lait
3 œufs
100 g de beurre
15 g de levure de boulanger
2 cuillerées à soupe d'eau de fleur d'oranger
2 cuillerées à soupe de rhum
100 g de sucre
10 cl de jus de citron
1 pincée de sel

- Délayer la levure de boulanger dans le lait préalablement tiédi.
- Mettre la farine dans un saladier et y creuser un puits.
- Déposer dans ce creux la levure dans le lait. Bien mélanger.
- Ajouter le sucre, le sel, le beurre fondu et les œufs. Pétrir l'ensemble.
- Ajouter le rhum, l'eau de fleur d'oranger et le jus de citron. Bien pétrir.
- Beurrer un moule à brioche. Y verser la pâte et la laisser lever 1 h dans un endroit tiède sans courant d'air.
- Mettre au four et cuire 40 min à 160 °C (th. 5/6).

Le pastis landais se déguste avec de la confiture ou de la crème anglaise.

La palombe

Appelée pigeon ramier au nord de la Loire, la palombe, durant sa migration, survole la région pour son plus grand malheur, mais pour le plus grand bonheur des chasseurs puis des gastronomes qui la dégustent le plus souvent en salmis, un ragoût au vin épicé.

Toutes les Landes dans une assiette

L'assiette landaise, ou salade landaise, mêle tous les ingrédients emblématiques du département servis sur un lit de salade verte. Asperges, maïs, pignons de pin, magret fumé, foie gras, présentés froids, sont en contraste avec les gésiers confits et les manchons de canard servis chauds. Il est possible de l'enrichir encore de croûtons, œufs durs, pruneaux, morceaux de pomme ou cerneaux de noix.

Le gâteau de Dax

Originaire de la ville thermale, la dacquoise désignait au début le disque de pâte meringuée aux amandes pour s'étendre désormais au gâteau constitué de plusieurs disques de pâte séparés de couches de crème au beurre.

Le pays du gibier

Le Loir-et-Cher est partagé entre les plaines céréalières de la Beauce et les forêts giboyeuses et les étangs de la Sologne, tandis que le Perche vendômois présente un paysage de bocage.

« Goûtez et comparez »

Après avoir ouvert une première chocolaterie à Pontlevoy en 1848, Victor Auguste Poulain rencontre vite le succès. Il ouvre sa première usine de production en 1862 et accompagne le lancement de ses produits de plusieurs campagnes publicitaires qu'il renforce avec les célèbres images Poulain à collectionner à partir de 1890. C'est l'artiste affichiste Capiello qui, en 1905, imagine le petit poulain qui devient alors l'emblème de la marque.

MENU

Terrine forestière

Le gibier et les champignons de Sologne sont les ingrédients incontournables d'une bonne terrine.

Carpe à la Chambord

Une carpe, le plus souvent issue des étangs de Sologne, est farcie de la chair d'une autre carpe, de blancs d'œufs et de crème, lardée et braisée au vin rouge.

Tarte Tatin*

Cheverny

L'Afrique au cœur du Loir-et-Cher

L'igname, tubercule très cultivé en Afrique mais originaire de Chine, a trouvé sur les bords de la Loire un sol sableux propice à sa culture. Apparu dans la région vers 1840 pour pallier une éventuelle disparition des pommes de terre menacées par le mildiou, sa production reste encore confidentielle.

Un miel bonifié

De tradition très ancienne, le miel de Sologne, produit sur des fleurs de sarrasin et de bruyère, était peu estimé. Dans les années cinquante, les lapins, prédateurs des jeunes pousses d'arbres sont victimes de la myxomatose. Leur raréfaction favorise la pousse des arbres. Les abeilles butinent alors dans une forêt plus dense : châtaigniers, ronces, acacias et miellat de chêne donnent alors au miel une couleur plus sombre et un goût plus fort.

Le vin de François Ier

Le cépage romorantin, introduit en 1519 par François Ier qui l'a planté aux abords du château de Romorantin où vivait sa mère, s'y est tellement bien acclimaté qu'il en a pris le nom. Il est à la base unique des vins blancs de Cour-Cheverny qui s'accommodent très bien avec le poisson.

Le selles-sur-cher

Ce fromage de chèvre au lait cru et entier doit son nom à la commune qui en fut le premier lieu de collecte et de revente. Autrefois exclusivement destiné à une consommation familiale, ce fromage se reconnaît à sa forme de petit palet de 150 g recouvert d'une fine couche de cendre à l'origine destinée à sa conservation.

Stéphanie Tatin

Née en 1838, Stéphanie tient avec sa sœur Caroline un restaurant face à la gare de Lamotte-Beuvron. Un jour, Stéphanie omet de mettre la pâte dans le moule destiné à une tarte aux pommes et tente de réparer cet oubli en ajoutant la pâte par-dessus. Les convives ayant apprécié ce dessert, la recette « monte » à Paris avec le succès que l'on sait. En 1926, neuf ans après le décès de sa « créatrice », Curnonsky la désigne sous le nom de « tarte des demoiselles Tatin ».

Tarte Tatin

Il est préférable d'utiliser des pommes tenant bien la cuisson comme les reinettes ou les clochardes et avec un petit goût acidulé qui contraste avec le caramel.

Pour 8 personnes

1 pâte brisée
8 pommes
100 g de beurre
80 g de sucre

- Éplucher les pommes, en enlever le cœur et les couper en gros quartiers ou les laisser en moitiés.
- Dans un moule rond et à bords assez hauts, chauffer sur le feu le sucre avec le beurre, le temps de faire fondre le sucre.
- Y installer les morceaux de pomme tout d'abord sur le dos puis en seconde couche dans l'autre sens.
- Mettre à cuire au four à feu doux à 150 °C (th. 5) durant environ 30 min. Les pommes vont ainsi pocher dans le caramel et s'en imprégner.
- Sortir le moule du four et recouvrir l'ensemble de la pâte brisée en veillant à bien glisser la pâte sur les bords.
- Remettre au four à 180 °C (th. 6) et cuire encore 35 min.
- Démouler la tarte quand elle est encore tiède, avant que le caramel n'ait trop durci : poser un plat sur le moule et le retourner vivement.

Les adeptes de la tarte Tatin n'ajoutent pas de cannelle et jugent inutile de l'accompagner de crème fraîche ou de glace à la vanille. Une tarte Tatin se suffit à elle-même !

Loire

Le pays du chocolat

L'agriculture de la Loire est dominée par l'élevage bovin dont les trois quarts sont destinés à la production laitière. Sa cuisine est fortement influencée par la gastronomie lyonnaise.

Barboton

Ce ragoût stéphanois était réservé au repas dominical chez les ouvriers de la ville qui considéraient l'agneau comme une viande de luxe.

Pour 4 personnes

800 g d'agneau
100 g de lardons
4 grosses pommes de terre
4 carottes
2 oignons
30 g de beurre
Laurier et thym
Sel et poivre

- Éplucher les pommes de terre, les laver et les couper en quartiers.
- Gratter les carottes, les laver et les couper en rondelles.
- Dans une cocotte, faire fondre les oignons ciselés avec le beurre et les lardons.
- Ajouter la viande d'agneau coupée en gros morceaux et laisser dorer quelques minutes en remuant.
- Ajouter les pommes de terre et les carottes, ainsi que le laurier et le thym.
- Saler et poivrer et couvrir d'eau.
- Faire cuire à feu vif. Dès les premiers bouillons, baisser le feu, couvrir et laisser cuire doucement pendant 1 h.
- Au bout de ce temps, enlever le couvercle et poursuivre la cuisson jusqu'à évaporation du surplus d'eau.

Une gare rose « saumon »

C'est en l'honneur de la fameuse escalope de saumon à l'oseille, recette mise au point par les frères Troisgros, que le maire de Roanne a décidé de parer la gare de sa ville, située face à leur restaurant, des couleurs de ce plat emblématique des célèbres cuisiniers.

Geoffroy Guichard

Celui dont on a donné le nom au stade de football de Saint-Étienne est né à Feurs en 1867. En 1892, il ouvre avec son beau-père une épicerie à Saint-Étienne sur le lieu de l'ancien casino lyrique de la ville. Le nom du magasin est ainsi trouvé ! Dès 1898, il ouvre une première succursale à Veauche et, en 1901, est lancée la première marque de distribution qui porte le même nom.

MENU

Salade de barabans

Une simple salade de jeunes pousses de pissenlit est agrémentée de lardons grillés et d'œufs durs.

Barboton*

Matefaim

Cette crêpe épaisse fourrée aux pommes peut aussi être accommodée comme plat principal avec des pommes de terre. Très nourrissante, elle mérite bien son nom qui signifie littéralement « qui mate la faim ».

Côte-roannaise

Et la gastronomie est née

Joseph de Berchoux, homme de lettres né à Lay en 1760, est à l'origine du mot « gastronomie », créé en s'inspirant des mots grecs *gaster* (ventre) et *nomos* (loi). Brillat-Savarin reprend ce mot et en crée le dérivé « gastronome ».

La ville chocolat

Grâce à la navigation sur la Loire et ses canaux, Saint-Étienne a vu se développer de nombreuses chocolateries. L'élan est donné dès les années 1770 avec la chocolaterie Escoffier. L'implantation de l'agglomération stéphanoise près des nœuds ferroviaires et la création en 1895 d'un entrepôt sous douane de cacao accentue le phénomène, avec au total plus de soixante-cinq chocolateries. Parmi les plus célèbres, citons la Maison Weiss, installée en 1882, Pelletier ou encore Pupier.

La brioche aux pralines

C'est à Auguste Pralus que l'on doit cette merveille de gourmandise qu'est la praluline, brioche au beurre farcie de pralines roses. Établie à Roanne depuis 1948, la Maison Pralus, chocolaterie à l'origine de plusieurs confiseries chocolatées, exporte cette délicieuse brioche dans le monde entier.

Un fromage un peu piqué

Produite exclusivement dans les monts du Forez, la fourme de Montbrison est un fromage de lait de vache à pâte persillée. Pour obtenir cette dernière, il faut piquer les fourmes avec de longues aiguilles afin de favoriser le développement des marbrures bleutées.

Les bugnes

Ces beignets se dégustent en deux versions. La première, moelleuse, est réalisée avec une pâte levée et briochée et se présente sous la forme de losanges dorés. La seconde, craquante, est faite d'une pâte sans levure découpée en bandes plates dont certaines peuvent être présentées en nœuds. Toutes deux sont cuites dans un bain d'huile, recouvertes de sucre glace et confectionnées à l'occasion de mardi gras.

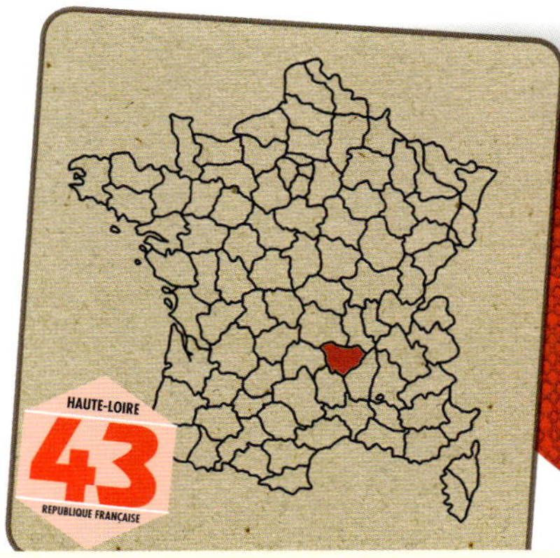

Le pays de la lentille

Haute-Loire

MENU

Velouté de lentilles aux lardons*

Souris d'agneau « Noire du Velay » confites au miel

La souris est le morceau situé à l'extrémité du gigot à la chair moelleuse et qui se cuisine le plus souvent confite.

Soufflé glacé à la verveine

Souvent considérée comme une plante magique, la verveine dite « herbe de Vénus » a longtemps été utilisée comme filtre d'amour.

Cuvée des Bouchettes

L'élevage bovin laitier est très présent, mais les élevages ovins se sont bien acclimatés au rude climat du plateau volcanique. La deuxième production agricole est céréalière, mais la lentille reste la spécialité du département.

La bonne mère du Velay

La brebis noire du Velay aurait été introduite il y a plus de 3000 ans dans la région par des populations celtes, mais son appellation « Noire du Velay » ne date que de 1950. Facilement reconnaissable à sa peau et sa laine noires, c'est une excellente reproductrice qui peut agneler dès 7 mois et ceci tout le long de l'année. Mais, pour obtenir des agneaux propres à la boucherie, elle est souvent croisée avec des béliers d'autres races à plus fort gabarit.

Le fin gras du Mézenc

Autrefois, par manque de pâturage, les paysans ont pris l'habitude, pendant l'hiver, d'engraisser dans l'étable avec un foin de qualité les bœufs trop vieux pour le labour. C'est à Pâques que ces carcasses bovines étaient ensuite vendues sous le nom de fin gras : la viande persillée obtenue est incomparable. Aujourd'hui, la tradition se perpétue, mais ce sont des génisses de 24 mois ou des bœufs de 30 mois qui sont destinés à cet engraissement particulier.

Victor Pagès

En 1859, Joseph Rumillet-Charretier, herboriste au Puy-en-Velay, met au point un élixir à base de verveine. En 1886, son cousin Victor Pagès prend la direction de la distillerie qui porte alors son nom. Cette liqueur, mélange de trente-deux plantes, devient vite un digestif renommé qu'il est de bon ton de boire après un repas copieux.

Le caviar du pauvre

Cultivée dans le Velay depuis au moins deux millénaires, la lentille du Puy trouve dans la région un microclimat qui lui confère des qualités uniques. En effet, le froid qu'elle subit en début de croissance, suivi d'un fort ensoleillement estival, rendent sa peau très fine et son amande moins farineuse. Elle ne nécessite donc pas une très longue cuisson.

Le fromage aux artisons

Le séchage de ce fromage fermier au lait de vache sur des claies en bois de peuplier favorise le développement des artisons, acariens qui sculptent sa croûte de façon irrégulière et lui donnent une saveur particulière. Depuis 1993, il porte désormais le nom de « velay ».

La brioche d'Yssingeaux

En 1875, un boulanger d'Yssingeaux a mis au point une brioche très moelleuse au beurre et parfumée à la fleur d'oranger. La renommée de cette brioche a perduré et il est toujours possible de la savourer.

Ce DIABLE de Maurin

Cet apéritif à base de vin, de différentes variétés de cerises, de liqueur et d'amande amère a été créé en 1884 au Puy-en-Velay. C'est le célèbre affichiste Cappiello qui l'a rendu célèbre à partir de 1907 grâce à son diable vert.

Velouté de lentilles aux lardons

La lentille verte du Puy est riche en minéraux, acides aminés, oligoéléments, protéines, fer et magnésium.

Pour 4 personnes

- 200 g de lentilles vertes du Puy
- 150 g de lardons
- 1 oignon
- 1 cube de bouillon de volaille
- 20 g de beurre
- 2 carottes
- 20 cl de crème fraîche
- 1 feuille de laurier
- Thym
- Sel et poivre

- Dans un faitout, faire revenir l'oignon haché avec le beurre.
- Ajouter 1,5 l d'eau avec le bouillon cube, la feuille de laurier et le thym et faire bouillir.
- Ajouter alors les lentilles avec les carottes coupées en rondelles et faire cuire 40 min à feu moyen sans couvrir.
- Enlever la feuille de laurier et mixer le tout. Assaisonner. Ajouter la crème fraîche et mélanger.
- Dans une poêle sans graisse, faire revenir les lardons.
- Servir la soupe en assiette et ajouter dessus les lardons.

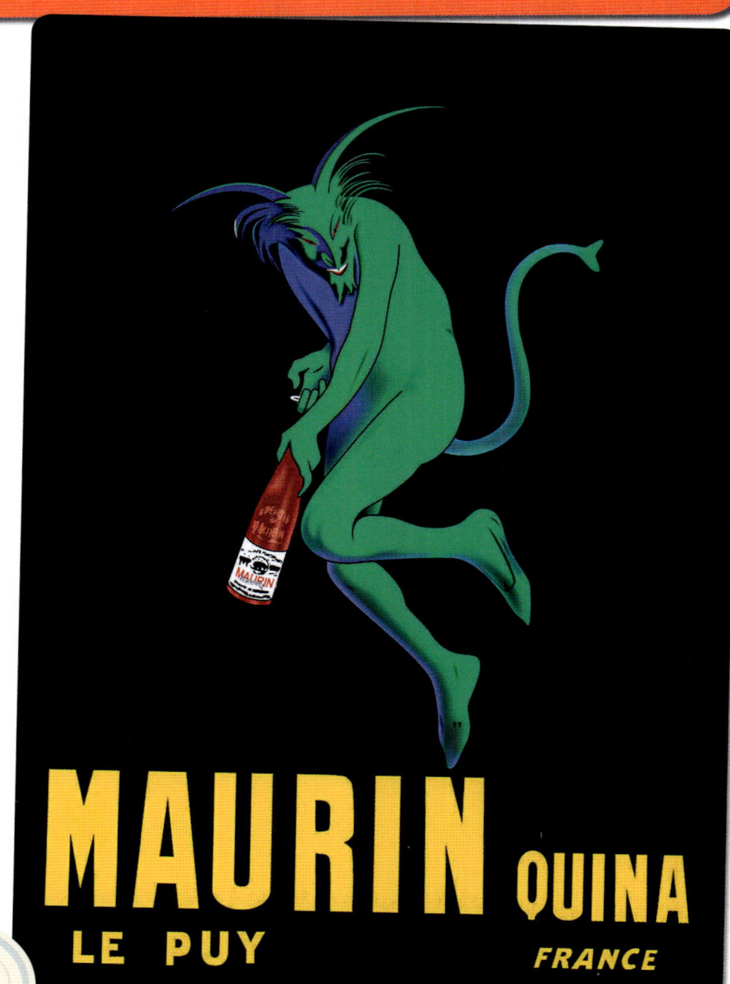

Loire-Atlantique

Le pays du muscadet

Nantes, port de commerce avec les Antilles, a favorisé l'importation du sucre et le développement des industries alimentaires s'y rapportant. Au sud de la Loire dominent les cultures maraîchères (carottes, mâche…) et la vigne.

Le berlingot nantais

Cette friandise sucrée aurait été introduite à Nantes vers 1830 par la fille d'une cantinière des armées napoléonienne qui aurait rapporté d'Italie cette recette de bonbons qui se déclinent sous de nombreux parfums et couleurs.

Le sandwich sucré

La biscuiterie nantaise, fondée en 1896, s'est rendue célèbre dès 1922 avec le fameux « casse-croûte BN ». Mais c'est dans les années cinquante que le fameux « choco BN », formé de deux biscuits carrés soudés entre eux par un fourrage sucré, révolutionne le goûter des écoliers.

MENU

Civelles en vinaigrette

L'alevin de l'anguille pêché dans l'estuaire de la Loire se déguste en salade ou poêlé au beurre et relevé d'ail.

Brochet au beurre blanc

Ce mélange de beurre, de vin blanc et d'échalotes devrait son origine, en 1887, à une cuisinière qui, ayant raté une sauce hollandaise, tenta de réparer son erreur en ajoutant du beurre à ses échalotes.

Gâteau nantais*

Muscadet sur lie

Joseph Grellier

Né en 1875 à Saint-Brévin-les-Pins, Joseph Grellier ouvre en 1900 une boulangerie à Saint-Michel-Chef-Chef. Il y élabore en 1905 une grande galette au beurre salé, qu'il baptise du nom de sa commune. Après 1918, la production à l'emblème de la poule s'industrialise et la galette prend une taille plus réduite.

Gâteau nantais

Ce gâteau moelleux aux parfums exotiques est emblématique de Nantes.

Pour 6 personnes

- 170 g de sucre
- 40 g de farine
- 3 œufs
- 125 g d'amandes en poudre
- 100 g de beurre
- 6 cuillerées à soupe de rhum
- 1 sachet de sucre vanillé
- Le jus d'un demi-citron
- 50 g de sucre glace

- Mélanger 150 g de sucre avec le sucre vanillé et le beurre ramolli.
- Ajouter la poudre d'amandes et les œufs. Battre énergiquement pour obtenir un mélange mousseux.
- Ajouter deux cuillerées à soupe de rhum et la farine et mélanger de nouveau.
- Verser la préparation dans un moule à manqué beurré et mettre au four préalablement préchauffé à 180 °C (th. 6) pendant 40 min.
- Réaliser un sirop avec deux cuillerées à soupe de rhum, 10 cl d'eau, le jus de citron et 20 g de sucre.
- Démouler le gâteau à l'envers et l'arroser du sirop.
- Préparer un glaçage avec le sucre glace et deux cuillerées à soupe de rhum et en napper le gâteau. Laisser refroidir et attendre 24 h avant de déguster.

4 oreilles et 48 dents

La biscuiterie Lefèvre-Utile, créée à Nantes en 1846 par Jean-Romain Lefèvre et son épouse Isabelle Utile, fabrique à ses débuts des biscuits typiques de l'est de la France dont ils sont originaires. Leur fils Louis conçoit en 1886 un biscuit carré aux bords festonnés. La légende dit qu'il s'est inspiré des napperons en dentelle de sa grand-mère.

Un curé à sa table

Le curé nantais est un fromage carré au lait de vache. Il serait né vers 1880 de la rencontre entre un prêtre vendéen et un agriculteur de la région. À l'origine baptisé « régal des gourmets », il aurait ensuite pris ce nom en souvenir de l'ecclésiastique.

La conserve à la fourchette

Nantes a attiré de nombreuses conserveries de poisson, séduites par la proximité des lieux de pêche. Les établissements Amieux Frères, créés en 1866 à Nantes par deux frères originaires des Hautes-Alpes, sont d'abord spécialisés dans les sardines. En 1895, l'introduction d'une fourchette dans les boîtes de conserve identifie la marque. Son principal concurrent est alors Arsène Saupiquet, venu du Cantal pour s'installer à Nantes dans les années 1870.

Muscadet et gros-plant

Vin blanc sec aux arômes fruités, le muscadet voit parfois la dénomination « sur lie » ajoutée à son appellation. Pour cela, le vin doit rester en contact avec ses lies de fermentation avant d'être mis en bouteille. Devenu perlant, il laisse apparaître de très fines bulles de gaz à l'air libre. Il accompagne les fruits de mer, comme son voisin le gros-plant-du-pays-nantais.

Loiret

Le pays du safran

MENU

Potage au cresson alénois

Différent du cresson de fontaine et apprécié pour sa saveur piquante, le cresson alénois est originaire d'Afrique et du Moyen-Orient.

Andouille de Jargeau grillée

Cette andouille est composée à parts égales de viandes et de tripes de porc.

Pithiviers feuilleté*

Orléans-cléry rouge

Le Gâtinais est consacré aux grandes cultures principalement céréalières. La vallée de la Loire, qui traverse le département, est plus propice au maraîchage et aux cultures fruitières.

Ça pique !

Au Moyen Âge, les bateliers remontant vers Paris les barriques de vin de Touraine et d'Anjou déchargeaient à Orléans les vins qui se piquaient pendant le voyage. Ainsi est née la tradition vinaigrière de la ville : le vin est métamorphosé pendant trois semaines, à l'abri de la lumière avant de vieillir six mois en cave. Le vinaigre obtenu sert aussi à la fabrication de la moutarde.

Jolie ALOUETTE

Devenu très rare, le pâté d'alouette est une tourte froide garnie de farce, faite avec du foie gras truffé et les abats des alouettes, et des volatiles désossés fourrés de cette même farce. Également appelé « pâté de mauviette », son origine remonterait à 1568, et c'est Charles IX qui l'aurait fait connaître à la cour d'Orléans.

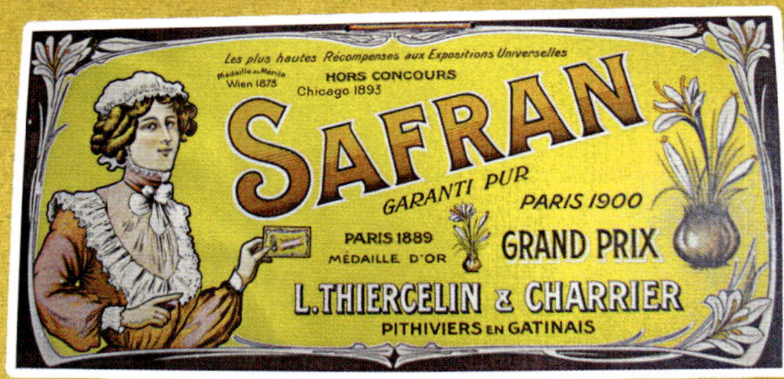

Le safran

Introduit dans le Gâtinais à la fin du XIIIe siècle, le safran a trouvé un sol propice à sa culture. Boynes devient la capitale mondiale du safran et en régit les prix avec le marché de Pithiviers durant près de trois cents ans. Elle en produisait 30 tonnes à la veille de la Révolution française (environ 150 000 fleurs de crocus sont nécessaires pour obtenir 1 kg de safran) !

Pithiviers feuilleté

Proche de la galette des Rois souvent appelée pithiviers par confusion, le véritable gâteau s'en différencie par son fourrage, fait non pas de frangipane (composée de crème d'amande et de crème pâtissière) mais uniquement de crème d'amande.

Pour 6 à 8 personnes

- 2 pâtes feuilletées
- 100 g de poudre d'amandes
- 100 g de sucre
- 80 g de beurre mou
- 2 œufs
- 1 jaune d'œuf pour la dorure
- 1 cuillerée à soupe de Maïzena
- 1 cuillerée à soupe de rhum
- Amande amère (facultatif)

- Travailler le beurre avec le sucre pour obtenir un appareil mousseux.
- Ajouter la poudre d'amandes, les œufs, la Maïzena et le rhum. Bien mélanger. Ajouter une demi-cuillerée à café d'extrait d'amande amère pour le goût.
- Foncer un moule à tarte d'une abaisse de pâte et la piquer à la fourchette.
- Répartir par-dessus la crème d'amande.
- Recouvrir de la seconde abaisse de pâte et piquer également cette dernière. Bien souder les bords. Dorer à l'œuf et décorer de fins dessins à la pointe du couteau.
- Mettre au four préalablement chauffé à 180 °C (th. 6) et cuire entre 30 et 40 min.

Il existe un autre gâteau plus ancien, le pithiviers fondant, sans feuilletage et recouvert de glaçage et de fruits confits.

Une poire en bouteille

Dans la première moitié du XXe siècle, les vignes décimées par le phylloxéra dans la région d'Olivet furent remplacées par des poiriers pour les distilleries. En 1933 est venue l'idée d'enfermer les poires naissantes dans des bouteilles. À maturité, les fruits sont cueillis et mis à macérer dans de l'eau-de-vie de poire sans quitter leur bouteille.

La confiture d'Orléans

Parfois surnommé ainsi, le cotignac se situe entre la gelée et la pâte de coing. Présentée dans une boîte ronde en bois d'épicéa, cette gourmandise tirerait son origine d'un pâtissier originaire de Cotignac (dans le Var) qui aurait ramené sa recette à Orléans. Très apprécié par François Ier, le cotignac a toujours été très présent à la cour des rois de France.

Léon Mazet

En 1903, Léon Mazet, confiseur, rachète la recette de la praline inventée en 1636 par Clément Jaluzot, cuisinier du maréchal de Plessis-Praslin, qui avait ouvert une confiserie à Montargis. Il perpétue la fabrication de cette friandise, l'associant à jamais à la ville.

Lot

Le pays du Cahors

MENU

Melon au vin de noix

Cet apéritif traditionnel de la région fait merveille dans un demi-melon du Quercy.

Porcellous*

Prunat du Quercy

Ce délicieux gâteau garni de reines-claudes est servi dans la région de Carennac.

Cahors

Avec les Causses consacrées à l'élevage ovin, les vallées de la Dordogne et du Lot sont des régions de productions fruitières, légumières et viticoles. Le cahors, vin emblématique, accompagne une gastronomie réputée pour sa richesse.

Petit par la taille, GRAND par la renommée

Fromage de chèvre de la forme d'un petit palet plat de 70 g environ, le cabécou est l'un des plus petits fromages de France. Sa zone de production s'étend sur tout le Quercy jusqu'au Rouergue, au Périgord et au sud de l'Auvergne. Le plus renommé des cabécous, le rocamadour, plus petit encore car d'un poids de 30 g environ, voit sa zone de production limitée au Lot seul.

Le curbelet

Également appelé « oublie », le curbelet doit son nom au moule, le curbel, utilisé pour sa fabrication. Cette gaufre mince et sèche est reconnaissable aux stries la recouvrant et à sa forme originale la faisant ressembler à un gros cigare creux. La pâte à crêpes, parfumée à la vanille, à la fleur d'oranger ou au rhum, est cuite entre deux plaques et roulée encore chaude.

Le DIAMANT NOIR du Lot

Le Lot est l'un des premiers départements français producteurs de truffes, et le bourg de Lalbenque connaît une grande renommée avec son marché aux truffes qui a lieu tous les mardis d'hiver et qui lui vaut le titre de capitale mondiale de la truffe noire.

Porcellous

Ces paupiettes, typiques du Quercy, sont des feuilles de chou farcies de viandes et d'herbes.

Pour 4 personnes

4 grandes feuilles de chou
100 g de viande de veau
100 g de lard
200 g de viande de porc maigre
250 g d'herbes vertes diverses (bettes, épinards, pissenlits, cerfeuil, persil)
1 bouillon de légumes
Mie de pain
1 bol de lait
1/2 gousse d'ail
Muscade
Sel et poivre

- Mettre la mie de pain à tremper dans le lait.
- Hacher les viandes et le lard et les mélanger ensemble.
- Ajouter l'ensemble des herbes hachées puis la mie de pain trempée, la demi-gousse d'ail hachée, une pincée de noix muscade et bien assaisonner.
- Porter de l'eau à ébullition dans une grande casserole.
- Y plonger les feuilles de chou et les faire blanchir quelques minutes.
- Les égoutter, les sécher et les disposer à plat.
- Déposer sur chaque feuille une part de farce, former un paquet et le ficeler.
- Faire cuire ces porcellous dans le bouillon de légumes pendant 45 min.

Clément Marot

Ce poète, né à Cahors en 1496, fait beaucoup pour la notoriété du vin de Cahors. Il vente les vertus de cette « liqueur de feu » et, en 1531, la fait entrer à la cour de François Ier qui, conquis, en fait planter une vigne à Fontainebleau.

Le vin noir

Multiséculaire, le vin de Cahors était appelé black wine en raison de sa couleur entre le pourpre foncé et le violet noir. Exporté depuis Bordeaux vers l'Angleterre, il était présent à la table des Plantagenêts. Anéanti par le phylloxéra en 1876 puis le terrible hiver 1954, il est revenu au premier plan en partie grâce à l'appui de Georges Pompidou qui possédait un domaine dans les environs.

Une brebis à lunettes

Race ovine originaire des Causses du Quercy, la caussenarde du Lot est une brebis de haute taille, à la toison blanche sur la totalité du corps. Seules ses oreilles sont noires, et ses yeux cerclés de noir font penser qu'elle porte des lunettes. Très rustique, elle se contente de l'herbe rase, résiste aux fortes chaleurs et vit dehors plus de la moitié de l'année. Elle est élevée pour son lait, et ses agneaux sont destinés à la boucherie.

Le SAFRAN du Quercy

Certainement introduit dans le Quercy par les croisés au XIe siècle, le safran y fut cultivé dès le XIIIe siècle pour atteindre une production intensive jusqu'à la Révolution française. Il reste très présent dans les plats traditionnels de la région, que ce soit le pied de cochon ou le ragoût de mouton.

Le pays de la tomate

Lot-et-Garonne

La viticulture domine au sud-est du département avec l'armagnac et au nord avec le prolongement des vignobles du Bordelais. Les vallées sont le domaine du maraîchage et des cultures fruitières (prunes, fraises et tomates).

PRUNEAUX d'Agen

Le croisement effectué par les moines de Clairac au XIIIe siècle, entre un prunier local et le prunier de Damas, ramené de Syrie par les croisés, est à l'origine de la prune d'ente (du vieux français *enter* signifiant « greffer »), seule variété utilisée pour obtenir le pruneau d'Agen. Il faut 3 kg de prunes fraîches pour obtenir 1 kg de fruits séchés. Bien que produit plus au nord vers Villeneuve-sur-Lot, le pruneau d'Agen a pris le nom de la ville qui le transportait par gabarres vers Bordeaux où il était apprécié des marins pour ses qualités nutritives.

La pomme d'amour

C'est ainsi que la tomate est surnommée au début de son introduction en France au XVIIIe siècle, et c'est bien une histoire d'amour qui lie Marmande à la tomate depuis la crise du phylloxéra de 1863, lorsque les viticulteurs se sont tournés avec succès vers sa culture. C'est une tomate issue de l'hybridation de la *pondorasa* et de la *mikado* qui est à l'origine de la variété dite « de Marmande ». Cette tomate est rouge, charnue, juteuse et parfumée et sa marque d'origine est déposée en 1931.

Pierre Gautriaud

Horticulteur-pépiniériste marmandais, Pierre Gautriaud est le premier, dans la seconde moitié du XIXe siècle, à tuteurer des plants de tomates. C'est la fin de la culture rampante, avec l'obtention de tomates de qualité supérieure et plus résistantes au transport. En 1885, le neveu de Pierre met en place un service d'expédition depuis Marmande, faisant de la ville le berceau de la tomate.

Du JAMBON EN CONSERVE

Le jambon de Tonneins, à base de morceaux de porc cuits et gélifiés dans leur bouillon, se présente moulé dans un bol ou bien en conserve. Il peut se déguster froid avec une vinaigrette relevée ou bien chaud avec des féculents ou du riz. Ses origines remonteraient à une hostellerie du XVIIe siècle servant de relais pour diligences, qui avait pour spécialité ce plat appelé « jambon du postillon ».

L'aillet

La jeune pousse d'ail, appelée aussi aillet, est très appréciée en Aquitaine. Cueillie à moins de 3 mois, elle se retrouve en bottes sur les étals des marchés. Elle se déguste crue, à la croque-au-sel ou en salade, ou cuite, en omelette ou en condiment de la viande d'agneau.

MENU

Pâté de Nérac

Ce pâté renommé était cuisiné à l'origine avec une farce à base de viande de grive, de foie gras et de truffes mais peut se faire avec du faisan ou des perdrix.

Lapin aux pruneaux*

Tarte aux fraises

Les fraises sont cultivée tout le long des vallées de la Garonne et du Lot.

Côtes-de-duras

Lapin aux pruneaux

Pour 4 personnes

1 lapin
200 g de pruneaux entiers
150 g de lardons
1 botte d'oignons grelots
2 gousses d'ail
25 cl de vin blanc sec
30 g de beurre
2 cuillerées à soupe d'huile
2 cuillerées à soupe de farine
Sel et poivre

- Couper le lapin en morceaux.
- Dans une cocotte, faire chauffer le beurre et l'huile et faire dorer les morceaux de lapin sur toutes leurs faces.
- Ajouter les oignons grelots, puis l'ail et les lardons.
- Assaisonner, ajouter la farine puis mouiller avec le vin blanc.
- Ajouter les pruneaux.
- Couvrir et laisser cuire sur feu doux 1 h environ tout en remuant de temps en temps.
- Servir avec des pommes de terre ou des pâtes.

Ce plat est encore meilleur réchauffé.

Noisettes de Cancon

Le noisetier était présent de tout temps dans le Lot-et-Garonne, mais sa culture en vergers est récente. Il a trouvé dans le Quercy une terre propice à sa culture et Cancon se présente comme la capitale de la noisette. Toutes ne sont pas produites dans la région, mais plus de 95 % de la production française transitent par le centre de traitement de cette commune.

Le pays de la châtaigne

Lozère

Comptant de nombreuses forêts (Margeride), la Lozère est surnommée le « département des sources » : donnant naissance à de nombreuses rivières, elle compte un grand nombre d'eaux minérales.

L'eau de Quézac

La source de Quézac, naturellement pétillante, était connue des Celtes et des Romins. À partir du XVIIIe siècle, les médecins de Mende prescrivent des cures de Quézac, réputée pour « déboucher les conduits » (système urinaire et vasculaire). Le docteur Commandré, lui même soigné par cette eau, achète la concession et entreprend en 1859 des travaux de captage de la source qu'il baptise *La Diva*. Il est à noter que, sur une étiquette de 1899, il est mentionné que « cette eau ne trouble pas le vin » !

Jean Antoine Chaptal

Né en 1756 à Nojaret, le comte de Chanteloup s'appuie sur les travaux de l'abbé François Rozier, botaniste et agronome, pour théoriser en 1801 un procédé déjà souvent utilisé et qui porte désormais son nom. La chaptalisation vise à augmenter le degré d'alcoolisation des vins pour en améliorer leur conservation en ajoutant du sucre au moult. Très réglementée, elle n'est pas autorisée dans toutes les appellations.

Le CROQUANT de Mende

La ville de Mende s'est fait une spécialité de ce petit gâteau sec aux noisettes et aux amandes. La pâte est abaissée puis coupée en bâtonnets avant cuisson. Il peut ensuite se conserver très longtemps à l'abri de l'humidité.

MENU

Quiche aux blettes

Appelée aussi bette, cette plante peut également garnir la fameuse saucisse aux herbes de Lozère.

Pouteille*

Coupétade

Ce pain perdu, agrémenté de raisins secs ou de pruneaux, est cuit au four dans un coupet, plat en terre dont il tire le nom.

Rouge du pays d'Oc

La **châtaigne** des Cévennes

Le châtaigner, appréciant les sols acides, a prospéré sur les pentes cévenoles, en particulier dans la région de La Borne. Un grand nombre de variétés sont présentes qui ont permis aux habitants de résister aux diverses périodes de famine. Désormais, sa culture n'est plus une raison de survie. Mais ses utilisations sont nombreuses, que ce soit en farine, en soupe, en crème, en confiture, en liqueur…

Pouteille

Ce plat était traditionnellement préparé le dimanche et cuit dans le four du boulanger pour régaler ensuite toute la famille.

Pour 10 personnes

1 kg de viande de bœuf à bourguignon
6 pieds de cochon
1 kg de pommes de terre
2 carottes
4 oignons
1 gousse d'ail
1 cuillerée à soupe de farine
Thym et laurier
1 cuillerée à soupe de saindoux
1 l de vin rouge
Sel et poivre

- Faire revenir les oignons et l'ail émincés dans un grand faitout avec le saindoux.
- Ajouter le bœuf coupé en morceaux et les pieds de cochon préalablement dessalés et coupés en deux.
- Faire roussir avec la farine. Ajouter le vin rouge puis les pommes de terre coupées en cubes et les carottes en rondelles. Ajouter le thym et le laurier et assaisonner.
- Couvrir et laisser cuire à feu doux 3 h.
- Servir avec des grosses tranches de pain de seigle.

Une **TOMME** peut en cacher une **AUTRE**

La tomme de Lozère est un fromage au lait de vache qui se déguste aussi bien en fin de repas qu'en gratin. Sa croûte grise abrite une pâte qui devient persillée après l'affinage. Elle cohabite avec son homonyme, la tomme de Lozère brebis.

Un **DRÔLE** de petit déjeuner

Il faut avoir le cœur bien accroché pour déguster le manoul comme il est d'usage dès le matin, ce plat ayant cuit toute la nuit. Ce sont des panses de mouton découpées en petits paquets farcis de tripes, de lard et de pied de mouton et cuits avec des carottes, des aromates et du vin blanc. Le village de La Canourgue en présente une variante avec de la fraise de veau et de la poitrine de porc salée.

Le **sac** d'os

Ce nom très imagé désigne une panse de porc remplie de morceaux de couenne ou d'os très divers auxquels adhère encore de la viande, assaisonnés avec de l'ail, du thym, du laurier, du sel et du poivre avant d'être placés dans l'estomac qui est ensuite cousu et mis au frais deux ou trois jours. Il faut ensuite dessaler le sac avant de le cuire au moins 3 h et le servir avec des pommes de terre ou des lentilles.

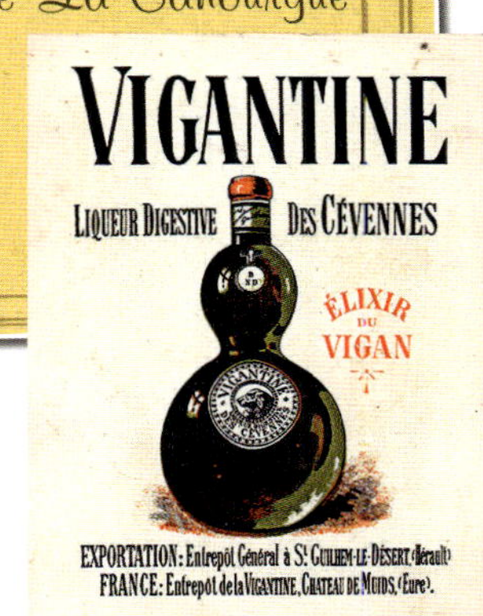

Maine-et-Loire

Le pays de la poire

Avec un bocage voué à l'élevage et la vallée de la Loire propice aux productions fruitières et maraîchères, le Maine-et-Loire est le premier producteur français de champignons de Paris, de pommes et de cassis.

MENU

Galipettes farcies

Les chapeaux de champignon (appelés ainsi car, arrivés à maturité, ils tombent en faisant des galipettes) sont servis cuits avec une farce à base de rillettes ou de fromage.

Poularde à l'angevine*

Crémet d'Anjou

« Régal des dieux » selon Curnonsky, ce mélange de crème fouettée et de blancs d'œufs est emprisonné dans une gaze et souvent servi avec des fruits rouges.

Saumur rouge

Le royaume des distilleries

En 1834 à Saumur, Jean-Baptiste Combier crée une liqueur à base d'écorces d'orange, l'« Élixir Combier » qui prendra plus tard le nom de « triple sec » en raison de sa triple distillation. En 1849, c'est au tour des frères Cointreau, confiseurs à Angers, de se lancer dans la fabrication de guignolet, alcool de cerise à base de guignes (petites cerises aigres). En 1875, l'un des fils Cointreau invente la liqueur Cointreau à partir d'écorces d'orange amère (la bigarade), qu'il associe à une bouteille carrée. Associée à du crémant de Loire, du sucre et du citron, elle entre dans la composition de la soupe angevine.

Poularde à l'angevine

La volaille est cuisinée avec trois ingrédients emblématiques de l'Anjou : la crème, le vin et les champignons.

Pour 6 personnes

1 grosse poularde
20 cl de crème fraîche
20 cl de vin rosé d'Anjou
400 g de champignons de Paris
1 carotte
50 g de beurre
3 cuillerées à soupe d'huile
1 cuillerée à soupe de farine
3 échalotes d'Anjou
10 petits oignons grelots
1 gousse d'ail
Thym et laurier
Sel et poivre

- Couper la volaille en six morceaux. Les mettre à rissoler dans une cocote avec l'huile et le beurre.
- Ajouter les oignons grelots, les échalotes émincées et l'ail haché, la carotte coupée en rondelles, le thym et le laurier. Laisser mijoter 10 min.
- Enlever la volaille et réserver.
- Déglacer la poêle avec le vin et épaissir avec la farine.
- Remettre les morceaux de volaille avec les champignons émincés, assaisonner et cuire 1 h à couvert.
- Lier l'ensemble avec la crème et cuire encore 10 min.

Des caves d'exception

Il faut un écrin d'exception pour une production viticole ne contenant pas moins de trente-deux appellations, allant des vins blancs liquoreux comme le coteaux-du-layon ou le bonnezeaux à d'excellents vins rouges comme le saumur-champigny ou encore les rosés d'Anjou. La région bénéficie de caves taillées dans le tuffeau qui favorisent l'effervescence des vins à fines bulles.

La pomme tapée

La pomme tapée, cousine de sa voisine la poire tapée de Touraine, est typique de la région de Turquant. Une fois pelée et séchée dans un four, la pomme est ensuite tapée avec un maillet jusqu'à obtention d'une galette de 2 cm d'épaisseur.

Émile Giffard

C'est à l'occasion de l'été très chaud de 1885 qu'Émile Giffard, pharmacien à Angers, élabore la recette d'une liqueur rafraîchissante à base de menthe poivrée. Transformant sa pharmacie en distillerie, il baptise sa liqueur blanche Menthe-Pastille. Titrant à 24°, elle est utilisée dans les cocktails et les desserts.

Un berceau de poires

De nombreuses variétés de poires aux noms évocateurs tels que « vilaine d'Anjou » ou « longue queue » ont vu le jour dans la région. La plus réputée, la « doyenné du comice », est apparue en 1849. Cette grosse poire à la chair fondante voit son succès dépasser les frontières au point d'être désignée « meilleure poire du monde » à Londres en 1894. D'autres poires anciennes, telle « la belle angevine », donnent le meilleur d'elles-mêmes cuites au vin rouge.

La fouée

Dans les fermes, il était d'usage de cuire le reste de pâte à pain sous la forme de petites boules que l'on consommait dès la sortie de four. Les fouées étaient alors garnies de beurre, de rillettes ou de fromage de chèvre. Aujourd'hui, il est courant de les déguster aussi en dessert ou au goûter.

Manche

Le pays du mouton de pré-salé

La Manche est le premier département agricole français, essentiellement par l'élevage et la culture des fruits et légumes. Les coquillages et les poissons sont aussi des éléments de base de sa gastronomie.

MENU

Soupe aux échalotes d'Avranches

Ce potage est composé d'un hachis d'échalotes revenu dans le beurre avec des pommes de terre, puis mouillé d'eau et enrichi de crème fraîche.

Coquilles Saint-Jacques gratinées*

Beurré normand

Peu riche en beurre malgré son nom, ce gâteau est composé d'œufs, sucre et farine additionnés de pommes et raisins secs macérés dans du rhum.

Cidre bouché

La MOULE de Barfleur

Les moules de Barfleur ne font pas l'objet d'un élevage sur bouchot mais sont draguées en eaux profondes avec des bateaux. Ces moules sont plus charnues et plus goûteuses que les moules de bouchot mais nécessitent une étape en bassin pour éliminer le sable.

Le monstrueux de Carentan

Aucun danger de rencontrer un monstre dans les rues de Carentan, à moins de flâner du côté des maraîchers car le monstrueux est un poireau, de belle taille et au fût gros et court. Il a trouvé un terrain propice dans cette région d'anciens marais à la terre sablonneuse. À l'ouest, la région de Créances est également une zone de production maraîchère réputée pour ses carottes à la chair tendre et sucrée.

La graisse de Cherbourg

Cette matière grasse, préparée avec du saindoux et de la graisse de rognons de bœuf cuits avec des légumes et des épices, permettait de remplacer le beurre et servait à confectionner la soupe à la graisse ou soupe normande. Réalisée une fois par an dans les familles normandes, elle se conservait une année entière dans un pot de grès.

La mère Poulard

Née à Nevers en 1851, Anne (dite Annette) Boutiaut épouse Victor Poulard, le fils du boulanger du Mont-Saint-Michel et prend avec lui en gérance l'Hostellerie de la Tête d'Or, au Mont. L'arrivée des visiteurs et pèlerins étant tributaire des marées, il n'est jamais facile d'organiser le service. C'est pour les faire patienter qu'Annette élabore alors une omelette, légère et baveuse, qu'elle cuit à même la cheminée. La réputation de cette omelette fait vite de son auberge un lieu de visite incontournable.

La « Providence » de la Manche

Fromage créé vers 1850 par les moines trappistes de l'abbaye de Bricquebec sous le nom de Providence, ce fromage de vache à pâte pressée a pris le nom de son abbaye fondatrice. Il possède une pâte mi-dure qui le différencie des fromages normands à pâte molle et croûte fleurie.

La sauce verte de Chausey

L'archipel normand de Chausey a donné son nom à une sauce composée d'échalotes et d'ail revenus dans du beurre avec beaucoup de persil, à laquelle on ajoute de la moutarde, du vinaigre, de la crème fraîche et de l'estragon. Elle est idéale pour accompagner le poisson.

L'agneau de pré-salé

Les pâturages côtiers de la baie du Mont-Saint-Michel étant périodiquement envahis par les marées, il y pousse des plantes qui donnent à la viande des agneaux une saveur particulière. Ceux-ci sont mis à paître dès l'âge de 10 jours et ce jusqu'à environ 25 semaines avec un complément alimentaire à la bergerie. La viande obtenue, protégée par une AOC, se déguste souvent à Pâques.

Coquilles Saint-Jacques gratinées

La coquille Saint-Jacques de Normandie bénéficie d'un label rouge qui garantit sa qualité et sa fraîcheur.

Pour 8 personnes

12 noix de Saint-Jacques
2 échalotes
50 g de beurre
Sel et poivre
25 cl de crème fraîche
150 g de champignons de Paris
80 g de gruyère

- Nettoyer les champignons, les couper en lamelles et les faire suer dans une poêle jusqu'à complète évaporation de l'eau. Réserver.
- Faire revenir les échalotes hachées dans le beurre.
- Ajouter les noix de Saint-Jacques et les faire revenir 2 min de chaque côté. Saler et poivrer.
- Dans chaque coquille, déposer trois noix avec des échalotes.
- Ajouter les champignons et napper de crème fraîche.
- Saupoudrer de gruyère râpé et mettre au four préalablement chauffé à 150 °C (th. 5) pendant 30 min.

Marne

Le pays du champagne

La plaine champenoise est occupée en majeure partie par des champs de céréales et de betteraves tandis que les reliefs de la Côte champenoise se prêtent volontiers au vignoble de Champagne.

MENU

Pâté de Reims

Un mélange de lanières de porc et de farce est couché sur une pâte brisée, recouvert d'une pâte feuilletée puis parfumé au champagne.

Canard aux boulettes de Bussy

Cette espèce de navet à la chair légèrement sucrée est une garniture de choix pour le canard.

Sabayon au champagne*

Coteaux-champenois rouge

Le biscuit rose de Reims

Le biscuit de Reims était de couleur blanche, mais un colorant carmin a été ajouté pour masquer les grains noirs de la vanille destinée à le parfumer. Très apprécié pour sa texture craquante et fondante qui ne se délite pas si on le trempe dans un liquide, c'est l'un des fleurons de la biscuiterie Fossier, établie à Reims depuis 1845. Elle perpétue également la fabrication d'autres douceurs comme le massepain ou le pain d'épice de Reims, le plus ancien de France.

La lentille de la reine

Le lentillon de Champagne est connu sous le nom de lentille de la reine en l'honneur de Marie Leszczyńska, épouse de Louis XV, qui aurait favorisé sa culture. Autrefois aliment de base des familles champenoises, cette lentille de petite taille, très tendre, à la peau fine et au goût délicat, est devenue un mets de choix pour les grands cuisiniers.

La moutarde de Reims

La Champagne s'est consacrée à la culture de la graine de moutarde dès le début du XIXe siècle. La moutarde de Reims est renommée en partie grâce à la qualité du vinaigre de vin blanc utilisé, élaboré à partir du vin de Champagne et qui apporte une saveur piquante.

Mon trône pour un pied de cochon !

La grande originalité du pied de porc à la Sainte-Ménehould tient dans le fait qu'il reste entier pendant une longue cuisson dans un bouillon aromatisé. Pané et servi chaud, il se mange entièrement, les os ayant confit durant la cuisson. Il se raconte que Louis XVI aurait été arrêté à Varennes parce qu'il se serait trop attardé dans une auberge de Sainte-Menehould pour y déguster cette spécialité.

Sabayon au champagne

Cette mousse glacée au champagne est un dessert léger et festif.

Pour 4 personnes

6 jaunes d'œufs
150 g de sucre semoule
20 cl de champagne brut
1 orange

- Mélanger les jaunes d'œufs avec le sucre. Battre vivement pour obtenir un mélange mousseux.
- Extraire le jus de l'orange.
- Dans une casserole au bain-marie, mettre le mélange œufs-sucre avec le jus d'orange.
- Ajouter le champagne et battre jusqu'à ce que le mélange épaississe et blanchisse légèrement.
- Laisser refroidir, verser dans des coupes et mettre au frais.
- Servir avec des biscuits roses ou des croquignoles.

Le JAMBON de Reims

Réalisé avec des morceaux de viande de porc cuits dans un bouillon parfois persillé, le jambon de Reims prend la forme du moule dans lequel il est mis à refroidir et recouvert d'une fine chapelure. Présenté en tranches en entrée, il peut aussi être découpé en cubes pour accompagner un apéritif.

L'invention de la veuve Clicquot

Veuve à 27 ans, madame Clicquot a consacré toute son énergie à pérenniser la maison de champagne de son mari. Elle est à l'origine de l'invention de la table de remuage, méthode constituant à faire reposer les bouteilles le goulot en bas pour l'étape du remuage. Elle aurait même sacrifié une belle table en bois fruitier pour y percer des trous et mettre tout de suite en application son invention, ancêtre des pupitres obliques visibles dans toutes les caves champenoises.

Pierre Pérignon

Né en 1638 à Sainte-Menehould, Pierre Pérignon devient cellérier-intendant à l'abbaye Saint-Pierre d'Hautvillers. Il aurait lutté contre l'effervescence de ce vin surnommé « vin du diable » ou « saute-bouchon » qui était la cause de l'explosion des bouteilles. Il a perfectionné le vin en assemblant des raisins de différents crus et cépages et serait à l'origine de l'usage du bouchon en liège et de bouteilles en verre plus épais.

Haute-Marne

Le pays de l'écrevisse

La Haute-Marne possède un vignoble important, même si la superficie consacrée au champagne est minime comparée à la Marne avec laquelle elle partage le lac du Der, plus grand lac artificiel français. L'élevage laitier est surtout destiné à l'industrie fromagère.

Un amour de fromage

C'est à Illoud dans une laiterie familiale qu'est né, dans les années cinquante, ce fromage au lait de vache pasteurisé à la croûte fleurie, facilement reconnaissable à sa forme ovale. Au début incarné par les dieux Zeus et Poséïdon (d'où son nom), ce « caprice des dieux » est désormais personnifié par deux chérubins.

Le JOYAU des bois

La truffe de Champagne, Tuber uncinatum (également appelée truffe de Bourgogne), était très prisée jusqu'à la Renaissance avant d'être détrônée par la truffe du Périgord. Elle était encore très appréciée par les restaurants parisiens au XIXe siècle avant de tomber quelque peu dans l'oubli. Désormais promue par les gastronomes pour ses réelles qualités gustatives, sa production est relancée dans les nombreuses forêts de Haute-Marne.

Le langres

Ce fromage au lait de vache à pâte molle peut surprendre par sa croûte orangée un peu ridée et surtout par la cuvette qui se forme sur sa face supérieure, s'accentuant avec la durée d'affinage. Sa pâte crémeuse au goût très prononcé peut encore être magnifiée avec du marc de champagne déposé en son milieu.

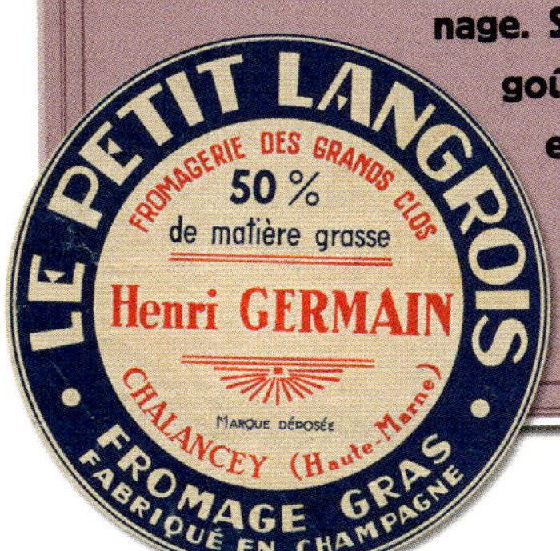

Les caisses de Wassy

Ces petites meringues aux amandes de forme allongée auraient eu la faveur de la jeune reine Marie Stuart, certains prétendant même qu'elle aurait inventé la recette Il reste néanmoins que cette spécialité pâtissière, présentée individuellement dans une caissette de papier, serait bien originaire de la ville de Wassy.

Louis Ortiz

Arrivé à Saint-Dizier au début du siècle, Louis Ortiz est artisan et vend ses glaces et ses confiseries à la sortie des cinémas. Son entreprise prospère à partir de 1945 lorsque les glaces Ortiz sont choisies pour fournir les troupes américaines alors installées dans la ville. À partir de 1951, s'inspirant du nom du fox-terrier d'un collaborateur, la famille Ortiz choisit Miko comme nom de marque commerciale. Marque qui, avec l'appui d'une campagne publicitaire conquérante, comme sur les routes du Tour de France, est toujours présente à Saint-Dizier et reste emblématique des desserts glacés.

L'écrevisse à pattes rouges

De son vrai nom Astacus astacus, l'écrevisse à pattes rouges était très consommée autrefois, en particulier par les moines lors des périodes de jeûne. Devenue une denrée prisée de la bourgeoisie, très pêchée, elle avait peu à peu disparu des ruisseaux et rivières. Elle est désormais de retour dans les eaux de Haute-Marne, principalement dans un élevage-pilote à Thonnance-lès-Joinville dans la vallée de la Marne.

Tarte au quemeu

Cette tarte au fromage peut être cuisinée en version salée ou sucrée.

Pour 8 personnes

1 pâte brisée
350 g de fromage de Langres bien frais
4 œufs
125 g de sucre
80 g de farine
3 cuillerées à soupe de crème fraîche
1 pincée de sel

- Foncer un plat à tarte avec la pâte brisée. En piquer le fond avec une fourchette.
- Dans un saladier, mélanger le fromage frais préalablement égoutté avec les œufs, la crème fraîche, la farine, le sucre et le sel.
- Battre énergiquement et verser le mélange sur le fond de tarte.
- Mettre au four préalablement chauffé à 210 °C (th. 7) pendant 40 min.

MENU

Ouyettes de Langres

Ces petits chaussons farcis de viande d'oie revenue avec des lamelles de pomme et aromatisée au vin blanc font une excellente entrée chaude sucré-salée.

Brochet au champagne

Un beau brochet du lac du Der donnera le meilleur de lui-même avec une sauce au champagne.

Tarte au quemeu*

Coteaux-de-coiffy

Le pays du lait

Mayenne

Aux confins de la Normandie et de la Bretagne dont elle a gardé de nombreuses traditions culinaires, cidre, pommeau, galettes ou fromages, la Mayenne est au premier rang français pour la production de viande bovine.

MENU

Rillettes gorronnaises

Ces rillettes de porc sont cuites lentement et écrasées à la main.

Pot-au-feu*

Bourdaine

Une pomme du bocage, creusée et remplie de confiture, est enveloppée, comme une aumônière, dans une pâte brisée et cuite au four.

Cidre brut

Un biscuit sur ordonnance

À mi-chemin entre le biscuit et le bonbon, le croquant à l'anis a été créé par les sœurs hospitalières de Saint-Julien, à Château-Gontier. Utilisant les vertus digestives de l'anis dans un biscuit destiné aux malades, elles baptisent d'ailleurs ce denier « biscuit hygiénique anisé Saint-Julien ».

La rouge des prés

Rebaptisée ainsi depuis 2003, la vache Maine-Anjou est d'un gabarit imposant, le taureau pouvant atteindre 1,70 m au garrot et peser jusqu'à 1 700 kg. Sa robe est pie rouge foncé avec les pattes blanches et son front est souvent orné d'une tâche blanche. La grande majorité du cheptel vit dans les Pays de la Loire où elle est presque exclusivement élevée pour sa viande.

Les Bons Mayennais

Certes, les habitants de ce département sont des personnes fort sympathiques, mais les « Bons Mayennais » dont il est question ici désignent un fromage populaire en Mayenne et au-delà. Ce camembert est élaboré avec du lait de vache pasteurisé collecté uniquement chez des producteurs mayennais.

André Besnier

Dans une laiterie installée à Laval en 1933, André Besnier commence la production de ses premiers fromages avec un seul employé. Après la Seconde Guerre mondiale, la société compte 25 salariés et Michel Besnier entre dans l'affaire de son père qui décède en 1955. L'entreprise compte alors 50 salariés et produit du beurre et des camemberts dont le premier au lait pasteurisé, Président, voit le jour en 1968, suivi l'année suivante de la première brique de lait UHT. La société, qui prend le nom de Lactalis en 1999, est désormais devenu le premier groupe laitier et fromager mondial.

Le bleu du Maine

Ce mouton à vocation bouchère possède une belle toison de laine blanche. Mais il doit à des ancêtres de race anglaise croisés avec une race locale la couleur bleu-gris de sa tête et de ses pattes qui lui donne son nom. Cette race d'herbage partage souvent ses prairies avec les bovins de la région, donnant une image originale au paysage mayennais.

Le trappe de la Coudre

Fromage né à l'abbaye de la Coudre où il était fabriqué par les moniales, le trappe de la Coudre est un fromage au lait de vache à croûte lavée qui se prête bien à la cuisson. Désormais fabriqué à Entrammes, c'est toujours dans les caves voûtées de l'abbaye de la Coudre qu'il est affiné de façon totalement artisanale.

C'est marqué dessus !

Le Port-Salut, qui doit son nom à l'abbaye d'Entrammes, apparaît sur les marchés dès la seconde moitié du XIXe siècle. Même s'il n'est plus fabriqué à Entrammes, ce fromage doux très apprécié des enfants a gardé le nom de son abbaye d'origine.

Pot-au-feu

Le label Bœuf fermier du Maine est la garantie d'une viande de qualité grâce à des conditions de vie en liberté et une nourriture majoritairement à base d'herbe.

Pour 6 personnes

2 kg de viande de Bœuf fermier du Maine (paleron, macreuse, plat de côtes, collier)
4 gros poireaux
6 carottes
1 branche de céleri
6 grains de poivre
2 os à moelle
6 navets
6 pommes de terre
1 oignon piqué de clous de girofle
1 bouquet garni
Gros sel

- Éplucher les légumes et les laver.
- Mettre les morceaux de viande et les os dans un grand faitout et recouvrir d'eau. Saler au gros sel, mettre l'oignon, les grains de poivre et le bouquet garni.
- Mettre sur le feu. Dès les premiers bouillons, écumer et renouveler souvent l'opération.
- Cuire environ 2 h à petits bouillons.
- Ajouter les légumes et cuire encore 1 h.
- Retirer la viande et les légumes et servir dans un plat avec des cornichons et du gros sel.

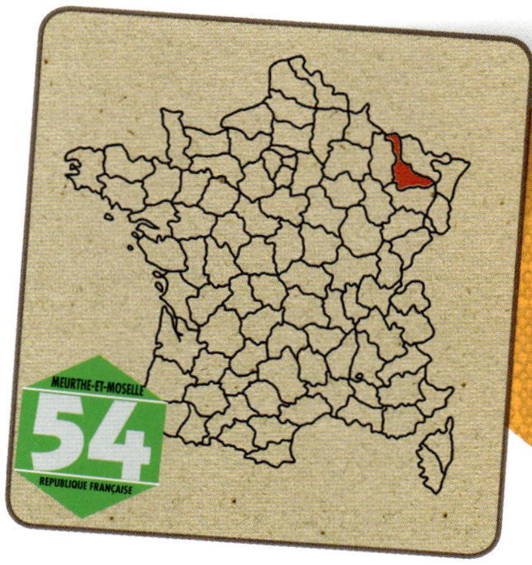

Meurthe-et-Moselle

Le pays de la mirabelle

L'agriculture est orientée vers la polyculture et la vigne persiste sur les Côtes de Meuse. Le roi de Pologne Stanislas Leszczyński, en exil à Lunéville, a profondément marqué l'art de vivre lorrain et principalement sa gastronomie.

MENU

Bouchée à la reine

Cette croustade garnie de volaille, de ris de veau, de quenelle et de champignons devrait sa renommée à l'épouse de Louis XV, Marie Leszczyńska.

Potée lorraine*

Tarte aux abricots

La « pêche de Nancy » est, comme son nom ne l'indique pas, un abricot très juteux.

Gris-de-toul

Le BABA au rhum

Nicolas Stohrer, pâtissier de Stanislas Leszczyński à la cour de Lunéville, a créé ce délice à la demande du roi de Pologne qui trouvait sa brioche trop sèche. Il l'arrosa de vin de Málaga et fit ensuite connaître sa recette à Paris où il ouvrit une pâtisserie. Le baba est désormais parfumé au rhum et garni le plus souvent de crème pâtissière.

La tarte à la migaine

La quiche lorraine est une tarte de pâte brisée recouverte de lardons fumés et d'une préparation composée d'œufs et de crème fraîche – appelée migaine – parfumée à la muscade. Si, à l'origine, la quiche lorraine comportait du fromage, celui-ci a été depuis remplacé par des lardons. Les versions fromagées ne méritent donc pas cette appellation.

La bergamote de Nancy

Véritable spécialité de la ville de Nancy, la bergamote est un petit bonbon carré à la couleur ambrée parfumé à l'essence naturelle de bergamote. Créé en 1857 par le confiseur Jean-Frédéric Godefroy Lillich avec l'aide d'un ami parfumeur, ce bonbon doit sa renommée au parfum particulier de la bergamote dont on utilise uniquement l'écorce. Ce fruit aurait été ramené en Lorraine par René d'Anjou et René II, ducs de Lorraine et rois de Sicile, où ont été plantés des bigaradiers ramenés des croisades.

Albert Lalonde

En 1901, Albert Lalonde reprend à Nancy une confiserie créée par un confiseur allemand Jean-Frédéric Godefroy Lillich. Il pérennise la fabrication des bergamotes tout en créant d'autres confiseries comme les craquelines en 1936. Son fils Jean lance en 1950 les Duchesses de Lorraine, chocolats pralinés enrobés d'un glaçage vert tendre.

La mirabelle de Lorraine

La Meurthe-et Moselle est le premier département français producteur de mirabelles. Délicieuse en fruit de table, la mirabelle l'est aussi en pâtisserie et en confiserie mais donne également une excellente liqueur. Parmi les nombreuses variétés, celle dont le fruit est le plus gros est la mirabelle de Nancy.

Potée lorraine

En Lorraine, la potée est un plat complet servi avec de grosses tartines de pain.

Pour 6 personnes

1 palette de porc
200 g de lard fumé
1 gros chou vert
6 navets
6 pommes de terre
1 oignon
Poivre en grains
1 jarret de porc
2 saucisses de Lorraine
6 carottes
3 poireaux
300 g de haricots blancs
1 bouquet garni

- Mettre la palette, le jarret et le lard dans un faitout avec le bouquet garni et les haricots blancs qui auront trempé depuis la veille. Recouvrir d'eau et mettre à cuire sur feu doux environ 2 h.
- Mettre les saucisses à cuire dans une casserole d'eau durant 30 min. Au bout de ce temps, les laisser refroidir dans leur eau de cuisson.
- Éplucher les pommes de terre et les navets et les couper en gros morceaux. Nettoyer les carottes et les poireaux et les couper en rondelles. Nettoyer le chou et effiler les feuilles grossièrement.
- Au bout de 2 h de cuisson de la viande, ajouter tous les légumes avec l'oignon et quelques grains de poivre. Laisser cuire encore environ 45 min.
- Servir la potée dans un grand plat en présentant les viandes au centre et les légumes autour.

Le biscuit
des « sœurs macarons »

Le macaron a acquis ses lettres de noblesse dans la cité des ducs. Deux sœurs bénédictines, Marguerite et Marie-Élisabeth, ont peaufiné cette recette pour protéger les moniales des carences alimentaires lors des jeûnes. Chassées de leur couvent par la Révolution française, elles continuèrent la fabrication de ces biscuits en les commercialisant.

Meuse

Le pays de la groseille

La vallée de la Meuse est entourée des « côtes », propices à la vigne et aux arbres fruitiers. Les plaines sont occupées par les cultures céréalières et l'élevage bovin. De nombreux étangs sont consacrés à la pisciculture.

Les bières de Meuse

La Meuse fut, durant le XIXe siècle, un pôle important de brasseries. De nombreux fabricants de bière s'étaient installés dans la région et Bar-le-Duc fut sans conteste la ville fédérant le plus de brasseries. Le déclin de ces dernières, amorcé à partir des années 1870, fut encore accentué par la Première Guerre mondiale. Mais ce passé n'est pas encore entièrement enfoui et un renouveau des bières meusiennes est annoncé.

Une épice de bouche

En cherchant un moyen de conserver les amandes en les enrobant d'un mélange cuit de sucre et de miel, un apothicaire de Verdun serait, au XIIIe siècle, à l'origine de l'invention de la dragée. Parée de vertus digestives puis réputée combattre la stérilité, la dragée s'est invitée naturellement lors des fêtes de mariage. À l'origine d'aspect irrégulier, la dragée a progressivement revêtu un enrobage lisse dans un grand choix de couleurs.

Madeleine Paulmier

Un jour de 1755, cette jeune servante aurait servi, lors d'un repas auquel assistait Stanislas Leszczyński, des petits gâteaux qui firent le bonheur des convives. Interrogée par le duc sur le nom de cette pâtisserie, elle répondit qu'elle se faisait les jours de fête dans sa ville de Commercy. Stanislas aurait alors décidé sur-le-champ de la baptiser « madeleine de Commercy », du nom de la jeune fille et de la ville dont elle était originaire.

Le biscuit cochon

Quel drôle de nom pour ce biscuit qui doit son patronyme à son inventeur, René-Auguste Cochon, pâtissier à Stenay en 1810. Ayant le plus souvent la forme d'un boudoir, il a une texture légère qui l'apparente au biscuit rose de Reims. La ville de Stenay, qui s'est fait la réputation d'être la ville du diable (en raison de son nom proche de Satan), propose également d'autres friandises dont la plus célèbre, la crotte de Satan, est constituée d'une amande enrobée de chocolat recouvert de sucre glace.

« Un rayon de soleil en pot »

C'est ainsi que la jeune reine de France Marie Stuart, de passage à Bar-le-Duc, aurait qualifié la célèbre confiture de groseilles qu'elle aurait goûtée lors d'un passage dans la région. Cette confiture, unique par la façon dont elle est fabriquée, a fait la réputation de la ville. Constituée de grains de groseille dont les pépins sont extraits à l'aide d'une plume d'oie, elle possède une transparence et une saveur uniques.

Carpe au vin blanc

Le lac de Madine fournit de belles carpes pour la gastronomie locale.

Pour 4 personnes

1 belle carpe	1 oignon
3 échalotes	1 gousse d'ail
50 cl de vin blanc sec	Persil
15 cl d'huile d'olive	Sel, poivre

- Vider et laver la carpe.
- La mettre dans un plat allant au four.
- Hacher finement et mélanger l'oignon, les échalotes, l'ail et le persil.
- Recouvrir la carpe de ce hachis.
- Arroser avec l'huile puis le vin blanc.
- Saler et poivrer.
- Mettre au four préalablement chauffé à 240 °C (th. 8) et cuire environ 30 min, sans oublier d'arroser le poisson régulièrement.

Menu

Soupe au lard

Proche de la potée lorraine, la soupe au lard fumé figure dans le palmarès de la cuisine meusienne.

Carpe au vin blanc*

Biscuit roulé à la confiture de groseilles

Ce mets de luxe apporte toute sa finesse à un biscuit roulé saupoudré de sucre glace.

Côtes-de-meuse blanc

Commercy, tout le monde déguste !

Facilement reconnaissables par leur conditionnement dans des boîtes en bois ovales, les madeleines de Commercy, riches en œufs, ont connu une grande notoriété après l'ouverture de la ligne de chemin de fer Paris-Strasbourg en 1852. De jeunes vendeuses profitaient de l'arrivée du train en gare pour vendre leurs madeleines sur le quai, par les fenêtres ouvertes des wagons.

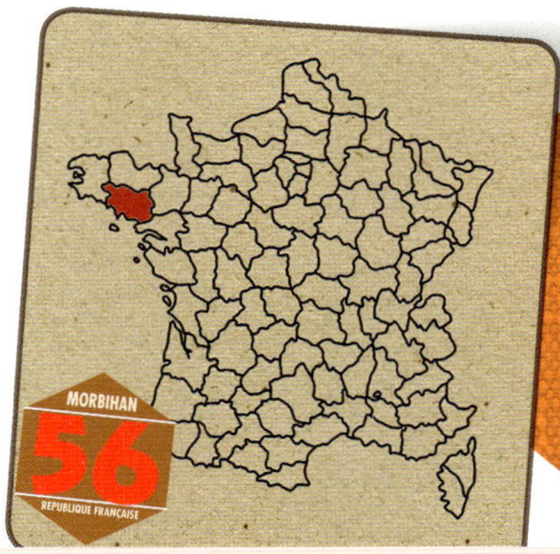

Le pays du caramel

Morbihan

Les ports de pêche côtière gardent leur diversité face à Lorient, deuxième port de pêche industrielle. L'ostréiculture et la mytiliculture sont bien développées. Le littoral est consacré au maraîchage et l'arrière-pays à l'élevage.

MENU

Soupe de congre*

Kouign-patatez

Cette spécialité de Vannes est un mélange de purée, de farine de blé noir et de beurre qui accompagne idéalement la charcuterie ou du poisson.

Crêpe au caramel au beurre salé

Le dessert emblématique de la Bretagne.

Cidre brut

Georges Hilliet

C'est à Quiberon, grand port sardinier, que Georges Hilliet crée en 1932 une conserverie spécialisée dans ce petit poisson. Depuis 1882, la ville profitait d'une ligne de chemin de fer la reliant directement à la capitale. Déjà, en 1921, Henriette Jourdan avait créé la Quiberonnaise. Dans sa conserverie baptisée la Belle-Iloise, Georges Hilliet va très vite diversifier sa production avec le maquereau et le thon et créer des magasins de vente directe.

Le Kari Gosse

Des épices en Bretagne ? C'est possible quand on connaît le passé de Lorient, siège de la Compagnie des Indes orientales. Préparation créée par M. Gosse, pharmacien à Lorient au XIXe siècle, qui ajouta son nom au mot tamoul kari signifiant épice, ce mélange de gingembre, curcuma, girofle, piment, cannelle, poivre se prête à merveille à la cuisine des poissons et crustacés. Désormais fabriqué à Auray, le Kari Gosse est vendu dans les pharmacies lorientaises.

Le gotchial

Ce pain brioché originaire de la presqu'île de Rhuys connaît une diffusion très confidentielle. Constitué d'une pâte à pain enrichie de lait, de beurre, d'œufs et de sucre, le gotchial se présente sous la forme d'une grosse miche ronde et dorée.

Le salidou

Dérivé du caramel au beurre salé, le salidou est une pâte à tartiner qui se retrouve en Bretagne aussi bien sur les crêpes, les gaufres que sur les glaces. Si l'idée, née à Quiberon, d'associer le caramel avec le beurre salé est relativement récente, son utilisation a vite gagné toute la Bretagne. Il peut être également enrichi de crème fraîche pour une plus grande onctuosité.

Le meilleur bonbon de France

C'est la distinction qui a été faite à la niniche en 1946, date de sa création à Quiberon par Raymond Audebert. Baptisée niniche par son inventeur pour que les enfants s'en souviennent facilement, cette sucette tout en longueur se dégustait à l'origine encore chaude. Ornée d'une ou plusieurs bandes satinées, elle se décline désormais sous une cinquantaine de parfums différents.

Soupe de congre

Autrefois très pêché sur les côtes bretonnes, le congre était vendu en tronçons par les pêcheurs qui se réservaient les têtes pour confectionner cette délicieuse soupe.

Pour 4 personnes

- 4 tranches de congre
- 6 grosses pommes de terre
- 1 bouquet garni
- 2 gousses d'ail
- Sel et poivre
- 1 tête de congre
- 2 grosses tomates
- 4 oignons
- 100 g de beurre demi-sel
- 4 grosses tranches de pain

- Dans un faitout, faire un court-bouillon avec 1,5 l d'eau, la tête du congre, le bouquet garni, du sel et du poivre en laissant cuire environ 30 min.
- Dans une cocotte, faire revenir dans le beurre les oignons préalablement hachés.
- Éplucher les pommes de terre et les couper en gros dés.
- Ajouter les pommes de terre, les tomates pelées et l'ail haché aux oignons. Cuire pendant 20 min en remuant régulièrement.
- Filtrer le court-bouillon et l'ajouter progressivement dans la cocotte. Porter à ébullition.
- Déposer les tronçons de congre, baisser le feu et laisser cuire encore 20 min.
- Servir dans des écuelles avec une tranche de pain grillée.

L'andouille de Guémené

L'andouille a trouvé ses lettres de noblesse à Guémené-sur-Scorff. Elle se distingue par une disposition concentrique d'une vingtaine d'intestins de porc, les chaudins, enroulés les uns sur les autres, puis enfilés dans une baudruche de bœuf. Après avoir été séchée puis fumée au feu de bois qui lui donne sa couleur noire, l'andouille est cuite dans un bouillon parfumé. Elle se déguste chaude ou froide.

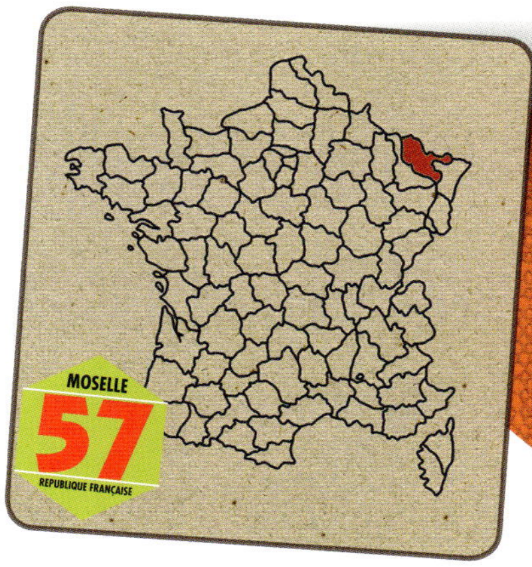

Le pays de la bière

Sur le plateau lorrain, la polyculture associe céréales et cultures sarclées à l'élevage laitier. Annexée à l'Empire allemand durant près de cinquante ans, la Moselle a vu sa gastronomie très influencée par la cuisine d'outre-Rhin.

Le cochon de lait en gelée

Ce plat traditionnel est de toutes les fêtes en Lorraine, notamment à Metz, depuis au moins le début du XIXe siècle. Nul besoin de trier la viande pour la déguster : le porcelet est déjà désossé avant d'être trempé dans une saumure puis cuit dans un bouillon aromatisé. Présenté coupé en tranches, il se prête volontiers aux buffets partagés en famille.

La saucisse blanche

Ressemblant au boudin blanc par sa couleur, la saucisse blanche s'en distingue cependant par sa forme et son goût. Composée de viande de porc maigre, de gras de porc, de lait et d'un assaisonnement relevé, elle est très appréciée par les Lorrains qui en font un de leurs mets favoris lors des barbecues.

Les SPRITZ

Petits gâteaux traditionnels préparés pour Noël en Moselle comme en Alsace et en Allemagne, les spritz sont des sablés au beurre en forme de spirales ou de vagues. Ils sont encore meilleurs lorsqu'ils sont en partie nappés de chocolat.

Gustave Amos

Né en Allemagne en 1840, Gustave Amos s'est très vite intéressé aux techniques de brassage. Établi à Metz en 1868, il installe une brasserie, à l'origine d'une grande affaire familiale qui va devenir un fleuron de l'économie messine jusqu'en 1993. Ce succès est dû à l'origine à la forte implantation militaire allemande à Metz, grande consommatrice de bière. De plus, le phylloxéra ayant anéanti les vignes qui ne seront pas replantées comme en Alsace, le goût de la population s'est alors tourné vers la bière.

Hommage aux mineurs

Dans les années 1890, le wagonnet a révolutionné le travail des mineurs en facilitant le transport du minerai. C'est en souvenir du passé minier d'Uckange qu'un ancien ouvrier d'usine aurait créé un miniwagonnet en nougatine. Judicieusement, il remplaça le charbon par des sucreries de la région : chardons en chocolat, mirabelles en pâte d'amandes... La wagotine est toujours proposée à la gourmandise des amateurs.

Le boulet de Metz

Le passé militaire de Metz est mis à l'honneur à travers cette spécialité chocolatière mise au point en 1934 par Léon Bohr, pâtissier à Metz. Ce boulet est constitué d'un biscuit fourré d'une ganache au chocolat, enrobé de pâte d'amandes, de caramel, roulé dans des éclats de noisette grillés pour finir trempé dans du chocolat.

MENU

Pâté lorrain

Appréciée dans toute la Lorraine, cette pâte feuilletée garnie d'un pâté aromatisé au vin blanc se sert chaude en entrée.

Matelote de brochet*

Gâteau au chocolat de Metz

Cette génoise enrichie à la crème fraîche et garnie de chocolat râpé est très moelleuse.

Moselle blanc

Matelote de brochet

Parmi les nombreuses matelotes qui existent en Lorraine, celle de Metz se distingue par son utilisation exclusive de brochets.

Pour 4 personnes

1 kg de petits brochets
120 g de beurre
4 échalotes
25 cl de crème fraîche
1 bouteille de vin gris de Moselle
1 petit verre d'eau-de-vie de mirabelle
1 bouquet garni
4 cuillerées à soupe de farine
Sel et poivre

- Vider et nettoyer les brochets. Les couper en tronçons.
- Dans un faitout, faire revenir les tronçons dans la moitié du beurre.
- Lorsqu'ils sont bien dorés, faire chauffer l'alcool de prune et le verser sur le poisson; Flamber et bien mélanger.
- Ajouter les échalotes préalablement pelées et hachées et laisser cuire 5 min.
- Ajouter le vin et le bouquet garni et laisser cuire à feu doux.
- Dans une casserole, faire un roux avec le beurre restant et la farine. Ajouter une louche du bouillon de cuisson des brochets.
- Sortir les tronçons de poisson du faitout et les réserver au chaud dans un plat.
- Mettre le roux dans le faitout et cuire 15 à 20 min pour faire un peu épaissir l'ensemble.
- Ajouter la crème fraîche, mélanger, assaisonner et verser sur les morceaux de poisson.
- Servir tout de suite.

Le pays de l'escargot

Nièvre

MENU

Escargots farcis

Les escargots sont cuits dans leur coquille avec un beurre d'ail et du persil haché.

Saupiquet de jambon*

Tartines de cramaillotte

La cramaillotte est une gelée de fleurs de pissenlit sauvage, également appelée miel de pissenlit.

Coteaux-du-giennois rouge

L'élevage bovin pour la boucherie domine dans le département. Dans la vallée de la Loire, la viticulture est présente surtout dans le secteur de Pouilly-sur-Loire.

L'escargot de Bourgogne

Nommé également « gros-blanc », l'escargot de Bourgogne appartient à l'espèce Helix pomatia. Plus gros que le « petit-gris » de la côte atlantique, l'escargot de Bourgogne a une coquille plus claire. Sa cueillette étant très réglementée, il faut désormais, pour alimenter le marché français, importer l'essentiel de la production des pays de l'Est.

Les bonbons de l'impératrice

Conçue dans les années 1850 par Jules Bourumeau, confiseur à Nevers, la nougatine de Nevers est un simple bonbon ovale fait de caramel mêlé d'amandes hachées et enrobé d'un glaçage coloré. L'impératrice Eugénie, accompagnant l'empereur à Nevers, apprécia tant cette friandise qu'elle la fit connaître à Paris.

L'andouillette de Clamecy

C'est la création d'une aubergiste de Clamecy, la mère Chapuis, au début du XIXe siècle, qui serait à l'origine de l'andouillette actuelle qui fait la renommée de la ville. Les marchands de bois venus de la capitale pour négocier l'achat des troncs d'arbres ont vite adopté cette spécialité qu'ils ont ensuite fait connaître à Paris.

La rosette du Morvan

Il est facile de reconnaître ce long saucisson sec qui se caractérise par l'une de ses extrémités plus enflée que l'autre. Composée de maigre et de gras de porc assaisonnés, cette rosette se déguste découpée en fines rondelles.

Saupiquet de jambon

Ce jambon cuit tirerait son nom de la sauce relevée qui le nappe, composée des mots sal (sel) et picer (piquant).

Pour 8 personnes

6 tranches de jambon cru du Morvan
1 cuillerée à soupe de saindoux
1 cuillerée à soupe de farine
25 cl de vinaigre
30 cl de crème fraîche épaisse
Quelques grains de poivre
et de genièvre
25 cl de lait
50 g de beurre
20 cl de vin blanc sec
30 cl de bouillon de volaille
4 échalotes
Persil

- Mettre les tranches de jambon à dessaler dans le lait pendant 2 h.
- Dans une poêle, faire cuire les tranches de jambon, préalablement essuyés, dans le saindoux en les faisant bien dorer. Réserver au chaud.
- Dans une casserole, faire un roux avec le beurre et la farine. Ajouter les échalotes émincées et les faire blondir.
- Ajouter les grains de poivre et de genièvre, puis le vin, le vinaigre et le bouillon de volaille. Faire réduire environ 20 min à feu doux.
- Ajouter la crème fraîche et bien mélanger.
- Servir les tranches de jambon nappées de cette sauce.
- Saupoudrer de persil ciselé.

Vous pouvez accompagner ce plat de râpées morvandelles.

Les vins de Pouilly-sur-Loire

Cette commune, bien que située en Bourgogne, abrite deux AOC classées en Val de Loire : le pouilly-sur-loire et le pouilly-fumé. Cette dernière appellation viendrait de la pruine grise couvrant les grains de sauvignon, prenant une couleur de fumée. Elle s'applique également au goût s'apparentant à celui d'une pierre-à-fusil.

Charles Grelier

Confiseur à Nevers, Charles Grelier s'inspire de la visite en France en 1901 du négus Ménélik II, empereur d'Abyssinie, pour inventer une nouvelle friandise. S'inspirant de la couleur de peau du monarque, il crée le négus, un bonbon de caramel mou chocolaté enrobé de sucre. Sa création connaît un grand succès qui l'amène à décliner son bonbon avec l'abyssin, de couleur plus claire et au cœur de caramel au café.

La confiserie de La Charité

Le charitois est le petit cousin du négus dont il se différencie par sa forme rectangulaire. Ce bonbon de caramel enrobé de sucre fait la fierté de La Charité-sur-Loire où il est né en 1921. Et, pour faire bonne mesure dans la famille des bonbons nivernais, une petite sœur lui a été donnée en 1987, la charitoise, au praliné noisette enrobé de sucre.

Le pays de la chicorée

Nord

Le Blocus continental décrété par Napoléon, entraînant une pénurie de café et de sucre, a été à l'origine de l'essor de la chicorée et de la betterave sucrière. L'emblématique moules-frites et la fricadelle ne sont qu'un aspect d'une cuisine variée et originale.

MENU

Crevettes et lingots du Nord en salade

Les crevettes grises de Dunkerque associées aux haricots blancs sont à déguster avec du pain grillé frotté à l'ail fumé d'Arleux.

Carbonnade*

Gaufres à la vergeoise

Ces gaufres sont différentes des fines gaufres fourrées qui ont fait la renommée de la Maison Meert à Lille.

Bière brune

La langue Lucullus de Valenciennes

Devant son nom à un général romain fin gourmet, ce plat a été inventé vers 1930 par un restaurateur de Valenciennes qui mêla à la traditionnelle langue de bœuf fumée une mousse de foie gras. L'alternance des deux ingrédients lui donne une apparence de mille-feuille.

La famille « Maroilles »

Le maroilles serait issu de l'abbaye de Maroilles vers le XIIe siècle. Réputé pour son parfum puissant, il est tendre sous sa croûte orangée et connaît de nombreuses variantes : le dauphin, en forme de cétacé et aux herbes et épices, ou la boulette d'Avesnes, de forme conique et réalisée à partir de brisures de maroilles frais, de persil, de clous de girofle et recouverte de paprika. Sans oublier le gris de Lille, appelé « puant de Lille », qui subit une macération de trois mois dans une saumure. Autrefois très apprécié des mineurs, il se déguste avec le café ou un verre de genièvre.

La Perle du Nord

Ce label a été créé en 1980 par des producteurs d'endives pour promouvoir ce légume très particulier qui n'existe pas à l'état naturel. En effet, cette variété de chicorée amère est cultivée uniquement pour ses chicons, ces pousses blanchies qui sont obtenues par un forçage dans l'obscurité.

Carbonnade

D'origine flamande, la carbonnade est meilleure préparée la veille ou l'avant-veille.

Pour 4 personnes

1 kg de bœuf à braiser (gîte, paleron)
1 l de bière brune
250 g de lardons fumés
2 cuillerées à soupe de cassonade
4 oignons
25 g de beurre
1 bouquet garni
4 tranches de pain d'épice
Sel et poivre

- Couper la viande en morceaux.
- Dans une cocotte, faire fondre les oignons émincés dans le beurre. Ajouter les lardons et cuire 10 min en remuant.
- Ajouter les morceaux de viande, le bouquet garni, la bière et la cassonade.
- Assaisonner, mélanger et laisser cuire à couvert environ entre 2 et 3 h.
- Vers la fin de la cuisson, enlever le couvercle pour que la sauce épaississe un peu.
- Au moment de servir, intégrer à la sauce des tranches de pain d'épice grillées et coupées en morceaux.

Plus facile à déguster

… qu'à prononcer! Le potjevlesch est un plat dunkerquois composé de diverses viandes (poulet, lapin, porc et veau) marinées et prises en gelée. Il est servi froid coupé en tranches et garni de frites chaudes qui font fondre sa gelée.

Bêtise pardonnée

Ce bonbon à la menthe, né à Cambrai au milieu du XIXe siècle, suite à une erreur de proportion, est souvent imité (sottise de Valenciennes ou chique de Bavay). La production industrielle du sucre de betterave a favorisé la création de nombreuses friandises (babelutte de Lille, cacoule de Cateau-Cambrésis ou chuque du Nord) et de chocolateries comme «La pie qui chante» en 1860 ou Delespaul-Havez en 1848, à l'origine de la création du Carambar en 1950.

Le cramique

Cette brioche typique du Nord, souvent enrichie de sucre perlé ou de raisins secs, se trouve traditionnellement sur la table du petit déjeuner, accompagnée d'une confiture de rhubarbe.

Jean-Baptiste Alphonse Leroux

En 1858, Jean-Baptiste Alphonse Leroux achète à Orchies une manufacture qui produit du chocolat, de la moutarde, du tapioca et de la chicorée torréfiée. En 1871, après l'incendie de l'usine, il est décidé de ne plus produire que de la chicorée, dont la publicité est lancée sous les traits d'une Bretonne d'Audierne! Dans les années cinquante sont lancés la chicorée soluble puis le concentré liquide.

Oise

Le pays de la crème Chantilly

MENU

Flamiche aux poireaux*

Civet de chevreuil

La forêt de Chantilly est une réserve de chasse naturelle qui fournit un gibier abondant.

Petit gerberoy

Ce délice à base de fromage blanc renferme dans son cœur un confit de rose.

Vin rouge de Gerberoy

Bien que proche de Paris, l'Oise est tournée vers l'agriculture. Le nord, autour d'Amiens, est déjà le domaine des grandes plaines céréalières picardes, tandis que le sud subit plus l'influence de la capitale.

Quand Noyon voit rouge

Depuis des siècles, la région de Noyon cultive des fruits rouges, tout d'abord les cerises, rejointes par les cassis, puis les groseilles et les fraises. Une grande fête leur est même consacrée le premier dimanche de juillet : ils sont mis à l'honneur frais ou sous la forme de jus, confitures, pâtes de fruits et même vinaigres.

François Vatel

D'origine suisse, François Vatel a marqué l'Oise par sa célèbre crème Chantilly. Il aurait présenté ce dessert pour la première fois à Vaux-le-Vicomte lors du somptueux repas donné en 1661 en l'honneur de Louis XIV par Fouquet. Il aurait d'ailleurs adapté une recette déjà connue au XVIe siècle par les Italiens qui la nommaient «neige de lait»... Par la suite au service du prince de Condé à Chantilly, il nomme cette crème du nom du château. C'est là même que, par conscience professionnelle, il met fin à ses jours en 1671 suite à une livraison de poissons arrivée en retard.

Couché dans le foin

C'est dans un douillet cocon de foin que la tomme au foin est affinée. Cette tradition avait autrefois pour but de protéger ce fromage, de le conserver dans l'humidité afin qu'il poursuive son affinage en dehors d'une cave et de lui donner un arôme d'herbes coupées.

Un VIN fossile

Le ginglet, produit dans l'Oise et sa région, a aujourd'hui disparu, victime du phylloxéra. Cette vigne produisait un petit vin un peu aigre et pétillant, destiné à la consommation locale. Il en reste trace dans la dénomination des débits de boissons. En effet, en picard, le mot gingler signifie sauter ou gigoter et a donné son nom aux guinguettes des bords de l'eau.

Flamiche aux poireaux

Vous pouvez accompagner votre flamiche d'une salade de cresson de fontaine de la région de Bresles.

Pour 8 personnes

2 pâtes brisées ou feuilletées	3 poireaux
3 œufs	15 cl de lait
25 cl de crème fraîche épaisse	50 g de beurre
Noix muscade	Sel et poivre

- Laver soigneusement les poireaux, les détailler en fines rondelles et les faire suer dans une grande poêle avec le beurre pendant au moins 30 min jusqu'à ce qu'ils soient fondus et aient pris une belle couleur.
- Hors du feu, mélanger les poireaux avec le lait et la crème fraîche.
- Battre les œufs en omelette et les ajouter au mélange. Saler, poivrer et râper un peu de muscade.
- Abaisser la première pâte dans un moule à tarte. Piquer avec une fourchette.
- Étaler l'appareil sur la pâte et recouvrir avec la seconde abaisse. Décorer avec la pointe d'un couteau et pratiquer une petite cheminée au centre.
- Mettre au four préalablement chauffé à 180 °C (th. 6) et cuire 40 min. Servir très chaud.

Le dessert de Napoléon

Le gâteau de Compiègne aurait été créé par Antonin Carême pour le premier repas partagé par Napoléon Ier et sa future épouse Marie-Louise à Compiègne en 1810. Un baba est coupé en tranches qui sont disposées en couronne et intercalées avec des tranches d'ananas cuites dans un sirop. L'ensemble est ensuite arrosé d'un sirop parfumé d'une liqueur de cerise, kirsch ou marasquin.

Le petit'picard

Le petit-suisse est normand après avoir été picard ! Ce petit fromage frais mélangé à de la crème serait né à Villers-sur-Auchy, dans la ferme de Mme Hérould, sur les conseils de son vacher suisse lui suggérant d'ajouter de la crème à son caillé. Le « fromage de la mère Hérould » connaissant un grand succès, l'un des commissionnaires des Halles de Paris, un certain Charles Gervais, s'associa avec Mme Hérould pour le produire dans une fromagerie à laquelle il donnera son nom mais située en Normandie !

Orne

Le pays du camembert

L'Orne est principalement composée de bocages. Son élevage bovin est consacré aux vaches laitières pour la production de lait, beurre et fromages, mais la culture des pommiers à cidre perdure encore.

MENU

Crème brûlée au camembert*

Poule au blanc

Cette poule au pot normande est cuite avec des légumes et servie nappée d'une sauce blanche à base de crème fraîche.

Bec de Flers

Ce chausson feuilleté est fourré d'une compote de pommes et de rhubarbe.

Cidre brut

Il y a camembert et camembert...

Le mot camembert est devenu un terme générique désignant un fromage au lait de vache à pâte molle à croûte fleurie. Pour se démarquer d'une fabrication pléthorique, une filière de producteurs a obtenu l'appellation contrôlée pour le « camembert de Normandie ». Un strict cahier des charges porte sur l'origine du lait, la durée de pâturage des vaches, leur alimentation, la fabrication et jusqu'à la commercialisation, obligatoirement dans une boîte en bois.

Les tripes en brochette de La Ferté-Macé

Il ne s'agit pas de brochettes mais de paquets, constitués de panses entourant divers abats, maintenus fermés par un petit bâton de bois. Cette façon de servir des parts équitables évite que certains convives ne soient lésés par de plus gros mangeurs... Mais il est également possible de servir ces tripes en vrac dans une sauce.

Noir ou blanc ?

C'est du boudin ! La recette de celui d'Essay aurait été donnée en 1870 par un soldat prussien à un charcutier qui a fait de ce boudin blanc un plat incontournable de Noël. Le boudin de Mortagne, noir car réalisé avec du sang de porc additionné d'oignons et de crème fraîche (on est en Normandie !), remonte à l'époque romaine quand les sangliers abondaient dans la région. Mortagne est ainsi devenue la capitale du boudin.

Le sablé de l'abbaye

Pas de produit monastique ici mais la création d'un boulanger, Georges Lautour, établi à Lonlay-l'Abbaye. Il fabrique ce sablé en 1941 et ses successeurs créent par la suite en 1964 la Biscuiterie de l'Abbaye qui élargit sa production à différents biscuits toujours « pur beurre ».

Crème brûlée au camembert

Une entrée originale qui met en valeur le fleuron de la gastronomie normande.

Pour 6 personnes

1 camembert de Normandie
30 cl de crème fraîche épaisse
Noix muscade
Sel et poivre
30 cl de lait
3 œufs + 2 jaunes
Parmesan

- Couper le camembert en morceaux dans un grand saladier et le mélanger au mixeur avec le lait, la crème fraîche, les œufs entiers et les jaunes, pour obtenir un mélange le plus fin possible. Au besoin, passer au chinois.
- Ajouter une pincée de noix muscade. Saler et poivrer.
- Verser le mélange dans des ramequins à crème brûlée. Les déposer dans un grand plat allant au four, verser de l'eau autour.
- Mettre au four préalablement chauffé à 120 °C (th. 4) et cuire 30 min. Laisser refroidir au four.
- Au moment de servir, saupoudrer les crèmes de parmesan et les passer sous le gril 2 à 3 min. Servir aussitôt.

L'andouillette d'Alençon

La dentelle n'est pas la seule spécialité d'Alençon. Son andouillette est célèbre pour sa fabrication à base de fraise de veau. Cela lui a hélas valu son interdiction en raison des risques sanitaires liés à ce produit qui peut être remplacé par de la panse de veau, sans risque mais moins goûteuse.

Marie-Christine Harel

Née en 1761 à Crouttes, Marie-Christine Fontaine épouse Jacques Harel à Camembert et s'installe avec lui à Roiville. Pour perfectionner la fabrication d'un fromage local déjà réputé, elle aurait suivi les conseils de Charles-Jean Bonvoust, prêtre réfractaire réfugié dans la région. Originaire de la Brie ou, d'après d'autres sources, du pays de Caux, cet homme lui aurait transmis la recette pour obtenir un fromage à croûte fleurie.

Une poire en croûte

Le douillon est une poire évidée, farcie de sucre parfumé, gelée ou confiture, puis enveloppée dans une pâte brisée ou feuilletée et cuite au four. Il n'est pas interdit d'ajouter une lampée de calvados Le bourdelot, variante de ce dessert, remplace la poire par une pomme.

Pas-de-Calais

Le pays de la pomme de terre

MENU

Caudière

Cette soupe de poisson, de moules et de pommes de terre, doit son nom au chaudron qui servait à la cuire.

Dinde de Licques aux marrons*

Tarte au libouli

Cette tarte faite d'une pâte briochée à hauts bords doit son nom au flan au lait bouilli qui la garnit.

Bière brune

Le Pas-de-Calais compte de nombreux ports de pêche côtière et surtout le premier port de pêche de France, Boulogne-sur-Mer. L'agriculture, tournée vers les céréales, le houblon et les plantes sarclées, pratique aussi le maraîchage et l'élevage bovin laitier.

La Pomme de terre.

Le Genièvre. — Liqueur forte.

Le genièvre

Cet alcool venu de l'Europe du Nord est une eau-de-vie de grain distillée avec des baies de genévrier. Utilisé en cuisine, dans les charcuteries et les sorbets, son usage le plus courant a longtemps été en accompagnement du café, alors baptisé «bistouille».

Le royaume des patates

Avec le Nord, le Pas-de-Calais fournit un tiers de la production française de pommes de terre. La bintje, venue des Pays-Bas, s'adapte à tout type de préparation. La ratte, qui doit son nom à sa ressemblance à une souris, serait originaire du Lyonnais et de l'Ardèche mais s'est très bien adaptée dans la région du Touquet.

Clémence Lestienne

Née en 1839 à Festubert, Clémence Lestienne se fait connaître pour son pain d'épice et ses couques de Dinant, mais aussi pour sa forte pilosité. Surnommée la femme à barbe, elle vend ses créations sur les marchés et les champs de foire, jouant de son apparence pour attirer les clients.

Le poisson ROI

Frais, le hareng est frit, cuit en papillote ou encore à la dieppoise, au vin blanc ou au vinaigre. Mais c'est fumé qu'il est le plus apprécié : le kipper, peu salé et présenté en filets, ou encore le bouffi, fumé entier. Le hareng saur, appelé gendarme, plus salé et conservé entier, a longtemps été exporté dans toute l'Europe. Enfin, le hareng se prête aux conserves, préparé au vin blanc ou à la sauce tomate comme les fameux pilchards.

So british !

La proximité du Pas-de-Calais avec la côte anglaise est à l'origine de deux plats implantés dans la région. Le *welsh rabbit*, sorte de croque-monsieur, est composé d'une tranche de pain grillé recouvert de cheddar fondu avec de la bière, parfois enrichi d'un œuf ou de jambon. Et nul besoin de traverser le Channel pour déguster le *plum* pudding, présent sur les tables du Pas-de-Calais lors des fêtes de Noël.

Dinde de Licques aux marrons

Licques est réputée pour ses dindes, élevées à l'origine par les moines de Prémontré.

Pour 8 personnes

1 dinde de Licques
150 g de gras de porc
1 boîte de marrons
3 échalotes de Busnes
1 barde de lard Huile
Sel et poivre
250 g de viande de porc (maigre)
100 g de lardons
2 pommes
50 g de beurre

- Vider et nettoyer la dinde.
- Faire revenir dans le beurre les échalotes hachées, avec les lardons.
- Ajouter la viande et le gras de porc hachés, la chair des pommes coupées en petits morceaux, ainsi que les marrons égouttés et brisés. Assaisonner et bien mélanger.
- Remplir la dinde de cette farce et refermer. L'entourer avec la barde et huiler l'ensemble.
- Mettre dans un plat allant au four avec un peu d'eau.
- Cuire au four préchauffé à 180 °C (th. 6) le temps nécessaire (40 min/kg). Arroser la dinde avec le jus et ajouter de l'eau au besoin.
- Découper la dinde et présenter les morceaux avec la farce dans un plat chaud. Servir le jus à part.

L'anguille au vert

Dans ce plat originaire des Flandres qui se mange chaud ou froid, les anguilles sont apprêtées avec une sauce composée d'un hachis de nombreuses plantes et herbes fraîches telles que le cresson, le persil, le cerfeuil, l'oseille, la sauge ou encore la menthe, qui lui donnent une couleur verte caractéristique.

En rouge et noir

La rouge flamande est une race bovine française issue du croisement de trois vaches originaires du Nord. La richesse de son lait en protéines et les qualités gustatives de sa chair l'ont sauvée de l'oubli. Cette belle vache à la robe acajou et à la tête noire est désormais de nouveau visible dans les prés.

Puy-de-Dôme

Le pays de la pâte de fruits

La culture des arbres fruitiers sur les pentes des anciens volcans et celle de la betterave sucrière ont favorisé la fabrication des pâtes de fruits jadis renommées. L'élevage laitier est à l'origine de grands fromages.

MENU

Velouté de courge au bleu d'Auvergne

Quelques copeaux de bleu d'Auvergne sont déposés sur l'assiette de soupe.

Gigot brayaude*

Pompe aux pommes

Servie lors des travaux des champs, la pompe est faite de deux abaisses de pâte enfermant des lamelles de pomme aromatisées.

Côtes-d'auvergne Chanturgue rouge

Les confitures sèches

Mets de luxe en raison du prix élevé du sucre de canne, les pâtes de fruits se démocratisent avec le développement de la betterave sucrière dans la plaine de la Limagne au XIXe siècle. Le duc de Morny reprend en 1835 la sucrerie de Bourdon à Clermont-Ferrand qui fournit en sucre les confiseries locales.

Signe visible de richesse

Le gaperon était autrefois fabriqué avec le babeurre (gape en patois), liquide qui restait après la fabrication du beurre. Caillé et mélangé avec du poivre et de l'ail, il était moulé et suspendu dans un torchon noué aux poutres de la cuisine. Leur nombre étant révélateur de la quantité de beurre fabriqué dans la ferme, il était aisé d'évaluer la richesse des habitants… et par là même l'importance de la dot accordée aux filles à marier !

Antoine Roussel

Au milieu du XIXe siècle, Antoine Roussel fabrique à Laqueuille un fromage au lait cru de vache parfois marqué de moisissures bleues. Appréciant cette saveur, il décide de les provoquer en incorporant des moisissures de pain de seigle à ses fourmes blanches, inventant la technique du « piquage », méthode à l'origine du bleu de Laqueuille et du bleu d'Auvergne.

Gigot brayaude

Ce gigot, qui se déguste à la cuillère, tirerait son nom des braies, les anciens pantalons des Gaulois.

Pour 8 personnes

1 gigot d'agneau de 1,5 à 2 kg
4 gousses d'ail rose de Billom
3 oignons
150 g de lardons
2 bardes de lard
1,5 kg de pommes de terre
50 g de beurre
50 cl de bouillon
1 bouquet garni
Sel et poivre

- Piquer le gigot avec les gousses d'ail.
- Le faire dorer de tous les côtés dans le beurre avec les lardons et les oignons ciselés. Assaisonner et réserver.
- Éplucher les pommes de terre et les couper en rondelles pas trop fines.
- Tapisser le fond d'une grande cocotte avec une barde de lard. Déposer dessus les tranches de pommes de terre et le bouquet garni.
- Déposer le gigot avec les lardons et les oignons, assaisonner et couvrir avec la seconde barde. Recouvrir de bouillon et mettre le couvercle de la cocotte.
- Mettre au four à 180 °C (th. 6) et cuire entre 2 h 30 et 3 h. Ajouter de l'eau si le bouillon a trop réduit.

À Châtel-Guyon, on ajoute des haricots rouges.

L'eau des volcans

Puisée dans la chaîne des Puys, l'eau de Volvic, bénéficiant d'une faible minéralité, est filtrée par diverses couches de roches volcaniques qui l'enrichissent d'oligoéléments rares. Commercialisée depuis 1938, elle est recommandée en traitement des affections urinaires.

Le fromage de SEIGLE

Jusqu'au XVIIe siècle, le saint-nectaire s'appelait ainsi car il était alors affiné sur de la paille de seigle. Fromage au lait cru de vache, il est dit fermier. Fabriqué avec du lait pasteurisé, il est alors appelé laitier. Louis XIV l'a vite adopté et sa présence est devenue indispensable sur un plateau de fromages digne de ce nom.

Le murol et son trou

Créé durant l'entre-deux-guerres par un affineur de Clermont-Ferrand, le murol est un fromage proche du saint-nectaire, percé à l'emporte-pièce en son centre afin d'en accélérer l'affinage. Sa forme en anneau le rend vite reconnaissable. Son centre, baptisé « trou de murol » ou murolait, est recouvert de paraffine rouge et vendu séparément.

Appréciée de César

Une légende cite la fourme d'Ambert dans un repas de César alors en route pour Gergovie. C'est l'un des bleus les plus doux et il se marie aisément avec du sucré. Rochefort-Montagne fabrique aussi une fourme, à pâte pressée non cuite et non persillée.

Pyrénées-Atlantiques

Le pays du piment

MENU

Ttoro

Cette soupe est un peu la bouillabaisse du Pays basque.

Poulet basquaise

Le poulet est cuit avec une garniture proche de la piperade.

Gâteau basque*

Irouléguy rouge

Ce département est essentiellement tourné vers l'élevage et un peu de viticulture tandis que sa côte abrite de nombreux ports de pêche. Sa gastronomie est doublement influencée par le Pays basque et le Béarn.

Le piment d'Espelette

Avec le piment doux et le poivron, le piment d'Espelette est très présent dans la gastronomie locale. La variété Gorria est cultivée à Espelette depuis 1650 et remplace avantageusement le poivre. Fruit charnu mis à sécher et transformé en poudre, il accompagne de nombreux plats comme l'axoa (émincé de bœuf), l'elzekaria (soupe de chou et de haricots) et se trouve à la base de la piperade.

Victime de la turlute

Le chipiron, appellation basque du calmar ou encornet, se pêche à la turlute, leurre hérissé d'hameçons imitant une petite crevette. Une fois débarrassé de son os et de sa poche d'encre, il est très apprécié à Hendaye farci avec du jambon de Bayonne.

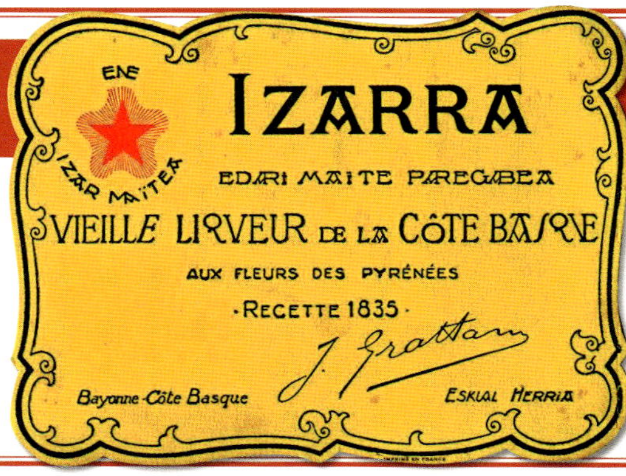

Joseph Grattau

Pharmacien à Bayonne, Joseph Grattau copie en 1906 une liqueur locale réputée, la liqueur d'Hendaye, en créant sa propre liqueur à base de plantes, d'épices et d'armagnac, qu'il baptise Izarra (« Étoile » en basque). Elle se décline sous deux principales versions, la verte à la saveur de menthe poivrée et la jaune dont la note dominante est le miel d'acacia.

L'or noir d'Itxassou

C'est du petit village basque d'Itxassou qu'est originaire la célèbre confiture de cerises noires, élaborée à partir de variétés locales. Très parfumée, elle est utilisée pour fourrer le gâteau basque ou pour accompagner le fromage de brebis comme l'ossau-iraty.

Le malheur des uns...

Élaboré avec du lait de brebis, l'ossau-iraty doit sa renommée actuelle à la crise qui a touché la production du roquefort dans les années soixante-dix. Le lait de brebis de la région a alors été consacré à ce fromage local qui a vu sa production croître et atteindre le marché national.

Le chocolat du Saint-Esprit

La tradition du chocolat est née dans le quartier du Saint-Esprit à Bayonne. Rapporté du Mexique, puis importé par des juifs portugais chassés par l'Inquisition et réfugiés à Bayonne au XVIe siècle, le chocolat est alors consommé en boisson chaude parfumée à la cannelle. La reine de France Anne d'Autriche le fait ensuite connaître à la cour de Louis XIII.

Le jambon de Bayonne

Devant son nom au port qui a permis de l'exporter, le jambon de Bayonne est protégé par une IGP qui garantit les conditions d'élevage et d'abattage des porcs (souvent de race basque) ainsi que le sel utilisé qui doit provenir des rives de l'Adour, essentiellement du sel de Salies-de-Béarn.

Un vin de baptême

Selon une légende tenace, Henri II de Navarre, lors du baptême de son petit-fils, le futur Henri IV, lui aurait fait boire quelques gouttes de jurançon. Ce vin blanc est issu d'un vignoble situé dans le Béarn entre Oloron-Sainte-Marie et Pau.

Gâteau basque

La pâte sablée qui compose ce gâteau est toujours la même, seule la garniture peut changer.

Pour 8 personnes

Pour la pâte :
3 œufs + 2 jaunes
150 g de sucre
300 g de farine
180 g de beurre mou
1 pincée de sel

Pour la crème :
50 cl de lait
3 jaunes d'œufs
100 g de sucre
40 g de farine
1 sachet de sucre vanillé
2 cuillerées à soupe de rhum

Décor :
1 jaune d'œuf

- Préparer la pâte : mélanger les œufs et les jaunes avec le sucre et le sel. Ajouter le beurre puis la farine. Laisser reposer.
- Préparer la crème : faire bouillir le lait avec le sucre vanillé. Dans un saladier, mélanger le sucre avec la farine, les jaunes d'œufs et le rhum. Verser progressivement le lait chaud dessus en remuant vivement. Mettre à épaissir sur feu doux tout en remuant. Laisser refroidir.
- Tapisser un grand moule à tarte avec les deux tiers de la pâte et la piquer. Remplir avec la crème froide, recouvrir avec le reste de pâte et bien coller l'ensemble. Badigeonner avec le jaune d'œuf battu et réaliser des croisillons avec une fourchette.
- Mettre au four préchauffé à 180 °C (th. 6) et cuire 45 à 50 min.

Hautes-Pyrénées

Le pays du tarbais

MENU

Massacanat

Cette omelette enrichie d'oignons et de viande de veau est souvent dégustée à Pâques.

Alicuit de canard*

Tourte des Pyrénées

Cette croustade moelleuse est souvent garnie de myrtilles.

Bigorre rouge

Son agriculture est principalement tournée vers l'élevage, ainsi que la culture du maïs. Les coteaux sont également occupés par du vignoble. Mais le fleuron de sa production reste le haricot tarbais, cultivé dans la Bigorre.

Mariés pour le meilleur et pour le pire

Introduit dans la région en même temps que le maïs, le haricot tarbais a longtemps été associé à ce dernier. Le haricot, étant une plante grimpante, a besoin d'un tuteur pour se développer. Il a ainsi été d'usage de semer un grain de haricot pour deux grains de maïs. Ce mariage de raison a tourné à l'avantage du maïs lorsque, dans les années cinquante, les maïs hybrides à haut rendement ont failli éclipser la culture du haricot.

Bonbons sur ordonnance

Au XIXe siècle, Cauterets attirait des personnalités du tout-Paris venues pour ses eaux thermales qui soignaient les voies respiratoires et en particulier la gorge. Ces eaux riches en soufre laissaient un arrière-goût amer que les médecins préconisaient de combattre en suçant des bonbons. Ainsi sont nés les berlingots de Cauterets, disponibles dans une trentaine de parfums.

Le vin de Madiran

L'origine de ce vin rouge corsé et riche en tanin remonte à la fondation du monastère de Madiran au XIe siècle. Il doit sa renommée aux pèlerins en route vers Compostelle qui l'ont fait connaître comme vin de messe. Vin de l'esprit, il serait aussi bénéfique pour le corps : de tous les vins du monde, il serait celui qui contient le plus de polyphénols bénéfiques pour le système cardio-vasculaire.

Alicuit de canard

Ce ragoût d'abattis de volaille doit son nom au patois gascon ale y cot signifiant «ailes et cous».

Pour 4 personnes

Abats de canard
(4 cous, 8 ailerons, 4 gésiers)
2 navets
1 petit bocal d'olives
1 gousse d'ail
4 grosses pommes de terre
2 cuillerées à soupe
de graisse de canard

4 carottes
1 oignon
1 cuillerée à soupe de farine
20 cl de vin blanc
70 cl de bouillon
Sel et poivre

- Dans une sauteuse, faire colorer les morceaux de viande saupoudrés de farine avec 1 cuillerée à soupe de graisse de canard.
- Dans une poêle, faire cuire dans le reste de graisse les carottes et les navets coupés en rondelles, l'oignon émincé et l'ail écrasé.
- Ajouter les légumes dans la sauteuse, mouiller avec le bouillon et le vin blanc. Ajouter les olives sans leur jus. Assaisonner.
- Couvrir et laisser cuire à feu doux 30 min.
- Ajouter les pommes de terre épluchées et coupées en morceaux.
- Cuire encore 30 min.

Le porc noir de Bigorre

Très ancienne race locale, ce cochon est, comme son nom l'indique, tout noir de son museau à ses ongions. Élevé de façon rustique avec ce qu'il trouve dans les pâturages et sous-bois qu'il fréquente, il sert à produire des jambons réputés et le saucisson noir de Bigorre.

Rentrez vos mouchoirs

Présentant une forme allongée semblable à une quenouille, l'oignon produit à Trébons, dans la Bigorre, possède une saveur douce et sucrée. Il est aussi peu lacrymogène (il ne fait pas pleurer quand on l'épluche) et se digère très facilement.

La tomme des Pyrénées

Ce fromage au lait pasteurisé de vache se présente sous une coque de paraffine qui, en imperméabilisant la pâte, stoppe son affinage. Selon la couleur de cette croûte, il prend une apparence noire (21 jours d'affinage) ou dorée (45 jours d'affinage).

Monseigneur de Poudenx

Évêque à Tarbes au XVIIIe siècle, Mgr de Poudenx, pour lutter contre la famine fréquente dans les campagnes de son diocèse, ramène d'Espagne ce haricot qui s'adapte très bien au climat et au terroir de la région. D'abord nommé «haricot de Tarbes», il prend par la suite le nom de haricot tarbais. Récolté «frais» ou sec, sa chair est fondante et non farineuse et sa peau fine. Il est notamment connu pour être l'ingrédient majeur du cassoulet.

Pyrénées-orientales

Le pays des anchois

MENU

Coques catalanes

Également appelées cocas, ces petites brioches, souvent garnies de préparations sucrées, sont délicieuses en entrée avec des poivrons, des harengs et des anchois.

Thon à la catalane*

Crème catalane

Cette crème brûlée, parfumée avec des zestes de citron, peut être servie accompagnée de rousquilles ou de bunyetes.

Côtes-du-roussillon rouge

Le tourteau à l'anis

À l'origine spécialité de Villefranche-de-Conflent, le tourteau à l'anis s'est généralisé dans toute la région. Cette brioche en forme de couronne parfumée aux graines d'anis se sert principalement à Noël ou, agrémentée de fruits confits, pour l'Épiphanie.

Les vergers occupent une grande place avec le maraîchage et la viticulture, dominée par la production de vins doux naturels. La gastronomie est très influencée par la Catalogne voisine.

Le département rouge

Le rouge domine sur les étalages des marchés. Citons l'abricot rouge du Roussillon, fruit orangé tacheté de rouge et à la chair juteuse et sucrée; la cerise de Céret, première cueillie en France et surtout représentée par la burlat; l'oignon de Toulouges, de forme ronde aplatie, qui cache sous sa robe rouge rubis une chair blanche douce et presque sucrée qui le fait apprécier cru en cuisine. Enfin, si l'on élargit un peu la palette des couleurs, on retiendra également l'artichaut violet du Roussillon.

Pallade et Simon Violet

Anciens bergers devenus commerçants en tissus et en vins à Thuir, ces deux frères créent en 1866 une boisson tonifiante à base de vins du Roussillon et de quinquina qu'ils écoulent dans les pharmacies. Puis, pour élargir leur clientèle, ils modifient la recette en 1873, présentent leur boisson comme apéritive et la baptisent BYRRH. Ils se seraient inspirés pour cela des lettres du nuancier d'un coupon d'étoffe de leur boutique. Un nom qui, phonétiquement, desservit sa promotion chez les Anglo-Saxons qui l'ont confondu avec de la bière…

Thon à la catalane

Ce plat se sert également froid en entrée.

Pour 4 personnes

- 2 darnes de thon frais
- 2 oignons
- 2 gousses d'ail
- 1 grosse boîte de tomates pelées
- 2 poivrons rouges
- Quelques cornichons
- Huile d'olive
- Thym et laurier
- Sel et poivre

• Dans une cocote, faire cuire à feu doux les darnes de thon dans un peu d'huile d'olive.
• Ajouter les oignons émincés, l'ail écrasé, les poivrons coupés en lanières et la boîte de tomates, ainsi que le thym et le laurier. Assaisonner.
• Couvrir et cuire à feu doux 20 min. Ajouter les cornichons coupés en rondelles en fin de cuisson.
• Servir avec du riz.

Le royaume des vins doux

Issu de vignes plantées sur les coteaux de la Côte vermeille, le banyuls est un vin doux naturel produit uniquement sur les communes de Banyuls-sur-Mer, Collioure, Port-Vendres et Cerbère. Titrant 16 % vol., il se décline principalement en rouges et en rosés et sous trois types, le banyuls traditionnel, le banyuls « rimage » et le banyuls « grand cru ». Il se déguste souvent en dessert mais également à l'apéritif. Quant au muscat de Rivesaltes, certainement le plus connu de la grande famille des muscats, il se sert également à l'apéritif mais accompagne aussi les foies gras et les desserts.

Le bras de gitan

Voici un nom très évocateur pour un gâteau très simple puisqu'il s'agit d'un biscuit roulé réalisé avec une génoise fourrée à la crème pâtissière. Un dessert savoureux qui rend hommage à cette population nomade aujourd'hui sédentarisée et présente notamment à Perpignan.

L'ouillade

Cette potée à base de porc et de légumes est une spécialité catalane qui doit cuire 3 h. Après ce laps de temps, les viandes et les légumes de ce plat très copieux fondent dans la bouche.

Les anchois de Collioure

Collioure doit en partie sa renommée à ces poissons argentés, pêchés de nuit à l'aide d'un lamparo qui les attire vers les filets. Ils se consomment essentiellement en conserve, au sel, en saumure ou enfin à l'huile et se prêtent alors à de multiples recettes.

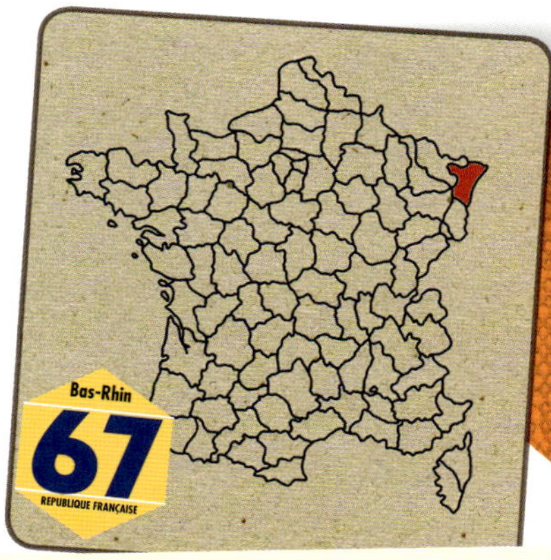

Bas-Rhin

Le pays de la quetsche

MENU

Foie gras d'oie

L'élevage des oies en Alsace remonte à l'époque romaine et le gavage y est devenu une spécialité.

Baeckeoffe

Cette potée aux trois viandes (porc, mouton et bœuf), aux pommes de terre et au vin blanc, qui doit son nom au four du boulanger, est d'origine hébraïque.

Tarte au fromage blanc*

Pinot noir

Le Bas-Rhin a conservé quelques particularismes de son occupation allemande durant un demi-siècle. C'est un important producteur de bières et sa riche gastronomie bénéficie de vins prestigieux.

La quetsche d'Alsace

Belle prune galbée à la robe violette, la quetsche possède une chair jaune ferme et sucrée. Délicieuse en confiture, eau-de-vie ou clafoutis, c'est en tarte qu'elle est le plus consommée.

Bienvenue au winstub

À partir de 1870, les Alsaciens se sont retrouvés dans les winstubs, par opposition aux bierstubs des Allemands. Permettant aux vignerons d'écouler leur surplus, ils sont devenus des lieux de convivialité où le vin, servi en pichet, accompagne les spécialités culinaires ou des bretzels, petits pains frais briochés recouverts d'éclats de sel que l'on déguste sur les tables recouvertes de nappes en kelsch à carreaux rouges et blancs.

La « pizza alsacienne »

La *flammeküche*, tarte de pâte fine garnie d'oignons émincés, de crème, de fromage blanc et de lardons, était autrefois cuite dans le four à bois à feu très vif, avant même la cuisson du pain, à la flamme, d'où son nom de tarte flambée. Découpée en rectangles, ceux-ci étaient roulés avec les doigts et dégustés brûlants.

La choucroute

Désignant à la fois le chou fermenté coupé en fines lamelles et le plat de chou accompagné de cochonnailles et de pommes de terre, la choucroute est l'emblème de l'Alsace. Mais c'est de la lointaine Chine que ce mode de préparation du chou aurait été importé par les Huns au ve siècle. Il en existe de nombreuses variantes au vin blanc, à la bière, au kirsch (Colmar) ou encore à l'oie ou au saumon pour les jours de jeûne.

Il est fort, le raifort !

Également appelé « moutarde des Allemands », ce condiment porte le nom de la plante dont il est tiré. Sa racine noire à la chair blanche est râpée et se mange crue, marinée ou cuite. Autrefois utilisé pour ses propriétés digestives et sa richesse en vitamine C, il relève avec sa saveur piquante de nombreux plats alsaciens.

Yvonne Haller-Zimmer

Née en 1931 à Siltzheim, Yvonne Zimmer acquiert en 1956 un winstub fondé à Strasbourg en 1873 par Eugène Jacquemet, S'Burjerstuewel (Au poêle des paysans). Elle fait de ce restaurant, rebaptisé Chez Yvonne, qu'elle tient jusqu'en 2001, un lieu emblématique de la gastronomie locale.

Tarte au fromage blanc

Ce dessert était souvent servi en hiver quand il y avait moins de fruits.

Pour 8 personnes

- 1 pâte brisée
- 10 cl de crème fraîche
- 150 g de sucre
- 50 g de farine
- 750 g de fromage blanc
- 4 œufs
- 1 sachet de sucre vanillé
- Beurre pour le moule

- Foncer un moule à manqué préalablement beurré avec la pâte et piquer le fond avec une fourchette.
- Casser les œufs en séparant le blanc des jaunes.
- Mélanger le fromage blanc, la crème fraîche, les jaunes d'œufs, le sucre, le sucre vanillé et la farine.
- Monter les blancs en neige et les incorporer délicatement à la préparation.
- Verser le tout sur la pâte et mettre à cuire dans le four préchauffé à 180 °C (th. 6) pendant 45 à 50 min.
- Lorsque la tarte est cuite, attendre 5 min puis la démouler à l'envers sur une grille. Une fois refroidie, la retourner sur un plat de service.

Saucisses et Cie

La plus populaire des saucisses d'Alsace est sans doute la saucisse de Strasbourg, aussi appelée knack, qui doit son nom au bruit lorsqu'elle éclate sous la dent. Le cervelas, plus dodu avec une chair fine et une peau rouge, se déguste le plus souvent coupé en tranches. Un peu moins connues mais tout aussi délicieuses, citons les saucisses de viande, de bière, à cuire, à frire ou encore de pomme de terre. Enfin, il ne faut pas oublier les saucisses de foie et à tartiner dont la pâte se déguste étalée sur du pain.

Le pays du munster

Partagé entre le massif vosgien et la plaine d'Alsace, le Haut-Rhin produit du vin, des céréales et du houblon. Sa gastronomie est très influencée par ses voisins d'Europe centrale et la tradition juive très présente.

Les vins d'Alsace

Le vignoble alsacien produit surtout des vins blancs et des mousseux réputés pour leur arôme et leur puissance en sucre et en alcool, comme le gewurztraminer, le riesling ou le pinot (anciennement appelé tokay). Moins parfumé, le sylvaner se marie très bien avec la choucroute tandis que le crémant d'Alsace est devenu le premier mousseux consommé en France après le champagne.

Un Noël gourmand

La pâtisserie est à l'honneur à Noël avec la christolle, gâteau de brioche aux amandes, raisins, le berawecka, pain fourré aux fruits secs et aux fruits confits (autrefois servi pour la Pâque juive), le pain d'épice ou encore le mannala, pain au lait à la forme de petit bonhomme (dégusté dès le 6 décembre pour la Saint-Nicolas). Enfin les bredele, petits biscuits aux formes et aux saveurs diverses, sont indissociables des fêtes de fin d'année.

Quand l'Autriche s'invite à table

L'apfelstrudel, petit chausson fourré d'une farce de pommes, raisins secs, amandes et épices, est emblématique de cette tradition culinaire importée d'Europe centrale. De même que la linzertorte, tarte à la confiture de framboises recouverte de croisillons de pâte. Cette dernière, parfumée à la cannelle, donne toute son originalité à cette tarte originaire de Linz.

Émile Moench

Né en 1875 à Montreux-Vieux alors annexé à l'Allemagne, Émile Moench commercialise en 1896 à Igney-Avricourt une levure de sa fabrication dans un sachet rose. Puis il installe sa société Alsa à Nancy et diversifie sa production à partir de 1930 avec des préparations pour desserts dont le célèbre flan. En 1936, il édite *280 recettes de pâtisserie Alsa*, premier livre de recettes qui sera diffusé à plusieurs millions d'exemplaires.

Carpe frite

Issue de la tradition culinaire juive, la carpe frite a donné son nom à une route touristique.

Pour 4 personnes

1 carpe
Semoule de blé dur fine
Huile de friture
Sel et poivre
Citron
Mayonnaise

- Laver et nettoyer la carpe. La découper en darnes et bien essuyer ces dernières.
- Rouler les darnes dans la semoule et les plonger dans l'huile bouillante.
- Égoutter, assaisonner et servir avec un filet de citron et une mayonnaise.
- Vous pouvez accompagner le plat d'une salade verte.

MENU

Salade de chou rouge

Détaillé cru en fines lamelles, le chou rouge est très apprécié avec une vinaigrette.

Carpe frite*

Kougelhopf

Cette brioche garnie de raisins secs, à la forme de couronne torsadée, serait originaire de Ribeauvillé.

Riesling

« Qui voit Altkirch boit du kirsch »

Eau-de-vie très populaire, cette liqueur de cerise est omniprésente dans le Haut-Rhin, notamment à Altkirch mais aussi dans la « vallée du kirsch » autour de Ribeauvillé. De l'allemand Kirsche « cerise », le *kirsch* s'adapte aussi bien aux préparations salées (fondue, pâté) que sucrées (savarin, mousse, sorbet).

Un nid d'oiseau

C'est ce à quoi ressemblent les spätzle (du mot souabe signifiant « oiseau »), fines lamelles de pâte, lorsqu'elles sont déposées dans une assiette. Leur cuisson à l'eau est toujours délicate du fait du manque de consistance de la pâte qui rend sa découpe difficile. Les spätzle se dégustent avec du fromage, des oignons ou en accompagnement de viandes.

De l'agneau au dessert

C'est possible avec l'agneau pascal, délicieux biscuit léger cuit dans un moule en terre cuite lui donnant l'apparence de l'animal. Recouvert de sucre glace, il est très apprécié lors des fêtes de Pâques.

Le fromage du monastère

Portant le nom de la commune de Munster, dérivant lui-même du mot « monastère », ce fromage au parfum puissant est fabriqué dans tout le massif vosgien. Dans le versant lorrain, il prend le nom de munster géromé (de la ville de Gérardmer). Il se déguste accompagné de graines de carvi (proche du cumin), avec du gewurztraminer ou encore du kirsch.

Rhône

Le pays du beaujolais

MENU

Soupe à l'oignon*

Le tablier de sapeur

Ce triangle de gras-double mariné dans du vin blanc puis pané et cuit à la poêle se déguste avec un gratin de cardons.

Tarte aux pralines

Cette tarte est réalisée avec une pâte sucrée et des pralines roses.

Brouilly

Le Rhône est un peu éclipsé par sa préfecture, Lyon, «capitale mondiale de la gastronomie» selon Curnonsky. Mais sa cuisine rayonne dans tout le département et bien au-delà.

Le parler lyonnais

Dans un bouchon, restaurant typique de Lyon (devant son nom aux bottes de branches accrochées autrefois à la devanture des cabaretiers pour se signaler à la clientèle), le menu peut interpeller. La cervelle de canut est un fromage blanc frais battu et assaisonné que vous pouvez accompagner de truffes (ainsi appelle-t-on les pommes de terre…), suivie d'un groin d'âne aux lardons (salade de pissenlit) ou d'une salade de clapotons (pieds de mouton).

Le 3e fleuve du Rhône

Ainsi Léon Daudet dénommait-il le beaujolais tant celui-ci a de l'importance dans la région. En plus du beaujolais dit «simple», le vignoble produit aussi le beaujolais village, précoce et fruité, ainsi que dix crus. Quant au beaujolais nouveau, c'est un vin primeur consommé tout de suite après la vinification et fêté le troisième jeudi de novembre.

Eugénie Brazier

Née en 1895 dans l'Ain, elle est certainement la plus connue de ces mères qui ont fait la réputation de la gastronomie lyonnaise. Apprentie de la Mère Fillioux, elle-même créatrice de la poularde demi-deuil, la Mère Brazier ouvre un bouchon à Lyon en 1921 et un restaurant au col de la Luère en 1929, obtenant dès 1932 deux étoiles au Guide Michelin, puis trois étoiles en 1933.

Quand Rivoire rencontre Carret

L'association des deux cousins lyonnais aboutit en 1860 à la création de la première marque française de pâtes vendues en paquet et non plus en vrac comme habituellement. En 1922, l'entreprise met en avant la production de pâtes courtes, les macaronis, dont la préparation en gratin constitue un fleuron de la cuisine lyonnaise.

Soupe à l'oignon

Cette soupe se déguste brûlante !

Pour 4 personnes

1 kg d'oignons
50 g de beurre
25 g de farine
10 cl de porto
Sel et poivre
1 l de bouillon de bœuf
1 cuillerée à soupe d'huile
4 tranches de pain grillé
250 g de gruyère râpé

- Peler et émincer les oignons.
- Les faire revenir à feu doux dans une poêle avec l'huile et le beurre.
- Ajouter la farine, bien mélanger et continuer à cuire 5 min.
- Ajouter le bouillon et assaisonner.
- Mettre à bouillir puis laisser cuire à feu doux 30 à 40 min.
- Dans quatre bols allant au four, déposer une demi-tranche de pain et du gruyère râpé.
- Ajouter le porto au bouillon et verser dans les bols. Recouvrir du reste de pain et de gruyère.
- Faire gratiner au four 5 min.

Pour un mot d'amour

La papillote est une friandise chocolatée ou en pâte de fruits enveloppée d'un papier frangé à ses extrémités et contenant une citation, un rébus ou même un pétard. Son origine viendrait de l'apprenti d'un confiseur appelé Papillot, qui, à la fin du XVIIIe siècle, aurait trouvé cette astuce pour faire parvenir des mots doux à son amoureuse.

Une assiette de cochonnailles

Le célèbre saucisson de Lyon est bien accompagné dans l'assiette. La rosette, originaire du Beaujolais, doit son nom au boyau de porc qui l'entoure et se finit par une rosette de cette couleur. Plus ventru et possédant une farce semblable à celle de la rosette mais hachée moins finement, le jésus doit son nom au filet qui l'emmaillote tel un nouveau-né. Enfin, le saucisson à cuire est servi chaud avec les pommes de terre cuites dans son bouillon ou bien encore en brioche.

La quenelle lyonnaise

Autrefois commercialisée par les pâtissiers, la quenelle lyonnaise a été élaborée et sa recette revisitée sous le nom de « quenelle de régime » au début du XXe siècle par Joseph Moyne, charcutier, dépossédant ainsi les pâtissiers de leur monopole. Composée de semoule de blé dur ou de farine, elle peut être enrichie de poisson ou de viande blanche.

Haute-Saône

Le pays du kirsch

L'élevage bovin est ici associé à la culture des betteraves, du blé, du maïs et du fourrage. Mais le département doit une partie de sa renommée à ses vergers de cerisiers à l'origine d'une célèbre eau-de-vie.

MENU

Soupe aux cerises

Cette soupe peut se servir en entrée.

Matelote d'anguilles*

Omelette soufflée au kirsch

Ce dessert léger peut être réalisé avec des griottines.

Coteaux-de-champlitte blanc

Laurent Raguin

Dès 1914, les soldats du front sont privés de cancoillotte car, lorsqu'elle leur arrive par colis, elle est souvent moisie et immangeable. Laurent Raguin a alors l'idée de faire stériliser la pâte fromagère et de la conditionner dans des boîtes en fer-blanc et fait ainsi entrer la cancoillotte dans l'ère industrielle.

Le gandeuillot

Cette grosse saucisse ventrue est élaborée avec la viande, la panse et les tripes du cochon. Les abats sont émincés, assaisonnés et arrosés de kirsch avant d'être mélangés avec la farce de viande puis marinés avec du vin, le tout étant embossé dans un gros intestin et fumé. C'est un mets rare car il n'est possible d'en produire qu'un par cochon.

Fougerolles et son « BÔ »

Capitale du kirsch, Fougerolles utilise pour sa fabrication plusieurs variétés de guignes fermentées avec leurs noyaux. Il faut 6 kg de cerises pour obtenir 70 cl, soit la contenance d'un « bô », cette bouteille traditionnelle soufflée à la bouche et reconnaissable aux bulles enfermées dans son verre.

Le jambon de Luxeuil

Autrefois fabriqué avec des cuissots de sanglier, ce jambon l'est désormais avec des porcs élevés dans la région. La cuisse est mise à macérer dans du vin rouge d'Arbois, aromatisée et régulièrement frottée au sel, puis mise à sécher et fumée. Il faut neuf mois pour son élaboration, mais le jambon peut être conservé plus longtemps encore.

« Le roi des desserts...

le dessert des rois », tel est le slogan figurant sur la boîte de biscuits de Montbozon, faisant ainsi référence à Louis XVI qui aurait eu le privilège d'apprécier ce biscuit au parfum de fleur d'oranger composé de deux pièces soudées l'une à l'autre. C'est en fuyant les événements révolutionnaires que le pâtissier de la Cour aurait rapporté la recette à Montbozon.

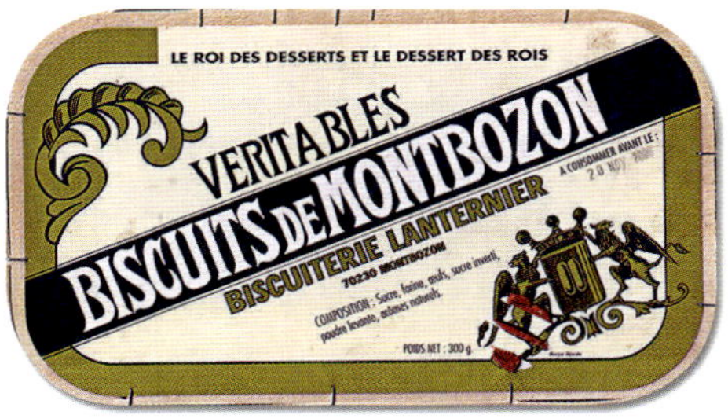

Éloge de la glu

Les surnoms de « glu », « colle » ou « merde de vache » ont été donnés à la cancoillotte, pâte fromagère typiquement franc-comtoise. Obtenue à partir de lait écrémé, transformé en caillé puis fondu avec du beurre, de l'eau salée et parfois de l'ail ou du kirsch, la cancoillotte se tartine sur du pain ou accompagne des pommes de terre.

Matelote d'anguilles

L'anguille pêchée dans les méandres de l'Ognon est cuisinée au vin d'Arbois.

Pour 4 personnes

1 kg d'anguilles dépouillées et vidées
100 g de petits lardons
200 g de champignons de Paris
75 cl de bon vin rouge
50 g de beurre
3 cl d'huile
25 g de farine
1 botte d'oignons grelots
1 bouquet garni
Sel et poivre

- Couper les anguilles en tronçons.
- Nettoyer et couper les champignons en lamelles. Les faire suer à l'eau et réserver.
- Dans une cocotte, faire fondre le beurre avec l'huile. Y jeter les tronçons d'anguille. Ajouter les lardons, les champignons et les oignons grelots. Assaisonner.
- Saupoudrer de farine, mélanger et laisser cuire à feu doux en remuant 15 min.
- Ajouter le vin et le bouquet garni et laisser cuire à découvert 30 min pour que la sauce réduise.
- Servir avec des croûtons frits.

À la casserole !

Créée en 1904 à Moncey, la SFMO (Société française des métaux ouvrés) fabrique à partir de 1914 des articles culinaires sous le sigle Le Trèfle. Installée à Vesoul, la société développe la production d'ustensiles en aluminium, cuivre rouge ou chromés jusque dans les années soixante, approvisionnant la plupart des cuisines françaises.

Comme un coq en pâte

Le poulet à la vésulienne est une volaille farcie avec un mélange de lard fumé et de foie hachés avec de la mie de pain trempée dans du lait. Elle est ensuite enveloppée dans une pâte brisée et cuite au four. Le poulet cuit à l'étouffée exhale alors un parfum incomparable.

Le pays du charolais

Saône-et-Loire

MENU

Gaudes

Cette bouillie à base de farine de maïs grillé et de lait se consomme surtout l'hiver.

Bœuf bourguignon*

Cacou

Ce dessert très proche du clafoutis est une spécialité de Paray-le-Monial.

Mercurey rouge

Charolais ou charollais

Même si les deux orthographes sont acceptées, il est cependant admis que les poules et les moutons sont charollais (comme les habitants de la ville de Charolles) et que les bovins et les fromages sont charolais (du pays charolais). Ainsi, par les subtilités de la langue française, un bœuf charolais devient charollais s'il est élevé sur la commune de Charolles…

Département bourguignon voué à l'élevage bovin, la Saône-et-Loire est aussi célèbre pour ses volailles dans la Bresse louhannaise et ses vignes sur les monts du Mâconnais.

La noire de Louhans

Moins connue que la blanche, dite de Bény, la noire de Louhans est une volaille de Bresse qui possède la particularité d'avoir des plumes noires et des pattes bleu acier. Ses barbillons sont rouge vif et ses oreillons, très blancs, tranchent sur le fond noir. En plus des qualités de sa viande, la poule est une bonne pondeuse.

Fernand Point

Né à Louhans en 1897, Fernand Point est le fils du restaurateur du Buffet de la gare. C'est à Vienne, dans l'Isère, qu'il se fait connaître dans son restaurant La Pyramide où il obtient trois étoiles dès 1933. Considéré par Curnonsky comme le « sommet de l'art culinaire », ce père de la Nouvelle Cuisine était très renommé. Selon Sacha Guitry : « Pour bien manger en France, un Point c'est tout. »

Bœuf bourguignon

Cette estouffade de bœuf s'accommode d'une cuisson lente à feu doux.

Pour 4 personnes

1 kg de viande pour bourguignon coupée en morceaux
6 petits oignons
150 g de lardons
4 carottes
1 bouteille de vin rouge (bourgogne)
25 cl de bouillon de bœuf
60 g de beurre
40 g de farine
30 g de champignons de Paris
1 bouquet garni
Sel et poivre

- Dans une cocotte, faire fondre le beurre. Y faire revenir les oignons et les lardons.
- Ajouter alors la viande et la faire colorer de tous côtés.
- Ajouter les carottes émincées et continuer à cuire 5 min en remuant.
- Saupoudrer de farine, bien remuer puis mouiller avec le bouillon. Bien mélanger.
- Ajouter le vin, le bouquet garni, assaisonner et cuire à feu doux à couvert.
- Ajouter les champignons lavés et émincés et cuire encore 1 h.
- Servir avec des pâtes ou des pommes de terre vapeur.

Ce plat est encore meilleur réchauffé.

Les délices de Mâcon

La préfecture recèle bien des trésors culinaires. Son andouillette se cuisine souvent en gratin accompagné d'une sauce au vin rouge ou blanc. Parmi les fromages de chèvre, le plus connu reste le mâconnais, petit fromage cylindrique autrefois toujours présent dans la musette des vendangeurs. En dessert, l'idéal mâconnais, meringue garnie de crème au beurre, clôt le repas. S'il reste de la place, quelques gaufrettes mâconnaises accompagneront le café.

Le judru

Ce gros saucisson court et enflé porte un nom qui signifie « joufflu ». Il était dit autrefois que le goût particulier du judru provenait des vipères, alors abondantes dans la région, que dévoraient les cochons qui paissaient dans les campagnes. Il serait plutôt dû à la marinade au marc de Bourgogne qui rentre dans sa composition…

Le marc de Bourgogne

Issu de la distillation du marc de raisin, c'est-à-dire des résidus de pressage, le marc est produit dans de nombreuses régions. Celui de Bourgogne est issu de cépages provenant de communes classées dans l'appellation Bourgogne et doit vieillir en cave dans des foudres de chêne.

La vache charolaise

Vache à forte musculature et à la robe blanche, la charolaise était autrefois utilisée comme animal de trait. À cause de la mécanisation, elle fut orientée vers la production bouchère. Appréciée pour sa viande persillée et peu grasse, consacrée meilleure viande de boucherie à l'Exposition universelle de 1867, elle était acheminée vers Paris pour ravitailler la capitale durant un voyage à pied qui durait trois semaines.

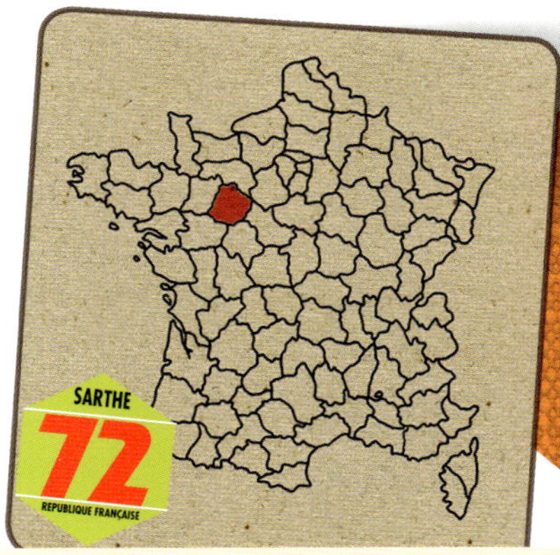

Le pays des rillettes

Sarthe

Appartenant à la région du Maine, la Sarthe est tournée vers l'élevage, principalement volailler et laitier, ainsi que la culture des céréales, des pommes et de la vigne dans la vallée du Loir.

MENU

Andouillette au jasnières

L'andouille se révèle avec ce vin blanc sec et fruité.

Poulet fermier rôti

Un poulet jaune fermier convient à cette cuisson toute simple.

Charlotte aux pommes reinettes*

Coteaux-du-loir rouge

Le petit sablé de Sablé

Officiellement créé en 1924 à Sablé par Yvon Étienne, ce petit gâteau sec aurait des origines plus lointaines comme l'atteste une lettre de Mme de Sévigné. Elle raconte que la marquise de Sablé, Mme de Souvré, offrit en 1670 de tels biscuits à Monsieur, frère de Louis XIV, qui les apprécia beaucoup. Il parut judicieux ensuite de profiter de l'homonymie de la ville pour faire renaître cette gourmandise.

Les nouzillards du Lude

Ces châtaigniers établis dans la vallée du Loir ont donné leur nom à leurs fruits, de grosses châtaignes longtemps appréciées dans les campagnes. Cuits dans du lait, les nouzillards sont passés du statut de nourriture vivrière à celui de gourmandise. Accommodés avec du vin et du sucre, les nouzillards « à la bernache » sont une variante très appréciée.

Charles Besnier

En 1825, Charles Besnier ouvre une chocolaterie au Mans. Il vend dans son magasin de la rue Berthelot ce qu'il produit dans son usine de l'arrière-cour : tablettes, chocolat en poudre, moulages… Très vite la publicité vante la « première marque française » et un chocolat « de loin supérieur à tous les autres ». Les nombreux chromos à collectionner témoignent encore de son succès.

Charlotte aux pommes reinettes

La reinette du Mans, dite pomme de jaune et originaire de Montfort-le-Gesnois, se prête bien à la cuisson en compote.

Pour 6 personnes

1 kg de pommes
2 oranges
1 sachet de sucre vanillé
24 biscuits à la cuiller
50 g de sucre

- Peler les pommes et les couper en morceaux.
- Les mettre dans une casserole avec trois cuillerées à soupe d'eau, le sucre et le sucre vanillé et cuire à couvert en remuant de temps en temps jusqu'à obtention d'une compote assez sèche.
- Laisser refroidir.
- Extraire le jus des oranges et y tremper brièvement chaque biscuit avant d'en tapisser un moule à charlotte. Remplir avec la moitié de la compote. Recouvrir avec des biscuits puis verser le reste de compote. Finir en recouvrant de biscuits.
- Couvrir avec une assiette et un poids et mettre au frais 4 h avant de démouler.

Les rillettes du Mans

Bien qu'originaires de Tours, c'est au Mans que les rillettes ont acquis leur renommée au début du XXe siècle, grâce à Albert Lhuissier, charcutier à Connerré. Profitant de l'arrêt en gare du train Paris-Brest, il proposait ses tartines de rillettes aux voyageurs et aux mécaniciens. Le succès gagne vite la capitale et la production se développe alors dans la région après la Première Guerre mondiale.

Le chausson aux pommes de Saint-Calais

Saint-Calais célèbre depuis près de quatre siècles son célèbre chausson aux pommes dont l'origine remonterait au XVIe siècle. Face à une épidémie, la châtelaine aurait distribué aux nécessiteux de la farine et des pommes. De là serait né ce chausson fêté depuis lors dans la commune le premier week-end de septembre.

C'est bon, mais c'est fort !

La bouine, également appelée « fromagée », est élaborée avec les restes de fromage (chèvre ou camembert) mélangés avec de la crème fraîche, de l'ail, du persil et de l'eau-de-vie. La préparation est ensuite mise à reposer au frais entre quinze jours et un mois. Tartinée sur du pain, la bouine dégage une odeur forte mais régale les amateurs.

La poule du diable

Originaire du village de Mézeray, cette poule de grande taille fit la renommée de La Flèche dont elle prit le nom. Son plumage noir et surtout sa crête en forme de double corne lui valurent son surnom. Réputée pour sa chair exquise, la poule de La Flèche, vendue sur les marchés sous le nom de poularde du Mans, connut au XIXe siècle une notoriété dans toute l'Europe.

Savoie

Le pays du beaufort

MENU

Matouille*

Diots au vin blanc

Ces petites saucisses se dégustent rissolées avec des oignons et du vin blanc d'Apremont, accompagnées de crozets.

Saint-Genix

Cette spécialité de Saint-Genix-sur-Guiers est une brioche légère farcie de pralines rouges.

Abymes

La Savoie est essentiellement tournée vers l'élevage pastoral en montagne avec une grande production de fromages prestigieux. Sa gastronomie fait aussi la part belle à la charcuterie et aux vins.

Louis Dufour

Confiseur établi à Chambéry, Louis Dufour se trouve en rupture de chocolat juste avant les fêtes de décembre 1895. Il a alors l'idée de mélanger ce qui lui reste avec de la crème fraîche et façonne le tout en boulettes qu'il roule dans du chocolat en poudre. C'est ainsi qu'il est communément admis que la truffe est une invention de Chambéry.

Des gâteaux pour une sainte

Martyre sicilienne du IIIe siècle ayant eu les seins coupés pour ne pas avoir abjuré sa foi, sainte Agathe est très vénérée en Savoie. Le saint-genix verrait ses origines de brioche ronde dans la représentation de sa poitrine, et Saint-Pierre-d'Albigny célèbre la sainte, qui protégerait du feu et des tremblements de terre, avec la main de sainte Agathe, un pain brioché et safrané en forme de main.

Les crozets

Ces petites pâtes en forme de carrés sont originaires de la Tarentaise. De couleur grise ou blanche selon qu'ils sont fabriqués avec du sarrasin ou du froment, les crozets sont souvent agrémentés d'oignons, de lardons ou de fromage. Pour la fête des Morts, il était de coutume d'apporter une assiette de soupe de crozets sur les tombes des défunts.

La saucisse verte

Appelé ainsi en raison de la présence d'herbes et légumes verts dans sa farce, le pormonier est une grosse saucisse, réalisée au début de l'hiver lorsque le cochon est tué, et utilise donc les légumes de saison : blettes, poireaux, choux… Cuit à l'eau, il se déguste accompagné de polenta, de crozets ou encore froid en salade.

Le gâteau de Savoie

Ce gâteau devenu l'emblème de sa région doit sa légèreté aux blancs d'œufs battus en neige qui entrent dans sa composition. Très ancien, ce biscuit aurait été servi au XVe siècle par le comte de Savoie lors d'un repas en l'honneur de l'empereur de passage à Chambéry. Il aurait alors pris la forme du duché de Savoie surmonté de la couronne impériale.

N° 13. — 1re Année. Dimanche 17 Septembre 1905.

LE NUMÉRO : 5 Centimes

LA CUISINE des Familles

RECUEIL HEBDOMADAIRE de Recettes d'Actualité très clairement expliquées très faciles à exécuter

Rédactrice en chef : Mme JEANNE SAVARIN

ORIGINE DU GATEAU DE SAVOIE

Aux yeux étonnés du prétendant et de la marquise de Montferrat, apparut un cavalier masqué, tout vêtu de vert, portant en ses mains un énorme gâteau; et, surprise plus grande encore, ce gâteau représentait le château de Chambéry, surmonté du diadème impérial... Que signifiait cela?

SOMMAIRE DU NUMÉRO. — Propos d'une Bourgeoise: les correspondances particulières. — Origine du gâteau de Savoie; la perspicacité du jeune Amédée, dit le Comte Vert. — MENUS DU DIMANCHE. *Déjeuner* : moules à la marinière; œufs sur le plat; grives rôties au genièvre; céleri au jus. *Dîner* : potage créole aux nouillettes; homard à l'américaine (recette authentique de New-York); canard laqué; lapin de garenne rôti; aubergines gratinées à la Cavour; fromage glacé à la vanille. — Pâtisserie de ménage: le gâteau de Savoie. — Hygiène des gens de lettres et des personnes astreintes à une vie de bureau (suite et fin). — Terrine de lièvre ou de lapin, recette franc-comtoise. — Pour bien acheter : la fécule de pomme de terre. — Avec les restes : les carottes du pot-au-feu. — Le petit-salé; comment on le prépare. — Variétés : les gaîtés de l'invitation. — Liqueur facile à faire : le marasquin. — **Table des matières de la 1ère Série** (Saison d'Été).

Le pain de Modane

Contrairement à ce que son nom indique, le pain de Modane est une brioche fourrée de fruits confits, raisins secs, amandes et même, parfois, de crème pâtissière. À l'origine simple pain sucré aux raisins secs, il est devenu la gourmandise préférée des ouvriers travaillant sur le creusement du tunnel ferroviaire sous le second Empire.

La grande famille des GRUYÈRES

La Savoie produit de nombreux fromages à pâte pressée cuite apparentés au gruyère. Parmi eux, le beaufort, que Brillat-Savarin a surnommé le « prince des gruyères », existe en version hiver ou été (le plus goûteux) ; il ne possède pas de trous et ne se râpe pas mais se découpe en fines lamelles. L'emmental, le plus gros des fromages savoyards, présente des yeux (trous) à l'instar de son cousin le gruyère français, de la même famille que le comté qui s'appelait à l'origine « gruyère de comté » mais qui lui n'a pas de trou...

Matouille

Ce plat est réalisé avec de la tome (avec un seul « M » !) des Bauges, fromage maigre au lait de vache caillé et pressé.

Pour 4 personnes

1 tome des Bauges
1verre de vin blanc sec (apremont)
4 grosses pommes de terre
4 gousses d'ail
Poivre

- Cuire les pommes de terre à l'eau salée.
- Mettre la tome dans un plat allant au four.
- Enlever le haut de la tome et creuser dans le fromage quatre trous. Garder les chapeaux de ces derniers.
- Insérer les gousses d'ail dans les trous, recouvrir avec le vin blanc et remettre les couvercles de fromage. Poivrer.
- Mettre au four chaud et cuire à 210 °C (th. 7) durant 30 min.
- Chaque convive fait tourner des morceaux de pomme de terre dans la tome coulante.

Servir cette entrée avec une salade verte.

Le pays du reblochon

M. Cachat

Propriétaire de la source Sainte-Catherine, M. Cachat, apprenant en 1790 les propriétés médicales de son eau, enclot sa source et en fait commerce. Il vend la source en 1827 à la Société des eaux minérales d'Évian. Le thermalisme suit. L'eau d'Évian est désormais l'eau la plus vendue en France et son usine d'embouteillage la plus grande du monde.

Les produits laitiers et la charcuterie sont à la base d'une gastronomie roborative à l'image des paysages grandioses et du climat rude de la Haute-Savoie.

L'abondance d'ABONDANCES ne nuit pas

Au XIVe siècle, les moines de l'abbaye d'Abondance sélectionnèrent une race de vache qu'ils baptisèrent du même nom. Possédant une robe acajou avec la tête, le ventre, les pattes blanches et les yeux cerclés d'une couleur sombre, l'abondance fournit le lait à l'origine du fromage d'Abondance, qui se déguste nature ou servi en berthoud, cuit avec du vin blanc.

Tout est bon dans le caïon !

Ainsi désigne-t-on familièrement le cochon, présent dans la longeole, saucisse au fenouil, ou les atriaux, farce de viandes et d'abats de porc enveloppée de crépine. Mais le plat le plus typique reste le farcement, gâteau sucré-salé fait d'une farce de pommes de terre et de fruits secs entourée de tranches de poitrine fumée et cuite dans un moule spécial, la rabolire.

« Ouvrez, dégustez »

Née à Bordeaux, la Compagnie générale du lait s'installe à Rumilly en 1917 au centre d'une importante région laitière et devient la société Lait Mont Blanc, pour développer la production de lait concentré. En 1952 apparaissent les premières crèmes desserts, mais le site de production déménage ensuite dans le Bocage normand.

Fondue savoyarde

Originaire de la Suisse romande, la fondue savoyarde est composée de trois grands fromages de la région.

Pour 4 personnes

300 g de comté
300 g de beaufort
300 g d'emmental
40 cl de vin blanc sec
1 gousse d'ail
1 cuillerée à café de Maïzena
1 verre à liqueur de kirsch
Noix muscade
Poivre
1 baguette de pain

- Couper le pain et le fromage en petits morceaux.
- Frotter un poêlon avec la gousse d'ail.
- Déposer le fromage à l'intérieur.
- Mélanger 10 cl de vin blanc avec le kirsch, la Maïzena, le poivre et un peu de muscade. Réserver.
- Verser le reste de vin blanc sur le fromage. Chauffer doucement pour faire fondre le fromage en remuant sans cesse.
- Lorsque le mélange est homogène, verser le kirsch allongé, laisser cuire encore 2 min et servir avec les morceaux de pain à côté pour que chaque convive trempe ces derniers dans le fromage à l'aide d'une pique.

La polenta

D'origine italienne, la polenta est une semoule de maïs existant en différentes grosseurs. Cuite dans de l'eau, du bouillon ou du lait, elle donne une bouillie qui porte le même nom. Plat rustique, la polenta peut être enrichie de fromage ou de lamelles de truffe et accompagne les viandes et les charcuteries locales. Sucrée, elle donne de magnifiques desserts.

Il y a tomme et tommes

La tomme de Savoie, le plus ancien des fromages de Savoie, était à l'origine fabriquée par les paysans après l'écrémage du lait. Elle est désormais élaborée avec du lait demi-écrémé, voire même entier, d'où son goût plus prononcé. Des déclinaisons existent en fonction des vallées voisines : la tomme du Mont-Cenis, la tomme de la Tarentaise, la tomme d'Abondance…

Un fromage de contrebande

Le reblochon doit son onctuosité à sa fabrication frauduleuse. Au XIIIe siècle, les fermages étant proportionnels à la production de lait, les paysans pratiquaient une seconde traite (reblocher) dont le lait échappait à la redevance et possédait plus de crème. La tartiflette, plat créé récemment, s'inspire d'un gratin au fromage utilisant des petites pommes de terre appelées tartifles.

MENU

Filet de féra meunière

Avec l'ombre chevalier, la féra est un poisson emblématique des lacs savoyards.

Fondue savoyarde*

Rissoles aux poires

Ces chaussons sont élaborés avec des Blesson ou des Marlioz, variétés de poires très dures.

Roussette-de-savoie

Paris

La ville de la baguette

La capitale a fait sienne la gastronomie française dans toute sa diversité, tout en créant une spécificité toute parisienne avec les premiers restaurants, cafés, bistrots et brasseries.

Trop chou !

Inventée par un Italien sous le nom de « pâte à chaud », la pâte à choux a été perfectionnée par le pâtissier Avice puis son apprenti Carême qui en a fait la base de ses croquembouches, pièces montées de l'époque. Elle sert aussi à l'élaboration d'autres délices parisiens : la religieuse et le saint-honoré apparus vers 1850 et le paris-brest, créé en l'honneur de la course cycliste.

Marie-Antoine Carême

Né à Paris en 1784, Marie-Antoine Carême, « roi des chefs et chef des rois », se fait connaître par ses pièces montées, appliquant en cuisine ses connaissances en architecture. Employé par Talleyrand, il met ses talents au service de la diplomatie française avant de travailler pour les cours européennes. Il meurt à 48 ans, des suites probables de caries mal soignées.

Le champignon de Paris

Rare à l'état sauvage, l'*Agaricus bisporus* a été baptisé du nom de la capitale française car il a très vite trouvé un lieu propice à sa culture dans les carrières parisiennes désaffectées. Puis la production du champignon de Paris a largement migré vers les bords de Loire.

Le croque-monsieur

Apparu pour la première fois sur la carte d'un café du boulevard des Capucines en 1910, le croque-monsieur est un sandwich composé de deux tranches de pain de mie beurrées, de jambon blanc et gratiné. Incontournable des bistrots parisiens, il devrait son nom à la boutade d'un serveur faisant croire à la présence de chair humaine…

À la baguette !

Apparue à Paris vers 1890, la baguette aurait pour ancêtre le pain viennois ramené d'Autriche puis francisé avec de la levure fraîche et de la farine blanche pour obtenir une mie alvéolée et une croûte croustillante. Elle suit en cela le célèbre croissant qui a vu sa pâte briochée évoluer en un feuilleté au beurre.

MENU

Potage germiny

Ce potage à base d'oseille a été créé au Café Anglais en l'honneur du comte de Germiny, gouverneur de la Banque de France

Hachis parmentier*

Tarte bourdaloue

Cette tarte aux poires et aux amandes a vu le jour dans une pâtisserie située rue Bourdaloue 9e arr.

Clos-Montmartre

Hachis parmentier

Le hachis parmentier serait né à Paris pour rendre hommage à Parmentier, apothicaire au Palais-Royal qui popularisa la pomme de terre.

Pour 6 personnes

1 kg de pommes de terre
600 g de viande de bœuf (reste de pot-au-feu)
3 cuillerées à soupe de chapelure
Sel et poivre
2 oignons
60 cl de lait
50 g de beurre

- Éplucher les pommes de terre et les cuire à l'eau 20 à 30 min.
- Les égoutter et les passer au presse-purée avec le lait.
- Hacher grossièrement la viande cuite et la faire revenir à la poêle avec 40 g de beurre et les oignons ciselés. Assaisonner.
- Beurrer un plat allant au four avec le reste de beurre.
- Étaler la moitié de la purée, recouvrir avec la viande puis avec le reste de purée.
- Égaliser le dessus et saupoudrer de chapelure.
- Mettre au four préalablement chauffé à 180 °C (th. 6) 20 min.
- Servir avec une salade verte.

Bouillon C. CHARTIER

TÉLÉPHONE 951-13. PARIS-PROVINCE

Fondateur des Maisons :
157, rue Montmartre
8, fg. Saint-Denis
16, rue de Lévis
9, passage Tivoli
18, rue de la Michodière
71, rue des Petits-Champs
44, rue Pasquier
46, rue de Châlons
3, rue Racine
21, rue du Pont-Neuf
25, av. de la Grande-Armée
5, rue de Clignancourt
72, faubg. du Temple

VESTIAIRE - LAVABOS

3, Boulevard Richard-Lenoir, 3
4, Boulevard Beaumarchais, 4

APERÇU de quelques PRIX :

Hors-d'Œuvres et Potages	» 15 et » 20
Poissons	» 30 » 40 et » 50
Plats au choix . .	» 30 » 40 et » 50
Châteaubriand	» 75 (pour 2 personnes) 1.50
Légumes et Desserts	15 » 20 et » 25

Le Bouillon Chartier

À côté des restaurants prestigieux comme La Tour d'Argent ou Le Procope, le Bouillon Chartier, créé en 1896 par Frédéric et Camille Chartier, rue du Faubourg-Montmartre, est l'archétype de ces « bouillons » servant une cuisine traditionnelle bon marché, où l'œuf dur mayonnaise côtoie le poireau vinaigrette et l'andouillette grillée le poulet rôti.

Le ventre de Paris

Surnommées ainsi par Zola, les Halles de Paris (1er arr.) fournissaient à la capitale des denrées de la France entière. Dans le quartier de la Villette (19e arr.) étaient concentrés les abattoirs et à Bercy (12e arr.) les entrepôts des négociants en vins. Des plats sont restés attachés à ces quartiers comme la gratinée des Halles, l'escalope Villette ou l'entrecôte Bercy.

Le jambon de Paris

Ce « jambon blanc » est composé de cuisse de porc désossée placée dans un moule, cuite dans un bouillon aromatisé et refroidie sous presse. Fleuron des charcutiers parisiens, il se nationalise avec la fabrication industrialisée par la maison Olida, fondée à Paris en 1855, qui produit aussi le saucisson à l'ail, autre charcuterie bien parisienne.

Le pays du neufchâtel

Seine-Maritime

Bordé par la Manche, ce département associe la pêche côtière et hauturière, l'élevage laitier ainsi que la production fruitière très présente le long de la vallée de la Seine.

MENU

Salade cauchoise

Cette salade de pommes de terre, céleri, endives et dés de jambon est une spécialité du pays de Caux.

Sole à la normande*

Flan normand

Les pommes et la crème normandes se réunissent dans cette délicieuse tarte.

Cidre brut

Le boudin de Saint-Romain

Ce boudin noir composé de sang de porc à 60 %, d'oignons à 30 % et de crème à 10 % est d'origine très ancienne. En 1902, Émile Maze, charcutier, a relancé sa recette en ajoutant un trait de calvados. Il a la particularité d'être parfois garni au cœur d'un morceau de lard et il ne se déguste qu'une fois sa peau éclatée et retirée lors de sa cuisson au saindoux.

Le canard de Rouen

D'un grand gabarit, cette race est issue de la domestication et de la sélection des canards colverts établis dans les marais de la région. Sa préparation culinaire la plus connue, dite « à la presse » ou « canard au sang », dans laquelle le sang du volatile et ses os broyés servent de base à la sauce qui l'accompagne, a fait la renommée de La Tour d'Argent à Paris.

Les mirlitons de Rouen

Ces tartelettes de pâte feuilletée sont garnies d'un appareil fait de crème fleurette, de poudre d'amandes et parfumées à la fleur d'oranger. Elles se dégustent tièdes ou froides.

La marmite dieppoise

Cette matelote mêle poissons plats de la Manche (sole, turbot, lotte), crustacés et légumes. On peut y ajouter des coquilles Saint-Jacques dont Dieppe est le premier port français de pêche. Son attrait principal est son fumet réalisé avec du vin blanc, du cidre et additionné de crème fraîche. Pour une marmite royale, il est de bon ton d'ajouter du homard.

La Passe-Crassane

Reconnaissable à sa queue enrobée de cire rouge destinée à ralentir son mûrissement, la poire Passe-Crassane a été créée à Rouen en 1855 par le pépiniériste Louis Boisbunel. Issue du croisement avec le coing, elle en a la chair acidulée et légèrement granuleuse.

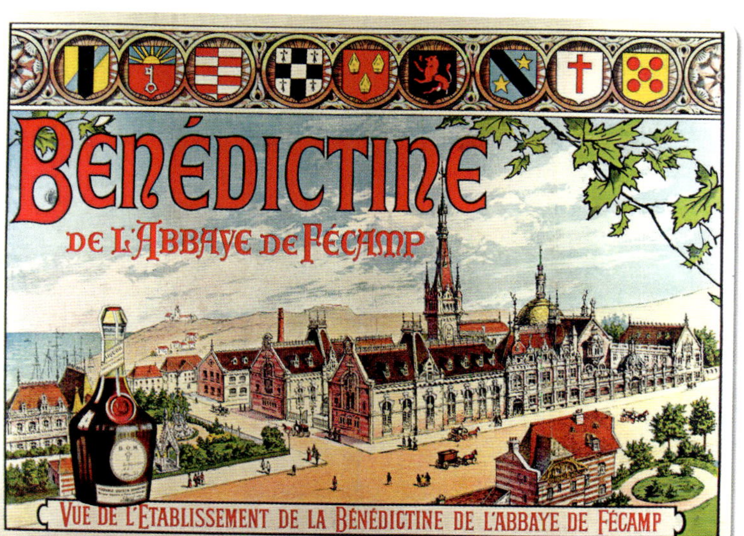

Alexandre Le Grand

Négociant en vins né à Fécamp en 1830, Alexandre Le Grand élabore en 1863, avec un apothicaire, la liqueur de Bénédictine dont il aurait retrouvé la recette dans un grimoire de l'abbaye de Fécamp. Pour fabriquer cette liqueur à base de 27 plantes, il construit un palais à l'architecture baroque et commande une bouteille particulière siglée des lettres DOM : *Deo Optimo Maximo* (Dieu absolument grand).

Sole à la normande

Devenue au XIXe siècle un plat parisien, la sole à la normande est redevenue normande !

Pour 4 personnes

2 belles soles (soit 8 filets)
1 l de moules
200 g de crevettes
10 cl de vin blanc sec
2 échalotes
25 cl de crème fraîche
25 g de beurre
Persil
1 feuille de laurier
Sel et poivre

- Gratter et laver les moules.
- Les mettre dans un faitout avec les échalotes émincées, le laurier et le vin blanc. Les ouvrir à feu vif en remuant. Les décoquiller et réserver.
- Garder le jus de cuisson et le filtrer.
- Disposer les filets de sole dans un plat allant au four, assaisonner et recouvrir du jus des moules. Couvrir le plat d'un papier aluminium et mettre au four préchauffé à 210 °C (th. 7) durant 15 min.
- Installer les filets cuits dans un grand plat et réserver au chaud.
- Dans une casserole, mettre le jus de cuisson avec les moules, les crevettes décortiquées, le beurre et la crème fraîche. Faire chauffer sur feu doux et ajouter le persil haché.
- Napper les filets de cette sauce et servir tout de suite.

Un fromage à cœur

Le neufchâtel, fromage au lait entier de vache à la croûte fleurie, originaire de Neufchâtel-en-Bray, serait le plus ancien des fromages normands. La forme de cœur sous laquelle il est le plus connu trouverait ses origines dans le désir des paysannes de montrer leur amour aux soldats anglais lors de la guerre de Cent Ans.

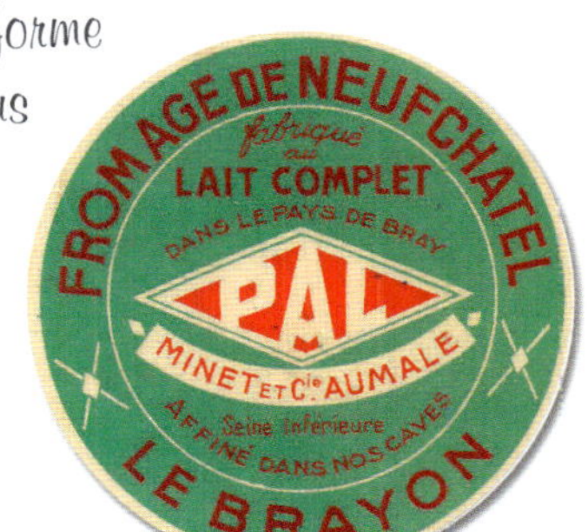

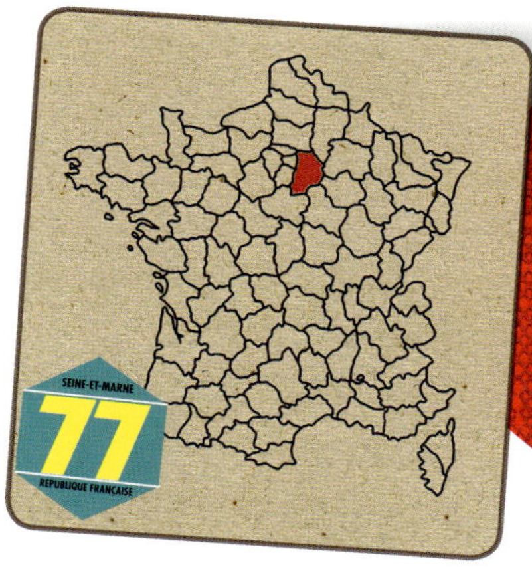

Seine-et-Marne

Le pays du brie

À l'origine département essentiellement rural avant d'être rattrapé par l'agglomération parisienne, la Seine-et-Marne est dominée par la grande culture et son élevage bovin est à l'origine des prestigieux fromages de Brie.

Le chasselas de Thomery

La culture en espalier de ce raisin, aussi appelé chasselas doré de Fontainebleau, a été mise au point par la famille Charmeux vers 1730. Elle favorise sa maturation dans une région pourtant septentrionale. La méthode de conservation des grappes après cueillette dans des bouteilles d'eau, élaborée en 1850 et permettant sa consommation jusqu'en mai, en a fait un raisin de luxe au XIXe siècle.

« Le roi des fromages et le fromage des rois »

Meaux n'a pas le monopole des bries, mais le sien est considéré comme le « roi » des bries. Ce grand disque plat à la croûte fleurie possède une douceur en bouche qui lui a valu le surnom de « pâtisserie fromagère ». Décliné en autant de variétés que de terroirs, le brie se retrouve à Melun, Montereau, Nangis, Provins… sans oublier le fougerus, orné de feuilles de fougère.

Le confit de pétales de rose

De retour de croisade au Proche-Orient en 1240, Thibaud IV de Champagne aurait rapporté un rosier qu'il acclimata à Provins. En confit ou en sirop, cette rose avait jadis la réputation de soigner les maux de digestion. La tradition se perpétue et le confit de pétales de rose est devenu l'emblème de la ville, avec la niflette, tartelette feuilletée à la crème pâtissière.

MENU

Potage Crécy

Ce potage aux carottes tire son nom de Crécy-la-Chapelle qui produisait la carotte de Meaux.

Poularde à la briarde

La volaille est cuisinée avec de la moutarde de Meaux, aux graines concassées, et du vinaigre de Lagny.

Fontainebleau*

Vin de pays de Seine-et-Marne

Fontainebleau

À mi-chemin entre le fromage et le dessert, ce « nuage de lait » est présenté enveloppé dans une mousseline.

Pour 4 personnes

300 g de fromage blanc
30 cl de crème fraîche liquide

- Égoutter le fromage blanc durant 2 h dans une passoire très fine au frais.
- Monter la crème fraîche froide en chantilly.
- Incorporer la crème fouettée au fromage blanc égoutté préalablement lissé. Passer au fouet pour bien harmoniser l'ensemble.
- Tapisser quatre verrines avec des carrés de mousseline fine (gaze).
- Répartir le mélange crémeux et recouvrir des pans de mousseline. Mettre au frais.
- Servir avec au choix du sucre ou des fruits rouges.

Antoine Brutus Menier

Pharmacologue à Paris, Antoine Brutus Menier installe en 1825 à Noisiel une chocolaterie pour exploiter le chocolat à des fins autres que thérapeutiques. La petite ville du bord de Marne devient le bastion de la dynastie Menier qui emploiera dans son usine jusqu'à 200 ouvriers surnommés *les chocolats*. Ils seront plus de 1 500 dans les années cinquante, à l'apogée de la marque.

Gentil coquelicot !

Confiseur à Nemours sous le second Empire, François Étienne Desserey a l'idée d'utiliser les vertus apaisantes du coquelicot pour la fabrication de pastilles contre la toux. Depuis, la tradition se perpétue : les fleurs sont cueillies dans les jachères environnantes et le coquelicot se retrouve également dans des chocolats, du sirop et même du vinaigre.

Le coulommiers

Le brie de Coulommiers se distingue par le seul nom de sa ville d'origine. D'un diamètre inférieur à celui des autres bries, son origine serait plus ancienne et il devrait son succès à son format réduit qui facilitait son transport. La crème de coulommiers, sauce élaborée avec le fromage et de la crème épaisse, accompagne les viandes avec bonheur.

Le délice de Bossuet

Le sucre d'orge des religieuses de Moret-sur-Loing a été élaboré en 1638. Ce bonbon à la recette secrète, dont le seul ingrédient reconnu est le sucre, fait alors fureur à la cour de Louis XIV où le grand orateur Bossuet en appréciait les qualités adoucissantes pour la gorge. Les sœurs en ont cessé la fabrication en 1972, mais le bonbon est toujours présent à Moret.

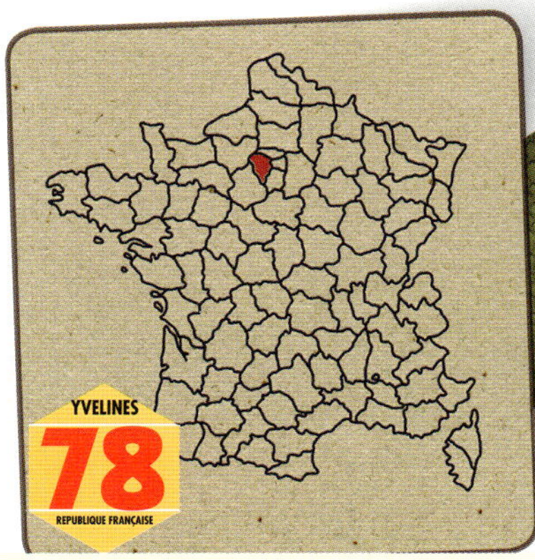

Yvelines

Le pays du navet

MENU

Omelette Viroflay*

Escalopes de volaille à la purée Saint-Germain

Cette purée de pois cassés était servie au Pavillon Henri IV à Saint-Germain-en-Laye.

Glace au Grand Marnier

Cette liqueur parfume merveilleusement les desserts glacés.

Vin rouge de Meulan

La grande céréaliculture domine dans l'ouest du département, mais le maraîchage se développe et de vastes cultures fruitières sont installées autour de Poissy.

Le noyau de Poissy

Cette liqueur digestive, réalisée avec des amandes d'abricot macérées dans de l'eau-de-vie, était déjà proposée dans les auberges de Poissy dès la fin du XVIIIe siècle. Il en existe deux versions. Dans le « Gobelet d'Argent », de couleur ambrée, les amandes sont mises à macérer dans de l'armagnac, tandis que dans le « Sceau de Saint Louis » elles le sont dans du cognac.

Le Pavillon Henri IV

Ce restaurant de Saint-Germain-en-Laye, créé au début du XIXe siècle par le chef Collinet, a vu naître les pommes soufflées. Ces simples frites furent replongées dans l'huile pour les réchauffer et pallier le retard de la reine Marie-Amélie venue inaugurer la ligne de chemin de fer en 1837. De même, la sauce béarnaise était à l'origine une réduction d'échalotes ratée, rattrapée avec un jaune d'œuf et ainsi nommée en référence à Henri IV dont le buste ornait la salle.

Louis-Alexandre Marnier

Créée en 1827 à Neauphle-le-Château, la distillerie Lapostolle s'est installée durant la guerre de 1870 à Cognac, d'où Eugène Lapostolle ramène un stock de cognac. Son gendre, Louis-Alexandre Marnier, l'utilise pour élaborer en 1880 une liqueur avec des oranges amères d'abord appelée Curaçao Marnier, puis baptisée Grand Marnier Cordon rouge.

Le **navet** francilien

Très présent dans l'Île-de-France, le navet l'est surtout dans les Yvelines où on le retrouve à Croissy, Montesson ou Freneuse. Avant de perdre sa suprématie avec l'arrivée de la pomme de terre et du haricot, il régnait au Moyen Âge dans les gratins, les purées et les potages.

La **reine-claude** de Chambourcy

La reine-claude de Chambourcy comprend deux variétés, l'une hâtive et l'autre tardive. La seconde, apparue en 1840, a été à l'origine de sa notoriété, pour être détrônée ensuite par la première.

La volaille de Houdan

Cette poule huppée et à crête double, au plumage le plus souvent noir piqué de blanc, possède cinq doigts à chaque patte. Issue de ces lignées de poules « huppées » de Normandie très en vogue au XIXe siècle, elle dépassait même en réputation la volaille de Bresse. Sa chair, comparable à celle de la perdrix, fut mise à l'honneur en 1850 dans le pâté de Houdan.

Omelette Viroflay

Le monstrueux de Viroflay, variété d'épinard aux feuilles très touffues, enrichit cette omelette.

Pour 4 personnes

8 œufs
200 g d'épinards cuits
150 g de jambon blanc
120 g de gruyère râpé
50 g de beurre
1 pincée de muscade
Sel et poivre

- Hacher grossièrement les épinards cuits.
- Couper le jambon en dés.
- Battre les œufs en omelette et ajouter les épinards et la pincée de muscade. Assaisonner.
- Cuire l'omelette dans une grande poêle avec le beurre en veillant à la cuire sur les deux faces.
- Verser l'omelette brûlante sur un plat de service, mettre au milieu les dés de jambon et le gruyère, et la rouler délicatement.
- Couper en tranches et servir.

Le potager du roi

Aménagé par La Quintinie à la demande de Louis XIV en 1683, le potager du roi à Versailles fournissait la Cour en fruits et légumes frais, particulièrement en petits pois, fraises et poires dont le souverain était friand. La Quintinie y a expérimenté des techniques de forçage avec du fumier et des cloches en verre, obtenant des pois en avril ou des asperges en décembre.

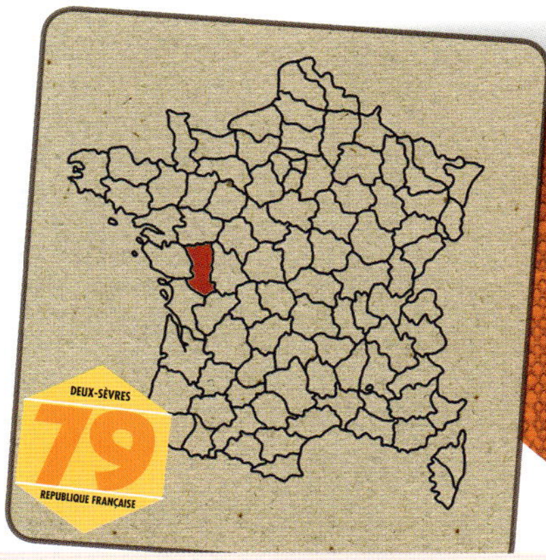

Le pays de l'angélique

Deux-Sèvres

MENU

Poireau vinaigrette

Le poireau jaune gros du Poitou, très tendre, est délicieux préparé en vinaigrette.

Tourtière au poulet*

Caillebotte

Ce caillé de lait de vache peut être accompagné de fraises de Prin, fraises des bois très parfumées.

Vin de pays des Deux-Sèvres rouge

Ce département du Poitou se consacre surtout à la production laitière dédiée principalement à la fabrication de fromages de chèvre et d'un beurre très réputé.

La crème des beurres

Le plus souvent présenté en motte dans une bourriche, le beurre d'Échiré est préparé traditionnellement dans une baratte en bois à partir de lait collecté dans un rayon de 30 km autour de la ville. Fabriqué depuis 1894 par la Société de Laiterie Coopérative Échiré, ce beurre très fin, facile à tartiner, est utilisé par les plus grands cuisiniers.

Le tourteau fromager

Préparé avec du fromage de chèvre frais, ce gâteau révèle un cœur à la pâte fraîche et aérée sous une croûte noire qui n'a de brûlé que l'apparence. Réalisé dans un moule spécial, il était autrefois consommé lors des grandes fêtes comme Pâques ou les mariages.

Le Mothais

Originaire de La Mothe-Saint-Héray, ce fromage de chèvre est présenté sur une feuille de châtaignier ou de platane qui sert à absorber l'humidité durant l'affinage puis la restitue lentement pour aboutir à une texture très crémeuse. Mais les feuilles doivent avoir été séchées auparavant sous peine de donner un mauvais goût de tanin.

L'herbe des anges

Au Moyen Âge, l'angélique était considérée comme un cadeau de Dieu en raison de ses vertus médicinales. Elle aurait même protégé les Niortais de la peste en 1602. Les religieuses de la ville, au XVIIIe siècle, ont l'idée de confire la tige de la plante pour obtenir une confiserie qui prend la forme de bâtonnets d'un vert translucide.

La parthenaise

Originaire de la région de Parthenay, cette vache à la robe froment a connu un grand essor au XIXe siècle en raison de la crise du phylloxéra. De nombreux viticulteurs de la région de Cognac se sont en effet reconvertis dans la production laitière et la production de beurre. Délaissée par la suite, elle est désormais élevée pour la boucherie.

Tourtière au poulet

Cette tourte au poulet peut être réalisée avec du lapin.

Pour 6 personnes

2 pâtes brisées
La chair d'un poulet
7 œufs
1 jaune d'œuf
2 échalotes
150 g de chair à saucisse
100 g de jambon de pays
100 g de pain rassis
100 g de beurre
Persil
5 cl de vin blanc sec
Sel et poivre

- Faire durcir six œufs et les écaler.
- Dans un saladier, mélanger les échalotes hachées, préalablement dorées dans 25 g de beurre, avec la chair à saucisse, le pain trempé dans le vin, le persil haché et un œuf. Assaisonner et bien mélanger.
- Dans une poêle, faire revenir le poulet coupé en morceaux avec le jambon cru et le reste de beurre.
- Ajouter au mélange de chair à saucisse.
- Foncer une tourtière avec une pâte et la piquer à la fourchette.
- Garnir avec la farce.
- Couper les œufs en deux et les déposer sur la farce.
- Recouvrir avec l'autre pâte et bien souder les bords. Ouvrir une cheminée au milieu et dorer au jaune d'œuf.
- Mettre au four préchauffé à 180 °C (th. 6) et cuire 1 h.

Le chabichou

Selon la légende, c'est après la défaite infligée par Charles Martel sur les sarrasins en 732 que les habitants de la région auraient acclimaté les chèvres restées sur place. Élaboré avec du lait de chèvre entier, le chabichou prend la forme d'un petit tronc conique semblable à la bonde qui ferme les barriques de vin.

Jean Panzani

Né en 1911, fils d'immigrés italiens, naturalisé français en 1929, Jean Panzani se lance dans la fabrication de pâtes fraîches à Niort au début des années quarante. En 1946, il achète une usine de chaussures à Parthenay et y installe son entreprise de pâtes sèches sous la marque Francine, qu'il abandonne dans les années cinquante pour le nom Pasta Panzani.

La pomme reinette clochard

Également appelée reinette de Parthenay, cette pomme était très présente dans le bocage bressuirais. Pomme à couteau à la forme légèrement aplatie et à la peau rugueuse, récoltée en automne, elle se conserve longtemps, parfois jusqu'en mars, et garnit avec bonheur le gouéron, gâteau local réalisé avec du yaourt et parfumé à l'eau-de-vie.

Somme

Le pays de la rhubarbe

Le département associe culture et élevage à l'ouest et culture de céréales et de plantes sarclées à l'est. La vallée de la Somme est une réserve de pêche et de chasse, et sa baie est une source de richesses agricoles.

Les hortillonnages

Les anciens marais entourant Amiens, aménagés pour la culture maraîchère, sont constitués d'une multitude d'îles alluvionnaires entourées de rieux (canaux). Les jardiniers, ou hortillons, ne peuvent accéder à ces jardins potagers que par barque. La soupe dite « aux hortillons », est composée de chou, pomme de terre, poireau, petits pois, laitue, oseille et cerfeuil.

Antoine Augustin Parmentier

Né à Montdidier en 1737, Parmentier, pharmacien militaire et nutritionniste, promeut la consommation de la pomme de terre alors cultivée en Alsace, Lorraine, Savoie, Midi et Limousin, mais dénigrée dans le nord de la France. Il fait du tubercule, réservé alors aux pauvres, le « légume de la cabane et du château ».

Le macaron d'Amiens

Plus proche du biscuit moelleux que du traditionnel macaron meringué, le macaron d'Amiens est un véritable délice qui a fait la renommée de sa ville depuis le XVIe siècle. Composé de poudre d'amandes, de sucre, de blancs d'œufs et de miel, il peut être enrichi de gelée d'abricot ou de pomme. Après cuisson, il prend l'apparence d'un petit gâteau croustillant et fondant.

Un pet pour le dessert ?

Spécialité d'Amiens, le pet d'âne est un petit beignet très original dans la composition : à une pâte à beignets classique sont ajoutés du fromage frais de chèvre, de la moelle de bœuf, du vin blanc demi-sec, des zestes de citron, de la levure et des blancs d'œufs battus en neige. Une fois cuit, il est saupoudré de sucre glace.

Le haricot de mer

La baie de Somme assure 90 % de la production nationale de salicorne. Poussant dans les prés salés et traditionnellement cueillie par les pêcheurs à pied, elle est gorgée d'eau douce qui lui donne un aspect charnu. Riche en oligoéléments et en vitamine C, elle se consomme crue en salade, cuite à la vapeur ou comme condiment, conservée dans du vinaigre.

MENU

Hénons à la crème

Abondant sur la côte sableuse de la baie de Somme, le hénon est l'autre nom donné à la coque.

Navarin d'agneau

L'agneau de pré salé est préparé en navarin avec carottes et navets nouveaux.

Gâteau battu*

Cidre brut

Gâteau battu

Nécessitant un moule à gâteau battu, cette sorte de brioche est une spécialité du Ponthieu.

Pour 6 personnes

- 200 g de farine
- 160 g de beurre
- 8 jaunes d'œufs
- 150 g de sucre
- 30 g de levure de boulanger
- 5 cl de lait
- 3 cuillerées à soupe de rhum ou calvados
- Sel

- Disposer la farine en puits.
- Verser dedans le sucre, deux pincées de sel, 150 g de beurre fondu, les jaunes d'œufs et l'alcool. Mélanger.
- Ajouter le levure délayée dans le lait tiède.
- Bien mélanger l'ensemble vivement pendant 15 min. La pâte doit se détacher des doigts.
- Graisser avec le reste de beurre le moule spécial, ou à défaut un moule haut et ondulé.
- Verser la pâte et laisser reposer dans un endroit chaud 2 h.
- Mettre dans le four préchauffé à 160 °C (th. 5/6) et cuire environ 20 min.

Le pâté de canard d'Amiens

Créé au milieu du XVIIe siècle, le pâté de canard d'Amiens, constitué à l'origine d'un canard entier farci entouré d'une pâte croustillante, est désormais composé de chair de canard désossé. Cette ancienne spécialité d'Amiens côtoie une invention plus récente, la ficelle picarde, crêpe fourrée au jambon, aux champignons et à la crème fraîche, créée dans les années 1950.

La rhubarbe

Cultivée en Picardie depuis le XIXe siècle, la rhubarbe s'est ensuite implantée plus durablement autour d'Abbeville dont elle apprécie les sols meubles et frais. Présentes sur les marchés dès le printemps, ses tiges sont très utilisées en tarte, confiture et même en sirop.

La carotte de Saint-Valery-sur-Somme

Cette grosse et longue carotte, à la chair tendre et sucrée, a trouvé dans le sol sablonneux de la baie de Somme un terrain propice à sa culture. Vendue souvent non lavée, elle se conserve longtemps après l'arrachage.

Le pays de l'ail

Tarn

MENU

Radis au foie salé

Des rouelles de foie sec salé sont rissolées, déglacées au vinaigre et servies sur des rondelles de radis.

Frésinat*

Pumpet

De forme rectangulaire, cette pâte feuilletée, autrefois réalisée au saindoux, est parfumée au citron et à la bergamote.

Gaillac rouge

Le Tarn associe cultures et élevages tandis que la vigne domine de part et d'autre de l'affluent. Sa gastronomie est située au carrefour des cuisines de montagne, gasconne et languedocienne.

L'herbe aux femmes battues

Surnommé ainsi parce que sa racine soignait les hématomes, le respountsou est le nom donné à la sommité du tamier, petite plante ressemblant à une asperge sauvage. Ramassés au printemps sur les talus ou achetés en bottes sur les étals de la région de Carmaux, les respountsous sont cuits à l'eau, pour enlever l'amertume, avant d'être préparés en salade ou en omelette.

La bougnette

Cette grosse boule composée de hachis de porc, de mie de pain rassie, d'œufs frais et d'herbes est enveloppée dans une crépine et cuite dans la graisse comme un beignet.

Les charcuteries

La région de Lacaune, située sur l'antique route du sel, a vu naître une grande gamme de salaisons dont le fleuron est sans conteste le jambon sec. Mais le Tarn produit également de nombreuses charcuteries : le galabart, boudin composé de sang, de tête de porc, de couennes et d'épices ; le coudenou, boudin blanc aux couennes à la consistance croquante originaire de Mazamet ; ou encore le melsat, grosse saucisse proche du boudin blanc.

François Flad

Descendant de la famille Flad, réfugiés alsaciens et distillateurs installés à Albi, François Flad, né en 1903, reprend la brasserie familiale. Par ailleurs, il œuvre beaucoup pour le circuit automobile d'Albi qu'il préside jusqu'en 1954.

La lacaune

Race ovine française la plus importante en effectif, la lacaune tire son nom du chef-lieu de canton des monts de Lacaune. De couleur blanche et d'un format moyen, la brebis possède une toison fine, mais la tête, le cou, les pattes et le ventre en sont exempts. Elle comprend deux variétés, la lacaune lait, destinée à la fabrication fromagère, et la lacaune viande, produisant exclusivement des agneaux de boucherie élevés sous la mère.

L'ail rose de Lautrec

Bien qu'originaire de Lautrec, l'ail rose est présent sur quatre-vingt-huit communes situées dans l'ouest du département. Reconnaissable à ses caïeux (gousses) finement rosés sous une peau blanche, l'ail rose de Lautrec est réputé pour sa fine saveur sucrée et sa durée de conservation. La soupe ou la tarte permettent à cette variété de révéler toute sa finesse.

Albi à table

La culture du safran, présente dans la région albigeoise du XVe au XIXe siècle, se retrouve dans le gras double à l'albigeoise. En dessert, la ville propose la gimblette, petit anneau de pâte échaudée et parfumée à la fleur d'oranger ou la navette albigeoise, losange de pâte sablée recouvert d'amandes effilées.

Frésinat

Préparé juste après avoir tué le cochon, ce ragoût de porc n'utilisait que les morceaux n'entrant pas dans la composition des charcuteries.

Pour 4 personnes

1 kg de viande de porc (travers, cou, rate…)
Graisse de canard
1 bouquet garni
25 cl d'eau
1 verre d'eau-de-vie
1 gousse d'ail
2 oignons
Sel et poivre

- Couper la viande en morceaux.
- Dans une cocotte, faire rissoler ces morceaux dans de la graisse de canard. Réserver.
- Dans la même poêle, faire fondre les oignons et l'ail hachés.
- Ajouter les morceaux de viande, l'eau-de-vie et l'eau. Assaisonner, mettre le bouquet garni et cuire à couvert et à petit feu pendant 45 min jusqu'à ce que la viande soit confite.
- Servir avec des pommes de terre sautées ou des haricots.

Le casse-museau

Originaire de Brassac, ce gâteau élaboré avec du lait de brebis emprésuré, des œufs, de la farine, de la levure et un zeste de citron, doit son nom à son apparence de boule noircie. Mis à cuire à four très chaud, il est entaillé sur le dessus à mi-cuisson pour devenir bien cuit tout en laissant apparaître son cœur moelleux.

Le pays du chasselas

Baptisé « le verger de Midi-Pyrénées », le Tarn-et-Garonne, riche de terres agricoles et d'un climat favorable, est également le domaine du foie gras, de la vigne et de la truffe.

MENU

Soupe froide de melon

Cette entrée originale met à l'honneur le melon du Quercy.

Escalopes de foie gras au chasselas*

Pescajoune

Cette grosse crêpe est agrémentée de pommes acides poêlées au beurre et parfumée d'eau-de-vie de prune.

Lavilledieu rouge

Dans les POMMES !

Premier département producteur de pommes en France, le Tarn-et-Garonne commercialise de nombreuses variétés dont la gala, la golden et la granny-smith pour les plus connues. Mais le département produit aussi un grand nombre de poires, comme la williams et la doyenné du comice, et des cerises dans la région de Moissac.

L'ail blanc de Lomagne

La culture de l'ail blanc, longtemps destiné à une consommation familiale, s'est fortement développée au cours du XXe siècle dans la région de la Lomagne, à cheval avec le Gers. Cet ail à l'odeur caractéristique possède un bulbe régulier constitué de huit à douze caïeux et enveloppé d'une pellicule d'un beau blanc nacré.

La caussade

Également connue sous le nom de poule noire du Quercy, la caussade est une petite volaille très vive au plumage noir et excellente pondeuse. Avec sa chair renommée et son ossature très fine, elle est recherchée en gastronomie car son gabarit correspond aux justes proportions d'un repas pour quatre personnes.

Ernest Pécou

Confiseur, Ernest Pécou fonde sa première fabrique à Montauban en 1880. Depuis, celle-ci s'est transformée, sur cinq générations, en une maison de grande renommée, devenant le premier spécialiste en France de la dragée amande. La palette s'est depuis élargie vers les dragées au chocolat.

La grappe d'or

Introduit dans la région au Moyen Âge, les moines de l'abbaye Saint-Pierre de Moissac ont développé la culture du chasselas. Ce raisin de table aux grains dorés a connu un énorme succès au XIXe siècle. Dans les années trente, une « cité uvale » est même envisagée, comme une ville thermale, autour des vertus thérapeutiques du raisin avec casino, champ de courses... Mais seul l'*uvarium* destiné à la dégustation du raisin et un hôtel seront construits.

Escalope de foie gras au chasselas

Pour 4 personnes

4 tranches de foie gras de canard
1 grappe de raisin chasselas
15 cl de vin blanc liquoreux
Graisse d'oie ou de canard
Sel et poivre

La veille

- Détacher les raisins de la grappe préalablement lavée.
- Les laisser macérer dans le vin blanc durant 24 h.

Le jour même

- Assaisonner les tranches de foie gras.
- Dans une grande poêle, faire fondre de la graisse de canard et y déposer les tranches de foie gras. Les cuire entre 30 et 45 s de chaque côté. Les sortir de la poêle et réserver au chaud.
- Dans la poêle, verser le vin de macération du raisin et réduire à feu doux 5 min puis ajouter le raisin et cuire encore 5 min.
- Déposer les escalopes dans un plat et verser dessus le vin avec les raisins.
- Servir tout de suite accompagné de pain grillé.

Les biscuits Poult

En 1883, Émile Poult lance à Montauban la fabrication de biscuits secs d'après une recette élaborée par son chef pâtissier Laurent Périès. Cédant à ce dernier le local de la pâtisserie, il installe dans la ville basse une biscuiterie industrielle dans laquelle il développe la fabrication de sablés et de boudoirs, puis de tartelettes, palmiers et biscuits chocolatés. Désormais, Poult conditionne ses biscuits pour des marques très connues destinées à la grande distribution.

Le boulet de Montauban

La ville protestante de Montauban, assiégée par l'armée de Louis XIV en 1621, fabriqua des centaines de boulets noirs en sucre qu'elle disposa près de ses canons. Trompés par ces supposées munitions, les assaillants levèrent le camp. La maison Pécou, pour rendre hommage à cet acte de résistance, a réalisé le boulet de Montauban, bonbon constitué d'une noisette grillée enrobée de chocolat noir, présenté en 1995 lors des jeux Intervilles opposant Montauban à Agen.

Var

Le pays de la figue

L'agriculture du Var est essentiellement orientée vers les fruits, les primeurs, la vigne et l'olive. Sa cuisine est à base d'huile d'olive, de légumes et des ressources de la mer.

La BROUSSE du Var

Ce caillé doux réalisé avec du lait de brebis est moulé individuellement dans des faisselles cylindriques. La brousse se mange fraîche, sucrée avec de la confiture, ou dans des préparations salées.

Chiche !

Présent dans toute la Provence méridionale, le pois chiche en apprécie le sol sec et se contente de peu d'eau. Cette légumineuse fournit des pois qui se retrouvent dans de nombreux plats ou bien s'utilisent transformés en farine. La ville de Rougiers le célèbre chaque mois de septembre.

MENU

Filets de rouget à la crème d'oursins

La pêche locale fournit des poissons de roche et des fruits de mer d'une grande finesse.

Artichauts à la barigoule*

Chanteclair

Inventée en 1935, cette spécialité toulonnaise mariant la meringue avec la chantilly glacée et parfumée de praline et de moka est décorée d'un coq.

Côtes-de-provence Fréjus rosé

Marie et Martin Sénéquier

En 1887, Marie et Martin Sénéquier créent à Saint-Tropez une pâtisserie spécialisée dans le nougat mou. Dans les années trente, les héritiers ouvrent sur le port un café avec terrasse. Détruit par les Allemands en 1944, il est reconstruit en 1951 et l'établissement avec ses tables rouges devient un lieu incontournable du petit port de pêche.

La FIGUE de Solliès

Prenant la forme d'une goutte écrasée, la figue de Solliès, de couleur violacée et à la pulpe charnue rouge, représente 75 % de la production française de figues. La « violette de Solliès » fut très vite exportée vers Paris au XIXe siècle. Sa récolte s'étend d'août à novembre et doit se faire manuellement pour respecter la fragilité du fruit.

Le chichi fregi

Toulon partage avec le quartier de l'Estaque à Marseille la tradition de ces longs beignets torsadés parfumés à la fleur d'oranger. Présentés dans des cornets de papier, ils ont depuis longtemps dépassé les frontières du Var, devenant incontournables des fêtes foraines et de toutes les plages.

Artichauts à la barigoule

Autrefois réalisée avec des barigoules (lactaires délicieux) d'où son nom, cette recette est à base d'artichauts.

Pour 4 personnes

8 artichauts violets
100 g de jambon cru
100 g de lardons fumés
150 g de champignons de Paris
100 g de carottes
10 cl de vin blanc sec
10 cl d'eau
5 cl d'huile d'olive
3 oignons
1 gousse d'ail
Thym et laurier
Sel et poivre

- Préparer les artichauts : retirer les feuilles pour ne conserver que les cœurs. Éplucher les tiges et les couper en bâtonnets.
- Éplucher et couper les champignons et les carottes en fines lamelles.
- Couper le jambon en bâtonnets.
- Dans une grande poêle, faire cuire dans l'huile les artichauts à feu vif pendant 5 min avec les oignons émincés.
- Ajouter le jambon et les lardons, puis les champignons, les carottes, l'ail écrasé, le thym et le laurier. Assaisonner.
- Au bout de 5 min, ajouter, l'eau et le vin blanc, couvrir et laisser cuire à feu doux 10 min. Servir aussitôt.

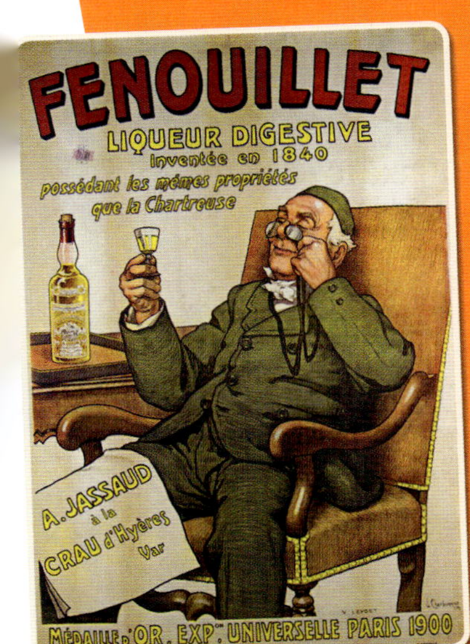

La liqueur du Fenouillet

Le mont Fenouillet, dans la région de la Crau, tire son nom du fenouil qui y était autrefois cultivé. Une distillerie a donné ce nom à une liqueur digestive qu'elle a produite de 1840 à 1918.

La tarte tropézienne

Créée au début des années cinquante par Alexandre Micka dans sa pâtisserie de Saint-Tropez, d'après une recette familiale polonaise, la tarte tropézienne est une brioche fourrée d'un mélange de crème pâtissière et de crème au beurre, recouverte de grains de sucre. C'est Brigitte Bardot qui, pendant le tournage de *Et Dieu créa la femme*, aurait fait la promotion de ce dessert.

Le crabe vert

Également appelé favouille, le crabe vert est la cible favorite des pêcheurs à pied. Il est très présent dans la gastronomie méditerranéenne comme la soupe mais sert aussi à appâter des poissons très prisés comme le loup ou la dorade.

Vaucluse

Le pays du melon

MENU

Soupe au pistou*

Daube comtadine

Comptant parmi les nombreuses versions de daubes, celle-ci se cuisine avec de l'agneau et des olives.

Mousse à la fraise

Remplaçant la culture de la soie et de la garance, la fraise de Carpentras s'invite dans de délicieux desserts.

Gigondas rouge

Département à l'agriculture pastorale, le Vaucluse a développé son secteur maraîcher. Le vin, les fruits et les légumes comptent parmi ses trois productions majeures.

La bohémienne

Proche de la ratatouille dont elle se différencie par l'absence de courgettes et de poivrons, la bohémienne est constituée d'une purée d'aubergines et de tomates cuite à l'ail et gratinée avec du fromage. À ne pas confondre avec le tian, réalisé avec de nombreux légumes mis en couches successives et cuit dans un plat portant le même nom.

Le melon des papes

Plusieurs variétés de melons sont cultivées sous l'appellation géographique de melon de Cavaillon, dont le cantaloup. À l'origine cultivé à Cantalupo, résidence papale en Italie, il s'installe au XIVe siècle à Cavaillon, terre pontificale. C'est au XIXe siècle qu'il acquiert sa renommée et Alexandre Dumas fit même don de la totalité de son œuvre publiée à la bibliothèque de Cavaillon contre une rente de douze melons par an.

Le fruit confit d'Apt

Située dans une région de vergers, Apt, capitale mondiale du fruit confit, utilise la cerise, le melon, l'abricot, la poire, la prune, la figue… Le procédé datant du Moyen Âge consistait à confire les fruits dans du miel, puis avec du sucre de canne alors importé par les croisés. Au début du XXe siècle, la production s'exporte au Royaume-Uni très friand des fruits confits pour ses cakes.

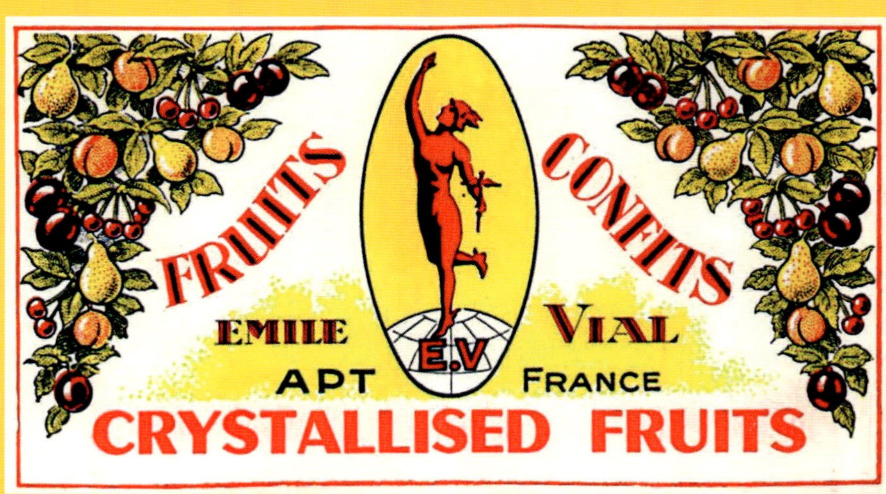

Soupe au pistou

Cette soupe tire son nom du latin *pistare* (piler) et désigne la purée de basilic obtenue qui en constitue la base.

Pour 4 personnes

1,5 l d'eau
250 g de vermicelles
300 g de haricots verts
120 g de carottes
120 g de navets
3 tomates
2 pommes de terre
2 gousses d'ail
1 branche de basilic
5 cl d'huile d'olive
Sel et poivre
Gruyère râpé (facultatif)

- Laver les légumes et les couper en petits dés.
- Les cuire dans 1,5 l d'eau à couvert et à petit feu durant 35 min. Assaisonner.
- Réaliser le pistou : piler les feuilles de basilic avec les gousses d'ail et monter à l'huile d'olive.
- Jeter les vermicelles dans la soupe de légumes et continuer la cuisson durant 10 min.
- Délayer le pistou dans la soupe et servir aussitôt avec le gruyère râpé.

Le MUSCAT de Beaumes-de-Venise

Ce vin doux naturel, à la couleur ambrée, tire son nom de la commune située au pied des Dentelles de Montmirail, qui n'a rien à voir avec la cité des Doges mais se rapporte au Comtat Venaissin. Élaboré uniquement à partir de muscat à petits grains, il se sert à l'apéritif ou au dessert.

Le fenouil

Cousin de l'aneth, le fenouil est consommé cru ou cuit dans toute la Provence. Si les feuilles et les graines sont utilisées en condiments, c'est le bulbe qui est cuisiné comme légume en accompagnement du poisson.

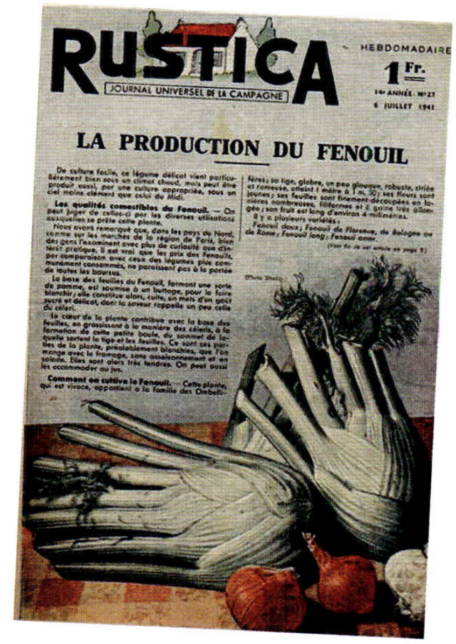

Quand la menthe est rouge…

Le berlingot de Carpentras fut élaboré pour la première fois dans la ville par François-Pascal Long en 1844 qui utilisa le sirop des fruits confits. Chaque couleur définit le parfum de la confiserie, et, étonnement, le rouge indique la menthe, le vert étant réservé à l'anis.

Alexandre-Étienne Grangier

Venu de Cavaillon, Alexandre-Étienne Grangier épouse dans les années 1850 une jeune fille de Lauris. Il s'y installe et profite des terrains alluvionnaires de la Durance pour y développer la culture de l'asperge blanche. Expédiée par wagons entiers vers Paris, l'asperge de Lauris figura même à un repas offert en 1939 par Albert Lebrun au roi George VI.

Le coing de Provence

Déjà présent en Provence dès le XVe siècle, le coing est à la base de la pâte de coings qui figure parmi les treize desserts de Noël. Il est aussi utilisé pour réaliser le pain-coing, pâtisserie réalisée avec un coing épluché et évidé enfermé dans une pâte à pain avec du sucre et du beurre puis cuit au four.

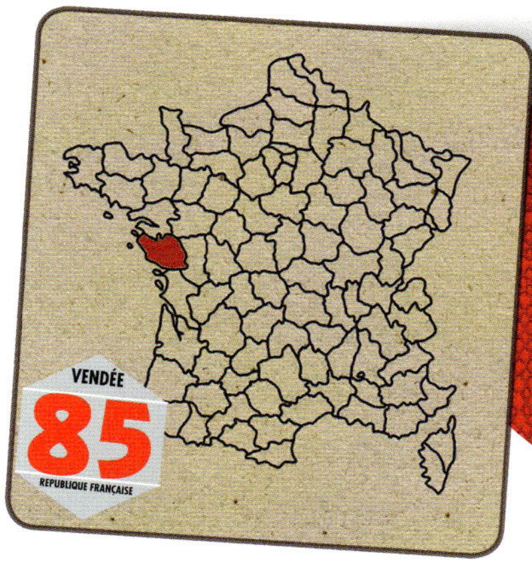

Le pays de la brioche

Vendée

La Vendée compte de grands ports de pêche (dont Saint-Gilles-Croix-de-Vie, au premier rang national pour la sardine), des parcs à huîtres et à moules.

Ventre à choux

Le surnom donné aux Vendéens aurait pour origine le cri d'alerte lors des guerres de Vendée pour se coucher dans les rangées de choux. Plus sûrement, il viendrait des Charentais étonnés au début du XXe siècle de voir les migrants vendéens arriver avec des choux fourragers. Il s'agissait en fait de la nourriture du bétail qui les accompagnait, mais la confusion est restée.

La bonnotte de Noirmoutier

La pomme de terre primeur doit son goût sucré à la terre sablonneuse enrichie en goémon et au microclimat de l'île. Elle se déguste sans être épluchée, cuite à la vapeur ou rissolée au beurre. Parmi les quatre variétés présentes dans l'île, la plus prestigieuse est la bonnotte, originaire de Barfleur, implantée dans l'entre-deux-guerres et atteignant des sommes élevées aux enchères.

Le canard de Challans

Avec son plumage noir et blanc, le canard de Challans fut d'abord connu à Paris sous le nom de canard nantais car il arrivait dans la capitale en train depuis cette ville. Fleuron de La Tour d'Argent à Paris où il est cuisiné « au sang », il fut également présent au menu du mariage de Rainier de Monaco et Grace Kelly.

Menu

Filets de sole aux crevettes

Comme la sardine à Saint-Gilles ou le thon à l'île d'Yeu, la sole est le fleuron de la pêche aux Sables d'Olonnes.

Jambon braisé aux mogettes*

Tarte aux pruneaux de l'île d'Yeu

Cette tarte servie aux noces était réalisée avec les ingrédients ramenés par les marins de retour dans l'île.

Mareuil rouge

Jambon braisé aux mogettes

Le jambon de Vendée est servi avec les célèbres haricots blancs vendéens.

Pour 4 personnes

4 tranches de jambon cru
800 g de mogettes
50 g de beurre
1 oignon
Sel et poivre

- Dans un faitout mettre les mogettes (préalablement trempées pendant 12 h), l'oignon coupé en deux et couvrir d'eau. Mettre à cuire à couvert et à feu doux pendant 2 h.
- Cuire rapidement à la poêle dans 25 g de beurre les tranches de jambon.
- À la fin de la cuisson des haricots, ajouter 25 g de beurre et assaisonner.
- Dans chaque assiette, servir une tranche de jambon avec les mogettes.

Henri-Aimé Vrignaud

Négociant en spiritueux, Henri-Aimé Vrignaud fonde à Luçon en 1812 une fabrique de liqueurs. Son petit-fils Paul-Émile crée dans les années 1860 une liqueur au café pour satisfaire une clientèle ouvrière du Nord grande consommatrice de café. Baptisée « liqueur café », elle prend ensuite le nom de kamok (anagramme de moka).

Le troussepinette

Également appelé vin d'épines, cet apéritif est un vin sucré aromatisé avec des jeunes pousses de prunellier auquel est ajoutée de l'eau-de-vie. Autrefois fabriqué dans chaque ferme qui avait sa propre recette, cet apéritif « fait maison » fait maintenant l'objet d'un commerce avancé.

Le parfum du fion

La vanille, la cannelle et la fleur d'oranger parfument délicatement ce flan aux œufs contenu dans une pâte à hauts bords et cuit très longuement au four. Dans le Marais vendéen, le fion était le dessert de Pâques. Lorsqu'il est cuit sans pâte, ce flan est alors appelé fiounée.

La fressure

Constituée des restes du cochon après son abattage, cuits dans un bouillon de légumes avec du pain rassis et mélangés au sang, la fressure doit cuire longuement sans bouillir et être régulièrement remuée. Cette bouillie peu ragoûtante d'aspect était un plat de choix pour les plus pauvres.

Le préfou

Indispensable à tout apéritif vendéen, le préfou était à l'origine un morceau de pâte destiné à tester la température du four, puis dégusté chaud avec du beurre relevé d'ail. Désormais, ce pain peu levé bénéficie de garnitures variées allant du fromage de chèvre à la tomate séchée.

Brioche et gâche

Incontournable des repas de noces, la brioche vendéenne présente sous sa tresse dorée une mie aérée et parfumée. Différente par sa forme ovale et sa croûte incisée tout en longueur, la gâche l'est aussi par sa texture, plus serrée en raison de l'apport de crème fraîche. Elle était traditionnellement fabriquée pour Pâques.

Le pays du chevreau

Vienne

MENU

Farci poitevin*

Brochettes de chevreau

Ces brochettes sont réalisées avec des abats de chevreau.

Dame blanche du Poitou

Dans cette île flottante, les blancs en neige sont moulés et cuits au four.

Haut-poitou rouge

Département agricole, la Vienne pratique la grande céréaliculture ainsi que l'élevage ovin et surtout caprin.

L'échalote cuisse de poulet du Poitou

Il ne s'agit pas plus ici d'un morceau de volaille que d'une échalote ! Ce légume bulbeux évoque par sa forme allongée et sa couleur une cuisse de poulet et se rapproche en apparence d'une échalote, mais c'est un légume appelé échalion, proche des oignons. Importé dans la région de Lencloître par des réfugiés mosellans durant la Seconde Guerre mondiale, il se récolte en primeur pour conserver son goût sucré.

Le couhé-vérac

Sous sa forme carrée et sa croûte crème parfois bleutée, le couhé-vérac, qui porte le nom de sa localité d'origine, est un fromage au lait cru de chèvre. Il se reconnaît facilement à la feuille de platane ou de châtaignier qui le recouvre en son milieu.

À vos PIONS !

Également appelés piochons, les pions sont les têtes de chou vert cueillies au printemps alors qu'elles sont encore en boutons. Ils se dégustent le plus souvent en fricassée avec des pommes de terre.

Marie Métivier

À la fin du XIXe siècle, la jeune apprentie Marie Bugeaud aide à la confection des macarons chez les sœurs Chartier à Montmorillon. À la mort de ces dernières et après avoir épousé Auguste Métivier, Marie reprend la fabrication des macarons dont elle confie la recette à sa fille Madeleine, qui, avec son mari Fernand Rannou, perpétue la tradition.

Chevreau à l'ail vert

Appelé aussi cabri ou bicot dans le Poitou, le chevreau est une viande traditionnelle dans la Vienne et tout particulièrement le 1er mai où il est dégusté cuit avec de l'aillet. Cet ail vert donne du parfum à cette fine viande blanche qui ressemble à de la volaille.

Le broyé du Poitou

Point de couteau pour découper à table cette grosse galette dorée faite de beurre, de sucre, de farine et d'œufs. En effet, la tradition était de partager ce gâteau très dur par un coup de poing en son centre pour le broyer, d'où le nom qui lui est resté. Les convives pouvaient alors se servir dans les morceaux ainsi présentés.

La nougatine du Poitou

Créée en 1894 par un confiseur de Poitiers, cette nougatine se distingue par sa forme en boule légèrement aplatie et son enrobage de glace royale.

Pour adulte seulement

Soupe le plus souvent servie en dessert ou en goûter lors des travaux des champs, le miget désaltère tout en tenant au corps. Composée de pain dur trempé dans du vin rouge sucré, cette boisson rafraîchissante est toutefois déconseillée aux enfants.

Farci poitevin

Autrefois plat du pauvre, le farci poitevin permettait d'utiliser les restes. Il est désormais en première place dans la gastronomie du département.

Pour 6 personnes

1 chou
500 g d'oseille
500 g d'épinards
350 g de porc dans l'échine
150 g de lard
6 œufs
20 g de beurre
25 cl de crème fraîche
Persil
Ciboulette
Sel et poivre

- Nettoyer le chou et en préserver huit belles feuilles.
- Laver les épinards et l'oseille en effilant les feuilles.
- Dans un faitout, faire bouillir de l'eau. Y jeter l'oseille, les épinards et le chou, et cuire le tout 30 min. Bien égoutter l'ensemble. Réserver les huit feuilles.
- Dans un saladier, bien mélanger le chou, l'oseille et les épinards avec la viande et le lard hachés, les œufs battus en omelette, le persil et la ciboulette hachés.
- Ajouter la crème fraîche et assaisonner.
- Beurrer une cocotte allant au four et la tapisser avec sept feuilles de chou. La remplir avec le hachis, recouvrir avec la huitième feuille et rabattre les autres sur le dessus.
- Cuire au four à 150 °C (th. 5) pendant 3 h.
- Attendre que le farci soit refroidi avant de le démouler et de le couper en tranches.

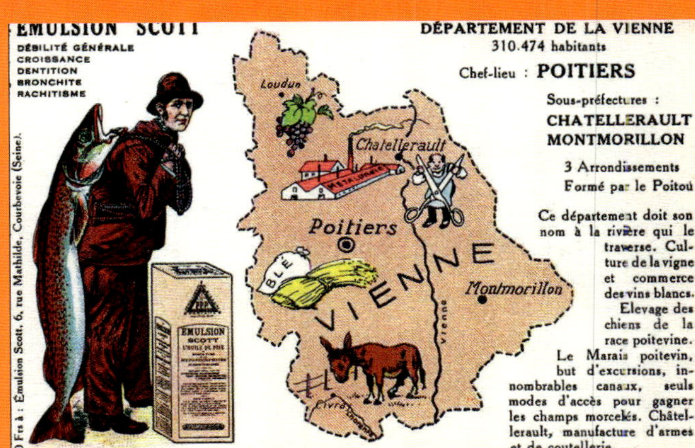

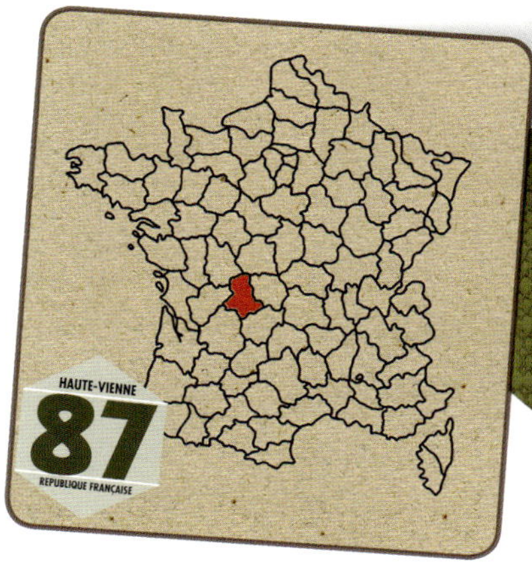

Haute-Vienne

Le pays de la limousine

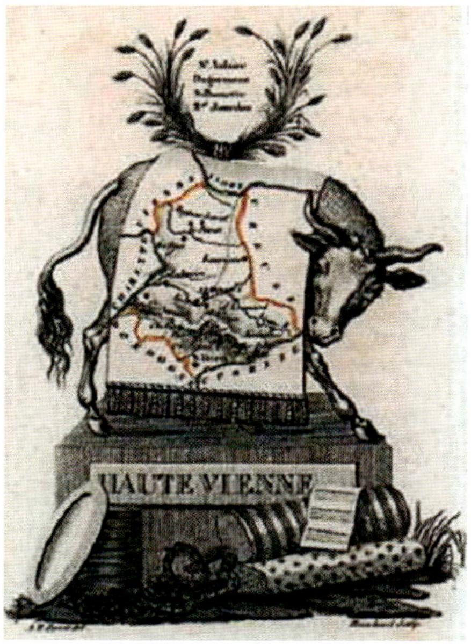

L'agriculture de la Vienne est dominée par les élevages bovin, porcin et ovin. Sa gastronomie est à son image, simple, à base de pommes de terre, de champignons et de châtaignes.

Une brioche licencieuse

La cornue verrait son origine remonter aux antiques fêtes païennes de la fertilité avant d'être adoptée par l'Église pour célébrer la fête des Rameaux. Cette petite brioche possédant trois branches dont l'une était plus longue que les autres, cet aspect phallique faisait un peu désordre… À tel point que l'évêque de Limoges demanda en 1750 aux boulangers de la ville de moraliser sa forme en égalisant les trois pointes, en allusion cette fois à la sainte Trinité.

Le pain tourné

Ce pain à la mie très alvéolée présente la particularité d'être roulé en torsade avant de lever puis d'être cuit au four. Décrit comme un « torchon que l'on essore » par Lionel Poilâne, ce pain est très populaire dans les campagnes car sa croûte épaisse lui assure une longue conservation.

MENU

Bourriquette*

Tourte limousine

Cette spécialité de Châlus est réalisée avec du petit salé et des pommes de terre.

Gâteau à la châtaigne

Les châtaignes se prêtent à de nombreuses préparations dont d'excellents desserts.

Verneuil rosé

La bière limousine

Avant que les grandes brasseries du nord et de l'est de la France ne la concurrencent, la bière était présente en Limousin. Installée à Limoges au bord de la Vienne, la brasserie de la Jourdanie, créée par Pierre Raby, l'initiateur de la bière en Haute-Vienne, est rachetée en 1884 par Jean-Baptiste Mapataud qui lui donne une ampleur nationale.

Bourriquette

Cette ancienne soupe limousine est servie avec un œuf poché.

Pour 4 personnes

1 bouquet d'oseille équeutée
3 échalotes
5 pommes de terre
1 cuillerée à soupe de Maïzena
70 g de beurre
1 l de bouillon de volaille
Vinaigre
Croûtons de pain
Sel et poivre

- Couper les feuilles d'oseille en lanières et les faire fondre dans une casserole avec les échalotes hachées dans 50 g de beurre.
- Ajouter la Maïzena puis mouiller avec le bouillon de volaille et assaisonner.
- Couper en morceaux les pommes de terre épluchées, les jeter dans le bouillon et laisser cuire 30 min.
- Faire dorer les croûtons dans une poêle avec 20 g de beurre.
- Pocher chaque œuf dans de l'eau vinaigrée. Les égoutter.
- Servir un œuf dans chaque assiette et recouvrir de soupe. Accompagner de croûtons grillés.

Paulin Aréna

Pâtissier à Saint-Junien, Paulin Aréna élabore à la fin du XIXe siècle un gâteau aux amandes recouvert de sucre glace qu'il appelle « néva » en hommage au fleuve russe. Son fils Paul présente le gâteau à un concours national de pâtisserie en 1908 et obtient le grand prix. Baptisé depuis aréna, ce gâteau est toujours fabriqué à Saint-Junien.

Le régal des pèlerins

Camille Petitjean a relancé en 1899 la fabrication du massepain de Saint-Léonard-de-Noblat, qui faisait le régal des pèlerins sur la route de Saint-Jacques-de-Compostelle. Ils appréciaient la valeur énergétique de cette gourmandise à base d'amandes moulues, de sucre et de blancs d'œufs qui se conserve plusieurs jours.

La madeleine de Saint-Yrieix-la-Perche

Originaire de Lorraine, la fabrication de la madeleine s'est développée à Saint-Yrieix au milieu du XXe siècle. La recette en aurait été rapportée par un compagnon pâtissier de Commercy. La ville étant placée sur la route de Compostelle, la tradition de ce gâteau moelleux en forme de coquille s'est vite installée.

La limousine

Cette vache d'un beau gabarit à la couleur cuivrée est une race rustique qui a toujours fait face au climat parfois rigoureux du Massif central. Appréciée pour sa viande, elle est devenue la race à viande française la plus exportée. Et la première vache clonée à partir d'une cellule différenciée, en 1997, était une limousine.

Le cul-noir

Cette race de porc limousine doit son nom à la tache noire qu'il porte sur la croupe, mais il possède également une tête noire. Élevé en plein air, il fait beaucoup de gras et cette faculté, appréciée autrefois dans les campagnes, a failli causer sa disparition à une époque récente où la graisse était moins bien considérée.

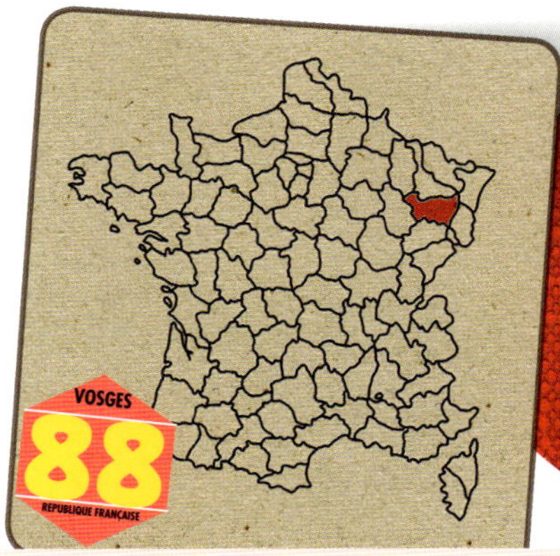

Le pays du miel

Vosges

MENU

La soupe au caillou

Cette soupe paysanne est préparée avec un caillou qui broie les légumes durant la cuisson.

Pâté de truite

Avec la loriquette et la nonnette, le pain de truite est une spécialité de Remiremont.

Tarte aux brimbelles*

Vin blanc des Vosges

L'agriculture vosgienne associe l'élevage laitier et la céréaliculture. Sa gastronomie relève d'une longue tradition rurale et le tourisme thermal a favorisé sa renommée.

Le SIROP des Vosges Cazé

Un des plus célèbres remèdes du XXe siècle, le sirop des Vosges Cazé, est inventé en 1900 par Alexandre Cazé, pharmacien de Saint-Quentin, en Picardie. Son sirop contre la toux étant réalisé à partir d'essences extraites de sapin, il le baptise du nom du massif forestier profitant de l'image revigorante de la montagne… ou en hommage à sa jeune épouse originaire des Vosges.

Le miel de sapin des Vosges

Reconnaissable à sa couleur foncée et à sa forte saveur, le miel de sapin des Vosges n'est pas issu de la transformation du nectar des fleurs mais provient de la collecte du miellat déposé par les pucerons sur les branches de sapin. Ce miel, rare et recherché pour ses qualités antiseptiques et anti-inflammatoires, est riche en oligoéléments et se conserve très bien.

La glace Plombières

Présentée lors d'une rencontre entre Napoléon III et l'Italien Cavour en 1858 à Plombières-les-Bains, cette glace aux fruits confits aurait pris le nom de la ville qui l'a rendue célèbre. C'est en fait le glacier italien Tortoni installé à Paris qui serait le créateur en 1798 de cette glace qu'il faisait prendre dans un moule en plomb, d'où le nom… Mais c'est bien un pâtissier de Plombières qui a eu en 1882 l'idée d'ajouter du kirsch.

L'ANDOUILLE du Val-d'Ajol

Cette longue andouille à la couleur orangée est toujours certifiée d'une étiquette tel un cigare et sa bague. Composée à 60 % de viande maigre de porc, elle est aromatisée et arrosée de vin blanc sec.

La ville des «têtes de veau»

Les habitants de Rambervillers, revendiquant ce surnom, ont fait de la tête de veau cuite au court-bouillon une de leurs spécialités. Celle-ci daterait d'une époque où les habitants de la ville se seraient fait voler douze bêtes qui broutaient sur des prés communs à la ville d'Épinal. Sommés de rendre les douze têtes de bétail, les voleurs, les prenant au mot, auraient remis douze têtes de veau tranchées.

Tarte aux brimbelles

Les myrtilles sont appelées brimbelles dans les Vosges. Pour la pâtisserie, il est d'usage d'utiliser le «bluet des Vosges», variété cultivée donnant de plus gros fruits.

Pour 8 personnes

1 pâte brisée sucrée
600 g de brimbelles
50 g de semoule de blé dur
25 cl de lait
Sucre glace

- Garnir un moule à tarte de la pâte brisée. Piquer le fond avec une fourchette.
- Faire gonfler la semoule dans le lait.
- La déposer sur la pâte et la recouvrir de brimbelles.
- Mettre au four préalablement chauffé à 180 °C (th. 6) et cuire entre 30 et 40 min.
- À la sortie du four, saupoudrer de sucre glace.

Louis Bouloumié

D'origine aveyronnaise, l'avocat Louis Bouloumié achète en 1854 à Vittel la source Gérémoy dont il a pu apprécier les vertus, après plusieurs cures pour ses troubles gastriques. Dès 1855, il lance la station thermale, suivant en cela la station voisine de Contrexéville, exploitée depuis le XVIIIe siècle pour son eau très minéralisée.

Le p'teu

C'est ainsi que l'on appelait dans les fermes le fromage non commercialisé mis à fermenter et qui accommodait les pommes de terre. Cette préparation très relevée en goût est à l'origine du roncin, composé de géromé (le munster des versants vosgiens) fondu avec des œufs battus, de la farine, aromatisé et servi coulant sur des pommes de terre cuites à l'eau.

Le fromage des chaumes

C'est dans les chaumes, ces fermes auberges situées sur les crêtes vosgiennes, qu'est fabriqué puis proposé à la dégustation le bargkass. Ce fromage à la pâte pressée au lait cru de vache peut avoir parfois un goût de myrtille en raison de l'alimentation des vaches qui paissent en pleine montagne.

Le pays du Chablis

Yonne

MENU

Brioche aux griaudes

Farcie de petits morceaux de porc frits, cette brioche prend souvent la forme d'une couronne.

Andouillette de Chablis

Vendue par morceaux car très longue, cette andouillette est excellente poêlée avec du chablis.

Rigodon*

Saint-bris

Anciennement l'un des départements les plus viticoles avant l'invasion du phylloxéra, l'Yonne a vu renaître une partie de son vignoble qui cohabite avec l'élevage et la grande culture céréalière au nord.

Le Père Marmotte

Surnommé ainsi parce que très enclin à faire la sieste, cet ancien viticulteur de Jussy, qui avait perdu ses vignes après la crise du phylloxéra de 1880, aurait découvert dans ses haies de cerisiers un spécimen issu de l'hybridation naturelle de bigarreau. La cerise obtenue, appelée marmotte, est ronde, d'un rouge foncé, sucrée et très juteuse.

Le raisiné bourguignon

Cette gelée est réalisée avec des grains de raisin produit dans la région, mais aussi des coings et des poires. Cuits dans un peu d'eau, les fruits sont sucrés puis épurés des pelures et autres pépins avant d'être mis en pot.

Le ratafia de Bourgogne

Ce vin de liqueur est réalisé en assemblant par mutage du jus de raisin frais avec de l'eau-de-vie de marc. Ne comportant pas de vin puisque l'alcool stoppe la fermentation du jus de raisin, le ratafia conserve le goût du raisin d'origine. Il se sert bien frais, surtout en apéritif.

Le premier vin blanc du monde

Attesté dès le haut Moyen Âge, le chablis est un vin blanc sec qui existe aussi en appellation petit-chablis et chablis grand cru. Présente dès l'époque gauloise puis romaine, la vigne fut développée par des moines bénédictins venus de Tour et installés à Auxerre. Réalisé à partir d'un cépage chardonnay, ce vin possède une robe d'un beau pâle doré avec des reflets verts. Il se retrouve dans de nombreux plats de la gastronomie comme le jambon au chablis.

La gougère

À l'origine présentée sous forme d'une grande couronne à découper, la gougère est maintenant proposée en petits choux individuels. Réalisée avec une pâte à choux additionnée de muscade et de fromage râpé, elle se consomme à l'apéritif et peut même être farcie de champignons ou d'escargots.

Le soumaintrain

Proche de l'époisses par son apparence et son parfum, le soumaintrain n'est cependant pas affiné à l'alcool. Ce fromage au lait de vache à pâte molle et à croûte lavée se déguste en fin de repas ou encore cuisiné pour une entrée relevée.

Rigodon

Cette sorte de pudding bourguignon peut également se préparer en version salée.

Pour 6 personnes

250 g de brioche rassie
80 cl de lait
150 g de sucre
6 œufs
100 g de cerneaux de noix hachés
75 g de noisettes en poudre
1 sachet de sucre vanillé
1 pincée de cannelle
1 pincée de sel
50 g de beurre
Sucre glace

- Porter à ébullition le lait avec le sel, le sucre vanillé et la cannelle. Réserver.
- Dans un saladier, battre les œufs avec le sucre.
- Verser dessus le lait bouillant et mélanger vivement.
- Ajouter les noix et les noisettes et la brioche émiettée.
- Graisser un moule à manqué avec 20 g de beurre.
- Verser la préparation dans le moule et parsemer du reste du beurre en copeaux.
- Mettre le moule dans un bain-marie tiède et cuire au four préchauffé à 210 °C (th. 7) durant 20 min.
- Baisser la température du four à 180 °C (th. 6) et cuire encore 40 min.
- Laisser tiédir avant de démouler et saupoudrer de sucre glace.

Alfred Duché

Pâtissier installé à Chablis, Alfred Duché oublie, un matin de l'année 1820, une fournée de biscuits à la vanille dans son four. Heureusement, celui-ci est éteint, mais les biscuits subissent un dessèchement non prévu. Ainsi est né ce biscuit «à tremper» qui n'est jamais meilleur que légèrement imbibé de chablis. La marque Duché est déposée en 1862.

Le pays de la morille

Territoire-de-Belfort

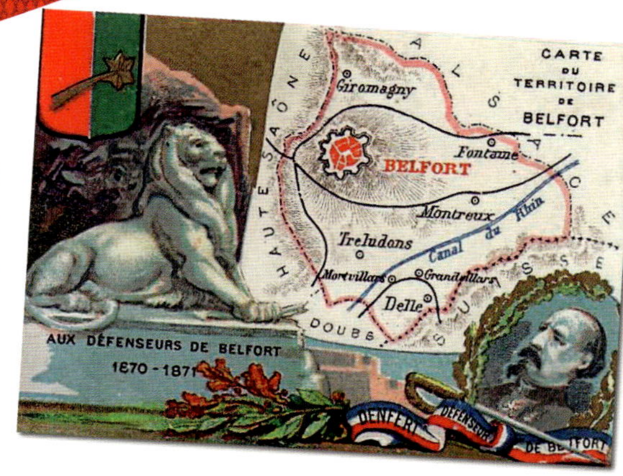

Situé dans un écrin de verdure, le territoire-de-Belfort possède des torrents et des étangs riches en poissons. Sa gastronomie franc-comtoise s'est récemment enrichie d'innovations culinaires destinées à rendre hommage à un passé historique tumultueux.

MENU

Croûte aux morilles*

Carpe grillée

Farcie de sa laitance et d'herbes, cette carpe grillée s'accompagne de pommes de terre.

Toutché

Ce gâteau de pâte briochée est garni d'un goumeau à base d'œufs et de crème fraîche.

Bière La Rebelle

L'EMMENTAL GRAND CRU

Également appelé emmental français est-central Label Rouge, l'emmental grand cru est affiné au minimum douze semaines contre dix semaines pour l'emmental de Savoie. Sa pâte comporte des yeux dont la grandeur peut atteindre celle d'une noix.

L'épaule du ballon

Originale par son goût sucré-salé, l'épaule du ballon est constituée d'une épaule d'agneau désossée, farcie de myrtilles et cuite au four. Ce plat de conception récente est devenu un plat de fête emblématique du département.

Morille comestible. — Morchella esculenta.
— *Comestible excellent.* —

Le champignon du printemps

Apparaissant en avril-mai, la morille donne à la gastronomie franc-comtoise sa spécificité. Présente à la lisière des forêts, elle se reconnaît facilement à son chapeau alvéolé mais doit absolument être cuite pour éviter toute toxicité.

La potée comtoise

Présente dans de nombreuses régions, la potée constitue un plat récurrent des familles françaises. Celle de Franche-Comté est particulièrement enrichie en viandes et charcuteries fumées telles que les saucisses et le lard. Aux légumes traditionnels s'ajoutent aussi des haricots verts.

Croûte aux morilles

Cette croûte réalisée avec du pain grillé peut aussi l'être avec une pâte feuilletée.

Pour 4 personnes

100 g de morilles
25 cl de lait
25 cl de crème liquide
1 échalote
4 belles tranches de pain
150 g de beurre
Persil
Sel et poivre

- Nettoyer soigneusement les morilles et bien les sécher avec du papier absorbant.
- Les faire tremper dans le lait pendant 2 à 3 h.
- Mettre à fondre 50 g de beurre dans une casserole et y faire cuire les morilles avec l'échalote ciselée à couvert et à feu très doux sans ajouter d'eau.
- Dans une grande poêle, faire dorer les tranches de pain sur les deux côtés dans le reste de beurre.
- Ajouter la crème dans les morilles, assaisonner et faire un peu épaissir à feu doux pendant 10 min.
- Dans chaque assiette, disposer une tranche de pain chaude, et recouvrir de crème aux morilles. Parsemer de persil ciselé et servir aussitôt.

Le belflore

Imaginé en 1993 pour le dixième anniversaire du marché aux fleurs, ce gâteau est composé d'une pâte recouverte d'un lit de framboises puis d'amandes meringuées et de noisettes. Il allie régal des yeux et du palais.

AU LION DE BELFORT
Fournitures générales pour
CAFES - HOTELS - RESTAURANTS
19, rue Jules Ferry - Téléphone : 279-60

La patte du Lion

La monumentale statue érigée par Bartholdi en 1879, pour rendre hommage à la résistance de Belfort face aux Prussiens durant la guerre de 1870, a inspiré les boulangers du département. Pour célébrer les 130 ans de la statue, ils ont imaginé une miche de pain qui prend la forme de la patte du célèbre félin.

Le gras-double à la crème

Dans le nord de la Franche-Comté, il est d'usage de cuisiner le gras-double avec de la crème fraîche. Dans cette recette différente de la version lyonnaise, la crème fraîche mêlée à une réduction d'échalotes au vinaigre apporte une saveur particulière.

Frédéric Japy

Né à Beaucourt en 1749, Frédéric Japy fonde dans sa ville un empire industriel basé sur l'horlogerie. À sa mort, ses trois fils reprennent l'entreprise sous le nom de Japy-Frères. Elle diversifie la production dans l'outillage avec la fabrication de moulins à café et l'emboutissage de casseroles et d'outils de ménage en fer battu, étamé ou émaillé. Ceux-ci se retrouveront dans un grand nombre de cuisines françaises.

Le pays du cresson

Essonne

Partagé entre le maraîchage dans le nord et les grandes cultures céréalières dans le sud, le département de l'Essonne était anciennement le principal fournisseur en produits frais de la capitale.

RUSTICA
HEBDOMADAIRE
1fr50
JOURNAL UNIVERSEL DE LA CAMPAGNE
SEMEZ LE POTIRON N'IMPORTE OÙ, MAIS...

« Beaux œufs, chair exquise »

Race ancienne au plumage blanc et à la crête rouge, la poule gâtinaise était élevée à la fois pour la finesse de sa chair et ses qualités de pondeuse. Ses œufs sont d'ailleurs aussi blancs que son plumage.

Le potiron de Cendrillon

Variété de potiron la plus cultivée de France, le rouge vif d'Étampes était déjà présent dans les jardins étampois au XVIIIe siècle. Facilement reconnaissable à sa grosse taille, ses larges côtes et sa couleur rouge orangé, ce potiron a acquis une notoriété internationale en inspirant Disney et en se prêtant aux décorations d'Halloween. On en oublierait que sa chair tendre est excellente en potage.

L'or vert de l'Essonne

Le cresson de fontaine, dont la culture s'est développée en France au XIXe siècle, a vite conquis le marché parisien dont la demande a entraîné l'essor de cressonnières en Île-de-France et en particulier à Méréville. Le cresson, cultivé dans des fosses immergées d'eau douce, est récolté manuellement et se consomme cru ou cuit.

MENU

Tarte au cresson*

Flageolets aux lardons

Le goût particulier du haricot chevrier est mis en valeur par les lardons.

Panna cotta à la menthe

La menthe poivrée parfume ce dessert onctueux et digestif.

Vin des Ulis rouge

Auguste Paillieux

Industriel parisien retiré en 1871 à Crosnes pour vivre sa passion de l'agronomie, Auguste Paillieux tente d'acclimater des plantes comestibles peu connues. C'est ainsi qu'en 1882 il plante cinq rhizomes de *Stachys affinis*, en provenance de Pékin. Les tubercules se développent très vite et il en récolte trois tonnes dès 1886. La ville de Crosnes lègue alors son nom à cette plante dont on consomme les petits tubercules annelés de couleur blanc nacré.

Le haricot d'Arpajon

La culture du haricot à grains blancs évolue au milieu du XIXe siècle avec la découverte d'un nommé Chevrier, cultivateur à Brétigny-sur-Orge : après avoir arraché des plants de haricots et les avoir par inadvertance recouverts de paille, il découvre quelques jours plus tard les cosses ouvertes sur de beaux grains verts. Le haricot chevrier ou flageolet était né. Arpajon est désormais associé à cette culture et ce mode de séchage particuliers.

Le « lit à Milly »

La culture des plantes aromatiques et médicinales autour de Milly-la-Forêt date du Moyen Âge. Mais l'essor véritable tient à l'innovation d'Armand Darbonne qui, à la fin du XIXe siècle, invente un lit à séchage appelé « lit à Milly » permettant d'optimiser la conservation des plantes sur plusieurs rayonnages dans des hangars aérés. La menthe poivrée, de la variété Mitcham, s'impose alors comme indissociable de la petite commune.

Tarte au cresson

Une entrée chaude et pleine de vitamines.

Pour 6 personnes

- 1 pâte brisée
- 2 bottes de cresson
- 4 œufs
- 15 cl de lait
- 15 cl de crème fraîche
- 1 pincée de muscade
- 100 g de gruyère râpé
- Sel et poivre

- Laver et essorer le cresson.
- Enlever les grosses tiges pour ne réserver que les feuilles. Les hacher grossièrement.
- Dans un saladier, mélanger les œufs avec le lait et la crème fraîche.
- Ajouter le cresson, le gruyère et la muscade. Assaisonner et bien mélanger l'ensemble.
- Étaler la pâte brisée dans un moule à tarte et la piquer avec une fourchette.
- Verser l'appareil sur la pâte et mettre au four préchauffé à 210 °C (th. 7). Cuire 30 min.
- Servir chaud avec une salade de mâche 'Verte d'Étampes'.

La fraise de Marcoussis

Produite dans le Hurepoix, au sud de Paris, pour fournir le marché de la capitale, la fraise s'est particulièrement bien adaptée à Marcoussis et à Linas. Plusieurs variétés étaient cultivées pour alimenter le marché durant toute l'année. Si le développement des transports a rendu les fraises méridionales plus compétitives, le fruit est célébré à Marcoussis depuis 1966 lors de la fête de la fraise.

Le pays du petit pois

Hauts-de-Seine

Département de la petite couronne parisienne, les Hauts-de-Seine ont longtemps été une terre de vigne et de maraîchage avant d'être gagnés par l'urbanisation.

La belle Madeleine

Célébrité des rues de Paris sous l'Empire, la « belle Madeleine », comme elle aimait à se présenter dans ses chansons, aurait été paradoxalement fort laide. Installée à l'entrée des Tuileries, elle proposait aux promeneurs ses gâteaux de Nanterre, ville où elle retournait régulièrement s'approvisionner en gâteaux.

Le « p'tit blanc » de Suresnes

Le vin de Suresnes a acquis une grande notoriété depuis le IXe siècle et, jusqu'au XVIIe siècle, était considéré comme le meilleur cru d'Île-de-France. Le gel de 1709, les attaques du mildiou et de l'oïdium, puis surtout l'urbanisation ont eu raison des dernières vignes cultivées. Après un réencépagement dans les années soixante, la vigne de Suresnes est désormais classée « site protégé » et le Clos du Pas Saint-Maurice est maintenant le plus grand vignoble d'Île-de-France.

Charles Heudebert

Boulanger à Nanterre, Charles Heudebert a l'idée, en 1903, de trancher et recuire ses pains de la veille. Ses biscottes ont un succès immédiat et il ouvre une usine en 1910. En collaboration avec des pharmaciens, il oriente sa production vers des articles de boulangerie contribuant à un meilleur équilibre nutritionnel et publie des recueils diététiques sur les régimes alimentaires.

« Le plus sain des **apéritifs** »

Inventé par Paul Clacquesin, pharmacien herboriste, lorsqu'il hérite en 1860 de la fabrique de liqueur de son beau-père, cet apéritif porte son nom. L'usine de production est installée à Malakoff en 1903. Réalisée à partir de plantes, d'épices et de bourgeons de sapin, cette liqueur, titrant à l'origine à 28 degrés avant d'être transformée en apéritif à 18 degrés, bâtit sa réputation, pendant les Années folles, sur une importante campagne publicitaire vantant ses qualités revigorantes jusque sur les routes du Tour de France !

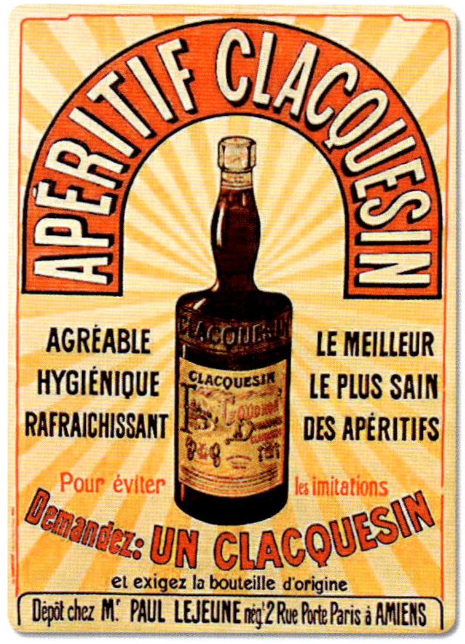

Artichauts aux petits pois

Le mariage de deux célèbres légumes franciliens.

Pour 4 personnes

4 fonds d'artichauts frais
800 g de petits pois frais à écosser
50 g de beurre
1 cuillerée à café de sucre
1 bouquet garni
Sel et poivre

- Écosser les petits pois.
- Couper les fonds d'artichauts en petits morceaux et les faire revenir au beurre 5 min.
- Ajouter les grains de petits pois et le bouquet garni. Assaisonner et ajouter le sucre.
- Couvrir et cuire à feu doux 30 min.
- En fin de cuisson, ôter le bouquet garni et servir chaud.

Le petit pois de Clamart

Au XIXe siècle, les cultures maraîchères se sont développées tout autour de la capitale. À Clamart, l'espace agricole est vite consacré aux petits pois, à tel point que la dénomination « à la clamartoise » désigne désormais un plat accompagné de petits pois.

La Maison Richard

À l'origine maison de distribution de vins pour les bistrots parisiens, basée à Clichy, l'entreprise se développe dans l'immédiat après-guerre. En 1955 est créée à Asnières l'activité torréfaction, qui s'installe à Gennevilliers en 1976. La société s'est maintenant élargie à l'élaboration de thés, tisanes et chocolats et s'étend à la France entière.

MENU

Artichauts aux petits pois*

Blanquette de veau

Ce plat emblématique de la cuisine française prend toute sa place en Île-de-France.

Brioche perdue

Une façon succulente d'accommoder la brioche en dessert.

Clos du Pas Saint-Maurice

La brioche de Nanterre

Cette brioche savoureuse se distingue plus particulièrement par sa forme qui résulte de son moulage. En effet, pour obtenir une belle brioche, il faut juxtaposer dix boules de pâton deux par deux dans un moule rectangulaire. En gonflant puis en cuisant, ces boules vont se joindre pour aboutir à une brioche que l'on a plus envie de « casser » que de couper. Elle se différencie ainsi de sa proche cousine, la brioche parisienne, qui se reconnaît à sa petite tête reposant sur une boule ronde et cannelée.

Seine-Saint-Denis

Le pays de la pêche

MENU

Céleri rémoulade

Une entrée classique de la France ouvrière.

Canard aux pêches*

Mousse au café

Un dessert nostalgique pour les collectionneurs des figurines Mokarex.

Clos blanc-mesnilois

Avec un territoire presque totalement urbanisé, ce département, autrefois en partie boisé, n'a rien gardé de son passé agricole, mais sa gastronomie est désormais enrichie par sa grande diversité culturelle.

Les MURS à pêches

Construits dès le XVIIe siècle à Montreuil, les murs à pêches ont été conçus pour pallier le manque d'ensoleillement de la région parisienne. Emmagasinant la chaleur le jour et la restituant la nuit, ils permettaient d'obtenir, au milieu du XIXe siècle, jusqu'à 17 millions de fruits répartis sur un ensemble de 600 km. Le développement du chemin de fer a ruiné cette économie en favorisant la concurrence des fruits du Midi.

Les cités-jardins

Ces lotissements, conçus en 1804 d'après un modèle anglais, ont connu un grand succès au début du XXe siècle. Parmi la quinzaine de cités construites autour de Paris et destinées à décongestionner la capitale et ses faubourgs, celles de Drancy, Bagnolet, Dugny, Stains, Pantin, Les Lilas et Le Pré-Saint-Gervais fournissaient à leurs habitants des équipements collectifs et des jardins privés ou collectifs leur permettant d'accéder à une production familiale de fruits et légumes.

Alexis Lepère

Fils de cultivateur, Alexis Lepère, né en 1799 à Montreuil, s'intéresse en parfait autodidacte au jardinage et à l'arboriculture et en particulier à celle des pêchers. Dans son ouvrage paru en 1841, *Pratique raisonnée de la taille du pêcher*, il décrit les meilleures variétés de pêches et préconise un type de taille en espalier fortifiant les arbres et améliorant leur rendement.

Mokarex

Rendue célèbre par ses figurines en plastique, Mokarex est une marque de café fondée en 1946, dont l'usine de conditionnement était située à Épinay-sur-Orge. Durant les années 1950 et 1960, chacun de ses paquets de café renfermait un petit personnage représentant des célébrités de la Révolution française, de l'Empire ou encore des pièces du jeu d'échecs.

Le « miel béton »

Produit par des abeilles dont les ruches sont placées sur le toit de la mairie de Saint-Denis, ce miel provient de 450 pollens différents issus de la flore variée des espaces verts de la ville. Par ailleurs, il comporte moins de polluants, qu'un miel de campagne car pratiquement exempt de pesticide.

La glacière de Saint-Ouen

Parmi toutes les glacières réparties autour de Paris pour alimenter les glaciers et crémiers de la capitale, celle de Saint-Ouen était très importante. En plus de recueillir l'hiver les blocs de glace de la Seine et du canal Saint-Denis, elle les conservait pour, le reste de l'année, fournir en glace les entreprises et les particuliers. La livraison à charrette à cheval entraînait une certaine perte de la marchandise en cours de route…

Canard aux pêches

Un plat sucré-salé qui rend hommage à la production fruitière locale.

Pour 4 personnes

4 cuisses de canard
4 pêches
10 cl de vin blanc
25 cl de bouillon de volaille
20 g de beurre
2 échalotes
Sel et poivre

- Dans une cocotte, faire revenir les cuisses, la peau en dessous, dans 20 g de beurre.
- Couvrir et cuire à feu doux 45 min.
- Enlever les cuisses et réserver le jus de cuisson.
- Déglacer la cocotte avec le vin blanc et y faire dorer les échalotes émincées.
- Ajouter le bouillon de volaille, assaisonner et faire réduire un peu.
- Ajouter les cuisses et continuer la cuisson.
- Éplucher les pêches et les couper en quartiers. Les faire dorer dans une poêle avec le premier jus de cuisson des cuisses.
- Servir chaque cuisse entourée de tranches de pêche.

Les grands moulins de Pantin

Créés en 1884 le long du canal de l'Ourcq, les grands moulins de Pantin comprenaient 8 étages et 24 meules, auxquels furent adjoints, après la Première Guerre mondiale, deux importants silos. Cette minoterie était, par son importance, le septième moulin alimentant la capitale en farine à partir des récoltes de la Brie et de la Beauce.

Val-de-Marne

Le pays du goujon

Presque totalement urbanisé à l'exception de quelques terres de Brie, le Val-de-Marne appartient à la petite couronne de Paris. Entre tradition et modernité, il associe les paysages pittoresques des bords de Marne et les infrastructures les plus modernes de Rungis.

MENU

Friture de gougeons
À déguster avec quelques rondelles de citron.

Pommes de terre farcies*

Baba à la Suze
Une façon locale d'accommoder le baba.

Vin blanc de Sucy

Roulés dans la farine

C'est le sort qui attend les goujons, petits poissons autrefois très présents dans la Marne. Proies faciles des pêcheurs, ils constituent un véritable régal en friture. Pour cela, ils doivent juste être vidés et essuyés avant d'être mis à tremper une heure dans du lait ou de la bière. Ils sont ensuite épongés avant d'être roulés dans la farine puis cuits dans un bain de friture et salés.

Le marché international de Rungis

Succédant en 1969 aux Halles de Paris, le marché international de Rungis est le plus grand marché de produits agricoles au monde. Le marché de la viande, situé avec les abattoirs à la Villette, le rejoint en 1875. Installé sur 232 ha à Rungis et Chevilly-Larue, il propose des produits de France et du monde entier. C'est le secteur des fruits et légumes qui, réparti sur 66 ha, est le plus important.

Fernand Moureaux

Cherchant à créer un apéritif nouveau, Fernand Moureaux, distillateur parisien, élabore en 1885 un nouveau breuvage à base de racines de gentiane. En 1898, il installe son entreprise dans une distillerie créée en 1875 par Paul Rousseau à Maisons-Alfort. Il aurait baptisé cet apéritif (d'abord appelé « Picotin ») du nom de Suze en hommage à sa belle-sœur Suzanne. Mais, pour certains, c'est un herboriste du Jura bernois qui aurait créé cette boisson appelée « L'Or des Alpes » et aurait revendu sa formule.

Pommes de terre farcies

Une variante des traditionnelles tomates farcies.

Pour 4 personnes

8 pommes de terre Belle de Fontenay
200 g de chair à saucisse
100 g de viande hachée
1 œuf
4 biscottes
15 cl de lait
Beurre
Sel et poivre

- Couper chaque pomme de terre en deux et creuser chacune d'elles. Conserver les morceaux extraits.
- Cuire les pommes de terre 10 min dans de l'eau bouillante salée. Les sortir et les égoutter à l'envers.
- Préparer une farce avec la chair à saucisse, la viande hachée, l'œuf et les biscottes préalablement trempées dans le lait. Assaisonner et bien mélanger.
- Remplir chaque pomme de terre avec cette farce. Les recouvrir des copeaux de pomme de terre.
- Mettre dans un grand plat allant au four. Déposer une noisette de beurre sur chaque pomme de terre. Verser 30 cl d'eau dans le plat et cuire au four à 210 °C (th. 7) durant 40 min. Veiller à ce qu'il y ait toujours de l'eau au fond du plat.

Les guinguettes des bords de Marne

Devant probablement son nom au guinglet, un petit vin blanc non soumis à l'octroi, la guinguette est un cabaret populaire, à la fois lieu de restauration et de danse. Les plus célèbres se situaient en bord de Marne. Lorsqu'il faisait beau, le dimanche, on y rencontrait essentiellement les familles, le lundi des ouvriers tandis que les étudiants s'y retrouvaient surtout le jeudi.

La BELLE de FONTENAY

Point de jolie fille ici, mais plutôt une belle pomme de terre qui doit son nom à sa ville d'origine, Fontenay-sous-Bois. Créée par un jardinier, appelé Hénaut, durant la seconde moitié du XIXe siècle, elle possède une chair fine et ferme qui la fait apprécier des connaisseurs, mais sa fragilité aux maladies et son faible rendement l'ont rendue plus rare sur les marchés.

La levure Springer

Usines FOULD-SPRINGER, à MAISONS-ALFORT (Seine)

Rapportant de Vienne la recette de fabrication de la levure à partir des moûts de fermentation des grains, le baron Max von Springer installe la première levurerie française à Maisons-Alfort en 1872. Ses premiers clients sont les boulangers qui utilisaient auparavant leur propre levain. La ville a depuis lors été marquée par les odeurs caractéristiques qui sortaient des grandes cheminées.

Le pays de l'asperge

Val-d'Oise

Constituant la partie nord de l'agglomération parisienne, le Val-d'Oise présente un paysage contrasté entre la grande culture céréalière au nord-est et une urbanisation galopante au sud. Elle conserve cependant dans sa gastronomie la trace de productions emblématiques.

Au menu du *Titanic*

Cultivée à Argenteuil depuis le XVIIe siècle, l'asperge verte a évolué pour devenir, au milieu du XIXe siècle, une grosse asperge blanche, rosée à son extrémité et très appréciée des Parisiens. Par la suite, le terme « d'Argenteuil » fut attribué à tout plat comprenant des pointes d'asperges. Et l'asperge d'Argenteuil figurait même au menu des passagers de première classe du *Titanic*.

MENU

Œufs brouillés Argenteuil

Les pointes d'asperges agrémentent ces œufs brouillés.

Chou campagnard*

Cake aux figues

Bien loin du Midi, la figue d'Argenteuil apporte du soleil aux desserts.

Vin d'Argenteuil

Louis Lhérault

Agriculteur né à Argenteuil en 1833, Louis Lhérault est surnommé « le Parmentier de l'asperge ». Sélectionnant des plants importés des Pays-Bas, il est à l'origine de l'asperge d'Argenteuil, également appelée « asperge blanche ». Il a aussi optimisé le rendement en introduisant la culture des rangs d'asperges entre les rangs de vignes.

Le *piccolo* d'Argenteuil

Jusqu'à la veille de la Révolution, Argenteuil était considérée comme la première commune viticole de France, avec 1000 ha de vignes. Elle produisait le piccolo (de « petit » en italien), un petit vin léger sans grande prétention. De là serait venu le mot « picoler »…

Le pissenlit de Montmagny

Le pissenlit, qui ne pousse habituellement qu'à l'état sauvage, a été cultivé pour la première fois en pleins champs en 1857 à Montmagny. Joseph Châtelain, un agriculteur, a réussi à obtenir un pissenlit aux feuilles tendres en le recouvrant régulièrement de terre pour le faire blanchir. Désormais, c'est en utilisant de la paille qu'on le prive de lumière.

La poire de Groslay

Il ne s'agit pas ici d'une variété mais plutôt d'un « terroir ». Supplantant la culture de la vigne après la crise du phylloxéra en 1890, le poirier de variété williams, importé des États-Unis, s'est largement implanté dans la région de Groslay. Il fut rejoint par la beurré Hardy, la conférence, la doyenné du comice et la louise-bonne. La poire de Groslay est donc représentée par différentes variétés et porte aussi les appellations de poires de Montmagny, de Deuil et de Saint-Brice.

Chou campagnard

Le chou de Pontoise se prête bien à ce plat qui peut accompagner viande ou gibier.

Pour 4 personnes

1 chou vert
200 g de lard fumé
1 oignon
15 g de beurre
15 cl de crème liquide
Sel et poivre

- Laver le chou et le détailler en fines lanières, en veillant bien à enlever les grosses côtes.
- Jeter le chou dans une casserole d'eau bouillante salée. Le faire blanchir 5 min, à partir de la reprise d'ébullition.
- Égoutter le chou et le passer aussitôt sous l'eau froide.
- Couper le lard en cubes.
- Dans une grande poêle, faire revenir l'oignon émincé avec le beurre.
- Ajouter les lardons et les faire dorer.
- Ajouter le chou et faire revenir à feu vif 15 min. Le chou doit garder sa texture.
- Verser la crème fraîche, cuire encore 5 min, assaisonner puis servir.

L'amour de la gaudriole

Cette gaudriole est le surnom donné à la cerise de Montmorency. Variété de griotte de petite taille, à queue courte et à la chair acidulée, excellente cuite, en conserve ou à l'eau-de-vie, elle est réputée depuis le XVIIe siècle et vendue à la criée dans les rues de la capitale. Les Parisiens allaient jusqu'à louer les cerisiers à l'heure pour venir déguster les fruits sur place.

Un chou « républicain »

Le chou de Pontoise est une variété résistante au froid, aux feuilles violacées et à la pomme très tendre. Il est de coutume de le semer le 8 mai et de le repiquer le 14 juillet pour le vendre tout l'hiver. Sa culture occupait autrefois une grande partie de la plaine de Cergy-Pontoise d'où les caisses de choux partaient par centaines vers la capitale.

Guadeloupe

Le pays de la banane

La Guadeloupe vit surtout de la culture intensive de la banane et de la canne à sucre. On retrouve dans sa gastronomie, épicée et assaisonnée, les influences de l'Europe, de l'Asie et de l'Afrique.

MENU

Acras de morue*

Poulet roussi

Les cuisses et pilons de poulet sont mis à mariner puis cuits dans une sauce qui les caramélise.

Blanc-manger coco

Ce blanc-manger est réalisé avec du lait de coco, obtenu en broyant la chair de la noix.

Mabi

Boisson gazeuse sucrée et épicée.

Le lambi

Aussi prisé que la langouste, le lambi est un coquillage dont on utilise aussi la coquille et la rare perle rose qu'il produit. Sa chair très ferme doit être attendrie. Pour cela, l'animal doit être extrait de sa coquille juste après la pêche pour être frappé avec un marteau. Il est dégusté en fricassée ou en ragoût, accompagné de haricots rouges ou d'ignames.

Le tourment d'amour

Originaire des îles des Saintes, et autrefois confectionnée par les femmes des marins pour fêter leur retour de pêche, cette tartelette de pâte brisée est garnie de confiture de noix de coco puis de génoise. Il est possible d'y ajouter de la crème pâtissière et de remplacer la confiture de noix de coco par de la confiture de goyaves, d'ananas ou de bananes.

L'arbre à pain

Originaire de Polynésie et d'Indonésie, l'arbre à pain a été introduit aux Antilles au XVIIIe siècle pour nourrir les esclaves. Il faisait partie du chargement du célèbre *Bounty* du capitaine Bligh. Son fruit, pesant de 1 à 3 kg, à la texture proche de la pomme de terre, se consomme cuit, aussi bien sucré que salé.

Jean-Baptiste Labat

Né en 1663 à Paris, le père Labat part en 1693 comme missionnaire dominicain dans les Antilles où il adapte le principe de la distillation de la canne à sucre. Pour soigner la fièvre, il aurait même élaboré une eau-de-vie qui serait l'ancêtre du rhum. En sa mémoire, la distillerie Poisson, à Marie-Galante, a nommé son rhum « Le Père Labat ».

Un régime gourmand

Constituant la première richesse agricole de la Guadeloupe, les bananes sont représentées par deux espèces, les bananes desserts et les bananes plantains, plus grosses, plus fermes et souvent consommées cuites. Chaque régime pèse entre 20 et 25 kg et, après sa récolte, le pied est coupé pour laisser la place à un rejet qui mettra 9 à 12 mois pour produire un nouveau régime.

Le BÉBÉLÉ

Spécialité des esclaves de Marie-Galante, le bébélé porte un nom kikongo, originaire du Congo, signifiant « morceaux de viande ». Réalisé avec des abats de bœuf concédés par le maître à ses esclaves, ceux-ci y ajoutaient des fruits à pain, des bananes vertes et consommaient le tout avec une sauce pimentée et des dombrés, boulettes de farine et d'eau.

Acras de morue

Les acras peuvent aussi être préparés avec d'autres poissons, des crevettes ou des légumes.

Pour 4 personnes

200 g de morue salée
125 g de farine
2 œufs
1 bouquet garni
2 oignons
1 gousse d'ail
10 cl de lait
1 pincée de piment en poudre
½ sachet de levure chimique
Persil
Ciboulette
Huile de friture

- Faire dessaler la morue la veille en changeant l'eau.
- Cuire la morue dans une casserole d'eau avec le bouquet garni. Dès le premier bouillon, éteindre et laisser cuire 10 min. Égoutter et émietter la morue en ôtant les arêtes.
- Dans un saladier, mélanger la farine avec la levure et le piment. Ajouter les œufs, le lait, les oignons, l'ail, le persil et la ciboulette hachés. Bien mélanger et laisser reposer 1 h.
- Ajouter à la pâte la morue et bien mélanger.
- Former les acras avec une cuillère à café et les plonger dans l'huile bouillante.
- Une fois cuits et dorés, les déposer sur du papier absorbant et servir chaud.

La sauce chien

Sous ce nom curieux se cache une sauce piquante composée de divers condiments dont le piment antillais. L'origine de son appellation viendrait du couteau « chien » servant à découper ses ingrédients. Elle accompagne les poissons grillés, les crustacés et les grillades.

L'ANANAS

Offert en bienvenue par les insulaires à Christophe Colomb en 1493, l'ananas fut nommé par l'abbé Dutertre au XVIIe siècle « roi des fruits, car Dieu lui a mis une couronne sur la tête ». Trois variétés coexistent : l'ananas bouteille, très sucré ; l'ananas cayenne, plus acide ; l'ananas "Queen Victoria", plus petit. Il accompagne le jambon de Noël servi pour les fêtes.

Martinique

Le pays du rhum

Essentiellement occupée par la culture de la banane et de la canne à sucre, la Martinique voit cette dernière se développer en liaison avec la fabrication du rhum. Sa cuisine utilise aussi bien des produits locaux que d'importation.

MENU

Matoutou de crabe

Ce ragoût, souvent servi à Pâques, est réalisé avec des crabes de terre, vivant près de points d'eau.

Colombo de porc*

Gâteau à l'ananas

Ce dessert est largement popularisé en métropole.

Rhum agricole

Les bonnes soupes créoles

La Martinique compte de nombreuses soupes dans ses spécialités. Parmi elles, la soupe de giraumon, courge locale surnommée « bonnet turc ». La soupe z'habitants, souvent servie après les fêtes, est enrichie de l'os du jambon de Noël. Enfin, le pâté en pot, réalisé avec des abats de cabri et des légumes, est une adaptation d'un plat épicé d'origine sénégalaise.

Le boudin créole

La particularité de ce boudin, confectionné avec du sang de porc, des oignons et du lait, est sa préparation avec des piments, des cives, du santal, du rhum et l'ajout, parfois, de sang de mouton, de chèvre et plus rarement encore de volaille et même de cheval.

Joseph-Ferdinand Poulain

Issu de la noblesse bretonne, Joseph-Ferdinand Poulain, comte de Mauny, débarque en 1749 en Martinique où il épouse la fille d'un planteur de Rivière-Pilote. Il donne son nom au domaine qui n'est alors qu'une sucrerie. En 1820, la distillerie La Mauny produit du rhum agricole. Depuis, elle a changé plusieurs fois de propriétaires sans changer de nom pour devenir l'une des plus importantes de Martinique.

Colombo de porc

Le colombo est le nom donné à la sauce composée d'un mélange d'épices (curcuma, coriandre, feuilles de bois d'Inde, piment…) qui accompagne une viande (porc ou poulet) et des légumes.

Pour 4 personnes

- 1,2 kg de porc (joue, rouelle)
- 2 courgettes
- 1 aubergine
- 250 g de pommes de terre
- 3 oignons
- 50 cl de bouillon de volaille
- 1 piment antillais
- 1 gousse d'ail
- 1 cuillerée à soupe de poudre de colombo
- 6 cuillerées à soupe d'huile
- 1 bouquet garni
- 1 citron vert
- Sel et poivre

- Couper la viande en morceaux et la faire mariner avec le bouillon, le jus du citron, les oignons et l'ail émincés, le bouquet garni, le piment émincé et la poudre de colombo. Assaisonner, verser trois cuillerées à soupe d'huile, le bouillon de volaille et laisser reposer 1 h.
- Laver et éplucher les légumes et les couper en dés.
- Égoutter la viande et réserver la marinade.
- Dans une cocotte, faire revenir la viande dans trois cuillerées à soupe d'huile en remuant fréquemment.
- Ajouter ensuite la marinade. En continuer la cuisson 15 min.
- Ajouter les dés de légumes, couvrir et cuire à feu doux 1 h. Ajouter de l'eau si nécessaire.
- Servir avec du riz blanc.

Canne à sucre et rhum

Grande graminée tropicale introduite dans les Antilles au XVIIe siècle, la canne à sucre fut la seule source importante de sucre jusqu'au XIXe siècle. Le vesou, jus obtenu en écrasant la canne, sert à la fabrication de la cassonade ou du rhum agricole. La mélasse, résidu liquide et moins sucré, fermenté et distillé, sert à la fabrication du rhum industriel.

La christophine

Cucurbitacée proche de la courgette, la christophine prend la forme d'une longue poire verte, blanche lorsqu'elle est bien mûre. Cuite à la vapeur, bouillie ou sautée, son goût un peu fade nécessite d'être relevé. Le plus souvent, la christophine est cuisinée farcie ou en gratin.

Délice de COCO

Baptisé mont-blanc, ce gâteau, souvent réalisé pour les anniversaires, est composé de noix de coco sous différentes formes. Il s'agit d'une génoise légère coupée en différents disques. Il faut napper chacun d'eux d'une crème pâtissière à base de lait de coco avant de reconstituer le gâteau, de le recouvrir du reste de crème et de le saupoudrer de noix de coco râpée.

Le chocolat de première communion

Boisson traditionnelle servie lors des fêtes religieuses comme les premières communions, mais aussi les baptêmes et les mariages, ce chocolat épicé est réalisé avec un bâton de cacao râpé, de la muscade, de la cannelle, de la vanille et des zestes de citron vert. Il est de coutume de le servir avec le pain au beurre, brioche parfumée à la belle forme de tresse.

Le pays du manioc

Guyane

La Guyane est recouverte à 96 % par la forêt amazonienne d'où elle tire le manioc, l'awara, le comou et les gibiers. Le littoral et les cours d'eau fournissent poissons, coquillages (huîtres des palétuviers) et crustacés (crevettes).

Une cuisine sous influences

La gastronomie guyanaise est riche de nombreux apports. Les populations amérindiennes cuisinent surtout le manioc sous toutes ses formes, et les Bushinengués, descendants des esclaves noirs, le manioc, le riz, l'arachide et la viande boucanée. La cuisine créole, très relevée, utilise le riz, les viandes, les poissons et les crevettes, et les fruits y sont toujours à l'honneur. Les Hmongs, réfugiés du Laos, ont apporté les légumes, herbes et épices.

Le bouillon d'awara

Ce plat créole préparé pour Pâques est réalisé à partir de fruits d'awaras, mis à tremper avant d'être épluchés puis pilés. Le jus obtenu est mis à bouillir pour obtenir une sorte de pot-au-feu dans lequel sont mis à cuire des viandes boucanées et des légumes. Ce plat peut prendre ainsi jusqu'à trois jours de préparation. Mais une légende veut que « celui qui en mange revient en Guyane » !

Le féroce d'avocat

Ce plat doit son nom à la « férocité » du piment qui le compose. Sorte de guacamole local, il est constitué de la chair de gros avocats, mélangée avec de la morue dessalée, des cives et du manioc (en farine ou en semoule). La quantité de piment ajoutée est fonction de la force que l'on veut donner à cette entrée.

Jean Baptiste Christian Fusée-Aublet

Né en 1720, Jean Baptiste Christian Fusée-Aublet, formé à la pharmacologie, est envoyé par la Compagnie des Indes à l'île de France (actuelle île Maurice) en 1752, pour y établir un jardin botanique. Il rejoint en 1762 la Guyane où il constitue un magnifique herbier. Son *Histoire des plantes de la Guyane française*, ornée de quatre cents gravures, paraît en 1775.

MENU

Kalawang

Cette salade originale est constituée de fines lamelles de mangue fraîche assaisonnées.

Pimentade d'aïmara*

Bindingwel

Ce gros gâteau est traditionnellement servi en dessert au repas de Noël.

Cachiri

Boisson à base de manioc.

Pimentade d'aïmara

Ce carnassier des rivières est malheureusement souvent gorgé du mercure rejeté par les orpailleurs. On peut, à défaut, prendre un autre poisson blanc.

Pour 4 personnes

- 4 darnes de poisson
- 1 piment
- 2 oignons
- 2 gousses d'ail
- 2 citrons
- 2 clous de girofle
- 4 tomates émondées
- 8 grains de poivre noir
- 2 feuilles de laurier
- Thym
- Persil
- Ciboulette
- Huile d'olive
- 20 cl de bouillon de volaille
- Sel

- Réaliser une marinade avec le jus d'un citron, le piment, une gousse d'ail hachée et une cuillerée à café de sel. Y mettre le poisson à mariner 1 h.
- Dans une poêle, faire rissoler dans un peu d'huile les tomates avec les oignons ciselés. Ajouter le thym, le laurier, le persil, la ciboulette ciselée, les clous de girofle et le poivre concassé. Mouiller avec le bouillon et porter à ébullition.
- Déposer les darnes de poisson dans le bouillon, couvrir et cuire 15 à 20 min à feu vif.
- Dans un bol, mélanger le jus du deuxième citron avec une gousse d'ail pilée et monter avec un peu d'huile d'olive. Ajouter à la préparation et servir chaud avec du riz blanc.

Le manioc

Longtemps aliments de base chez les esclaves, le manioc est le plus souvent consommé sous forme de couac ou farine de manioc (semoule extraite par torsion, pour éliminer le cyanure, puis torréfiée), ou de cassave (sorte de galette rappelant une tartine). Le tapioca, la fécule la plus riche de manioc, est utilisé comme épaississant des soupes et desserts. Le sispa, fait de farine de manioc et de noix de coco, est un dessert emblématique de Guyane.

Un palmier au cœur tendre

Le parépou, nom donné en Guyane au péjibaye, est un palmier pouvant atteindre jusqu'à 30 m de hauteur. Il est surtout connu pour son cœur consommé frais localement (cuit ou grillé), mais plus souvent mis en conserve pour l'exportation.

Le piment de Cayenne

Improprement appelé parfois poivre de Cayenne ou poivre rouge, ce piment est aussi cultivé dans un grand nombre de régions tropicales et subtropicales. Le piment est séché puis réduit en poudre. Sur l'échelle de Scoville allant de 1 à 10, il est classé au niveau 6 pour sa force (le piment d'Espelette étant au niveau 4).

Réunion

Le pays de la vanille

La Réunion a pratiqué la culture du café, puis de la canne à sucre avant de se consacrer ensuite à celle de la vanille. Sa cuisine est le résultat d'un mélange des cuisines malgache, française, indienne, est-africaine et chinoise.

MENU

Samoussas au bœuf*

Civet de zourites

Ce civet est préparé avec de petits poulpes, du vin rouge et des épices.

Gâteau patate

Réalisé avec des patates douces, ce gâteau est aromatisé au rhum.

Cilaos rouge

Seul vin français produit dans l'hémisphère Sud.

Les lentilles de Cilaos

Située au centre de l'île, dans un cirque naturel, la petite ville de Cilaos a vu la culture de la lentille s'installer à partir du milieu du XIXe siècle. Le climat et la géologie du cirque donnent une saveur particulière très appréciée à cette lentille de petite taille et de couleur marron clair.

Le massalé

Originaire de l'Inde, ce mélange d'épices torréfiées et réduites en poudre contient un nombre variable d'ingrédients. Il comprend en général de la cannelle, de la coriandre, du cumin, du fenugrec, des graines de moutarde, des clous de girofle, du curcuma et des feuilles de caloupilé. Cette poudre sert de base aux plats qui portent son nom, le cabri ou le poulet massalé.

Edmond Albius

Né en 1829 à Sainte-Suzanne, Edmond Albius, jeune esclave noir de 12 ans, formé à l'horticulture par son maître, met au point, en 1841, une méthode pour féconder manuellement le vanillier, en mettant en contact les organes mâle (anthère) et femelle (pistil) de la fleur. Ce procédé, repris par tous les planteurs de l'île, va vite faire de celle-ci le premier producteur mondial.

Le rhum arrangé

Il existe autant de recettes de rhum arrangé que de familles réunionnaises. Du sucre, des fruits et des épices, au choix, sont mis à macérer plusieurs mois dans le rhum, dans de grands bocaux de verre conservés à l'abri de la lumière. En apéritif, il se sert avec des bouchons de viande de porc ou des piments farcis.

Samoussas au bœuf

Ces beignets originaires du nord de l'Inde peuvent aussi être farcis de poulet ou de légumes épicés.

Pour 4 personnes

Feuilles de brick
400 g de bœuf haché
2 oignons
Quelques brins de ciboulette
2 piments martin
1 pincée de massalé
Sel
1 citron
Huile

- Dans une poêle, faire revenir la viande avec les oignons ciselés, la ciboulette hachée et les piments, et le massalé. Saler légèrement et bien mélanger le tout.
- Couper les feuilles de brick en bandes. Déposer une cuillerée à soupe de farce sur chacune et replier en triangle.
- Faire frire les samoussas dans l'huile jusqu'à ce qu'ils soient dorés.
- Déposer dans un plat, arroser d'un jus de citron et servir très chaud.

Le pâté créole

Existant à l'origine en version sucrée salée farcie à la viande, le pâté créole est désormais décliné dans une variante sucrée, en grand format ou en parts individuelles. Ce pâté en croûte, dont la pâte est traditionnellement réalisée avec du saindoux, est garni le plus souvent de confiture de papayes.

Le bonbon la rouroute

Réalisé avec de la fécule tirée des rhizomes de l'arrow-root, plante originaire d'Amérique du Sud, ce petit gâteau rond, cuit au four, doit son nom à la prononciation simplifiée de son principal ingrédient. Il existe aussi deux autres bonbons, à base de pâte frite, le bonbon miel, fourré au miel, et le bonbon cravate, en forme de papillon.

Le rougail

Ce condiment épicé d'origine malgache accompagne très souvent les viandes blanches. Il est habituellement composé de tomates, gingembre, oignons et piments martin, mais peut être enrichi d'autres épices et donne son nom à un plat emblématique de l'île, le rougail saucisse, dans lequel il est servi avec des rondelles de saucisse créole et du riz.

La vanille

Seule orchidée cultivée pour des raisons non ornementales, la vanille, introduite à la Réunion en 1819, se présente sous la forme d'une liane. Après fécondation, la fleur laisse la place à une capsule, appelée gousse, qui doit être cueillie avant maturation pour éviter la libération des milliers de graines. Le label « vanille bourbon » (de l'ancien nom de l'île) a été créé en 1964 pour distinguer la vanille originaire de l'océan Indien.

Mayotte

Le pays du tamarin

Mayotte, constituée de sols fertiles, favorise les cultures vivrières comme le riz, le manioc et les fruits tropicaux. Les plantes aromatiques lui ont longtemps valu le surnom de l'« île aux parfums ». La religion musulmane, dominante, influence aussi beaucoup sa cuisine.

Le pois d'Angole

Également connu sous le nom d'ambrevade, le pois d'Angole a l'apparence du haricot, avec une graine plus petite et ronde. Écossés et lavés, les pois sont bouillis puis accommodés avec de la noix de coco ou en romazava (bouillon).

Le clou de girofle

Connu en Europe dès le IVe siècle, épice rare et recherchée, le clou de girofle, bouton floral du giroflier, est devenu, dans la tradition chrétienne, le symbole végétal des instruments de la Crucifixion. Très aromatiques, il suffit de peu de clous pour parfumer la cuisine mahoraise.

Le bata'bata

Cette bouillie est un mélange de manioc, bananes vertes et fruit à pain. Le tout est cuit dans de l'eau salée et accompagne souvent viandes et poissons.

Pierre Poivre

Horticulteur, botaniste et agronome, Pierre Poivre, lors d'un voyage en Extrême-Orient en 1741, découvre les épices et leur valeur marchande. Il acclimate alors plusieurs espèces à l'île de France (Maurice), puis à l'île Bourbon (Réunion). C'est ainsi que le muscadier, le curcuma, le giroflier, le cannellier et d'autres épices seront par la suite cultivés à Mayotte.

MENU

Mataba au poisson

Des feuilles de manioc pilées avec des oignons et du piment sont cuites dans du lait de coco pour obtenir ce mataba servi avec un vivaneau grillé.

Mabawas*

Donas

Ces petits beignets parfumés sont recouverts de sucre glace ou de noix de coco râpée.

Jus de tamarin

Mabawas

Les mabawas sont les ailes de poulet, mets des plus populaires à Mayotte.

Pour 4 personnes

2 kg de mabawas
3 oignons
1 gousse d'ail
2 tomates
1 pointe de cumin
1 pointe de curcuma
1 cuillerée à café de piment
Sel et poivre

- Couper les ailes en deux morceaux.
- Dans une grande cocotte, mettre les ailes de poulet, les oignons émincés, l'ail écrasée, les tomates tranchées, le cumin, le curcuma et le piment. Assaisonner.
- Couvrir d'eau et bien mélanger le tout.
- Cuire à feu vif 30 à 40 min.
- Servir chaud avec du riz.

Le tamarin

Mot signifiant en arabe « datte indienne », le tamarin, fruit du tamarinier, est présent dans toutes les parties arides de l'île. En forme de gousse de haricot, il renferme plusieurs graines entourées d'une pulpe à la chair acidulée qui est consommée en jus, en pâte de fruits ou comme condiment.

Gingembre et curcuma

Ces deux rhizomes sont utilisés aussi bien en cuisine qu'en médecine traditionnelle. Juteuses et charnues, les jeunes racines du gingembre ont un goût très doux qui se renforce au fur et à mesure qu'elles vieillissent. À Mayotte, il est surtout consommé frais ou en tisane. Improprement appelé safran à Mayotte, le curcuma est utilisé pour ses propriétés dans de nombreux domaines : cuisine, coloration, cosmétique et médecine. Son rhizome est réduit en poudre pour entrer dans la composition de nombreux plats dont le cari au poulet.

« Karibu ule »

C'est par cette invitation signifiant « assieds-toi et mange » que, traditionnellement, toute personne entrant dans une maison est, par respect, conviée à partager le repas en cours. Si elle décline cette invitation, elle répond alors : « Marahabatsi cura » (Merci, je suis rassasiée).

Les brèdes mafane

Les brèdes mafane peuvent être comparées au cresson. Ses feuilles entrent dans la composition du romazava. Ses propriétés sont multiples : diurétiques, digestives, antiasthmatiques et même anesthésiques.

Table des recettes

Soupes et potages

Entrées

Coquillages

Poissons

Volaille

Porc

Mouton

Bœuf

Veau

Légumes et accompagnement

Plats fromagés

Desserts

Crédits iconographiques

Toutes les illustrations de cet ouvrage sont issues de collections privées personnelles à l'exception de :

Collection Christian Le Corre :
Pages 15 (hd), 16 (hd), 17 (bd), 18, 20, 21, 23, 32 (g), 35, 38 (g), 41 (bg), 51 (hd), 52 (g), 72 (bd), 85 (hg), 112 (bg), 114 (h), 123 (b), 135 (bd), 139 (b), 148 (bd), 155 (m), 161 (d), 165 (m), 180 (hg) et 181 (hd).

Collection KHARBINE-TAPABOR :
Pages 19 (h), 26, 28, 71 (b) et 190 (h).

Collection MA+GR/ KHARBINE-TAPABOR :
Page 195 (b).

Collection Grob/KHARBINE-TAPABOR :
Page 101 (h).

Collection IM/KHARBINE-TAPABOR :
Pages 24 (g), 29 (bg), 39 (hg), 40, 44, 45 (bg), 46 (hg), 48 (hd), 50 (d), 62 (h), 66 (md), 67, 68, 74, 77 (hg), 79 (bd), 83 (bd), 85 (bd), 88 (d), 91 (hd), 95, 104 (bg), 111 (bd), 143, 153 (bd), 155 (bg) et 164 (hg).

Coll. Jonas/ KHARBINE-TAPABOR :
Pages 48 (hg), 93 et 161 (g).

Coll. Perrin/KHARBINE-TAPABOR :
Pages 41 (hd), 42 (g), 46 (bd), 54 (g), 63 (bd), 97 (h), 116 (g) et 176 (bg).

Collection Dominique Gazeau :
Pages 12 (bd) et 13 (hd).

Table des matières

Éditions OUEST-FRANCE
Lille – Rennes
Éditeur : Jérôme Le Bihan
Conception graphique et mise en page : Ludovic Févin, Nord-Compo
Impression : SEPEC à Péronnas (01) - 08315150906

ISBN : 978-2-7373-6851-6
N° d'éditeur : 7955.01.06.10.15
Dépôt légal : Octobre 2015
Imprimé en France
www.editionsouestfrance.fr

IMPRIM'VERT®

PEFC 10-31-1470 / Certifié PEFC / Ce produit est issu de forêts gérées durablement et de sources contrôlées. / pefc-france.org